서양과 동양이
127일간 e-mail을 주고받다

서양과 동양이
127일간 e-mail을 주고받다

■ 편집자의 말

애초에 험난한 길이 되리라 예상했다. '동양'과 '서양'이 맨 얼굴로 마주보는 자리가 쉽게 마련될 것이라고는 우리 스스로도 믿지 않았다. 삼고초려 끝에 첫 만남이 성사된다고 해도 그 다음 과정이 순탄하게 진행될 것이라 낙관하지도 않았다. 몇 가지 원칙은 필요했다. 먼저 거울을 치웠다. 우리는 거울이 없는 공간을 선택했다. 화장기 없는 맨 얼굴로 상대방을 응시하길 바랐다. 또 우리의 대본은 '독백'을 제외했다. 철저하게 서로 주고받는 대화만으로 구성된다고 밝혔다. 우리는 목소리가 공명되는 공간을 열어놓았다. 이제 우리가 할 일이란 그들이 구현하는 목소리를 붙드는 것이었다.

대화가 펼쳐지면서 두 사람의 철학자는 자기 입지의 차이를 조금씩 드러내기 시작했다. 상대를 향해 먼저 자상하게 말을 주고받았지만 그것은 내밀한 설득의 과정이기도 했다. 설득하는 일은 불일치를 인정하지만 일치를 지향한다. 불일치는 때로 논쟁으로 넘어가기도 한다. 논쟁은 차이를 인정하지만 반드시 일치를 겨냥하지는 않는다. 동양과 서양, 두 사람의 철학자는 이 과정을 반복했다.

우리는 섣부른 기대감에 빠지지 않으려 했다. 애매한 화해보다는 대립이, 어설픈 일치보다는 차이가 이 만남을 더 빛나게 하리라 믿고 있었다. 그렇지만 객관적 관찰자의 자리를 지키는 일은 불가능했다. 그들의 대화를 엿들으면서 정작 변해간 쪽은 우리들이 아니었나 싶다. 그들이 나눈 말들은 이미 그들만의 대화가 아니었다. 그건 나의 문제였고 우리의 문제였다. 우리도 쉼 없이 그들에게 질문하고 답변했다. 이 책의 행간에서 독자가 그 소리를 들을 수 있다면, 또 그 여백의 공간에 독자가 자신의 목소리를 덧붙일 수 있다면 좋겠다.

대화를 엿듣고, 입말을 활자로 옮기고, 다시 정리하면서 들었던 우리의 마음을 일부나마 밝혀도 좋겠다고 조심스레 의견을 모았다. 우리는 지성의 수원지가 현실의 바다로 흐르게 하고 싶었다. 속 깊은 생각들이 한 곳에 오랫동안 고여 있는 게 안타까웠고, 대중의 눈높이를 맞춘다며 폐수를 방류하는 현실에 마음이 아팠다. 정보의 넓이보다 지식의 깊이가 절실한 이때에 지성과 현실이 건강하게 만난다면 삶의 항해가 조금이라도 표류에서 벗어날 수 있을 것 같았다.

우리는 지성들의 새로운 문화적 탐험을 서가나 사무실의 책상만이 아니라 전철, 공원, 거리에서 맛볼 수 있도록 이 책을 두 사람의 솔직한 지성 콘서트의 장으로 꾸미고 싶었다. 계절이 두 번 바뀐 127일간의 문화적 탐험에 20여 명의 스태프와 독자들이 동행하여 때론 과감하게 끼어들고 때론 진지하게 경청하고 때론 밤늦게까지 정담을 주고받은 것은 책의 생산에 실명의 저자만이 아니라 실명의 독자들의 느낌을 담아내고 싶었기 때문이었다.

우리는 지식 정보 사회에서 지식을 생산하고 교환하는 새로운 접근을 시도해보고 싶었다. 책이라는 아날로그가 디지털이라는 영역에 끌려가는 게 아니라 적극적으로 대면해 디지털의 세상과 만나고 싶었다. 오랜 역사와 소중한 기억의 산물인 책이 책다운 역할을 다 한다면 새로운 세상도 조금이나마 더 행복해질 것 같았다.

두 분은 처음 무척 망설였다. 두 철학자는 철학자가 현실의 문제에 관심을 갖고 현실의 독자들에게 화두를 던지고 자신의 내면을 드러내는 일이 필요하다는 점에 대해서는 일치했다. 그러나 학자들이 처한 현실을 무시할 수는 없었다. 내면의 갈등과 망설임, 심지어는 말로 표현할 수 없는 어떤 위험까지도 감당해야 하는 복잡한 심경이 교차할 수밖에 없었다. 두 분은 긴 시간 호흡을 가다듬고 나서 해보자는 사인을 e-mail로 보내왔다. 삼고초려 끝에 도착한 첫 번째 이메일이었다. 1백여 통의 e-mail이 오갔고 이어 다섯 차례의 토론과 논쟁이 이어졌다. 공식적인 토론만 모두 30여 시간, 누구도 밤늦도록 이어진 난상토론의 시간을 셈하는 사람은 없었다. 자신의 바닥을 드러낼 각오를 하지 않으면 할 수 없는 무척 긴 시간이었다. 김용석 선생과 이승환 선생의 큰 가르침과 노고에 감사의 말을 올리고 싶다.

이제 마쳐야 할 때인 것 같다. 다시 밝혀두지만 이 책은 대담이다. 글이 아니라 말의 결실이다. 그것도 독백이 아니라 타인과 나누는 대화이다. 여기엔 말의 직접성·개방성·현장성이 담겨 있다. 그런 만큼 여백이 크고 균열도 많다. 타인과 마주하고 타자와 말을 섞는 이상 여백과 균열은 불가피하다. 우리들로서는 독자들이 그것을 즐겼으면 하고 바란다. 아무리 해도 합의되지 않는 지점, 그 불일치의 자리야말로 이 대담의 핵심이다. 그것은 '나'로 환원되지 않는 나의 '바깥'이기 때문이다. 그 불일치 자체를 인정할 때 바깥·타인을 주목하게 된다.

이 책은 그러한 '바깥'을 끌어안으려 했다. 그 '바깥'이란 바로 지금 이 책을 읽고 있는 독자, 당신이다.

2001년 11월 15일

휴머니스트 편집진을 대표해서
류준필 | 선완규

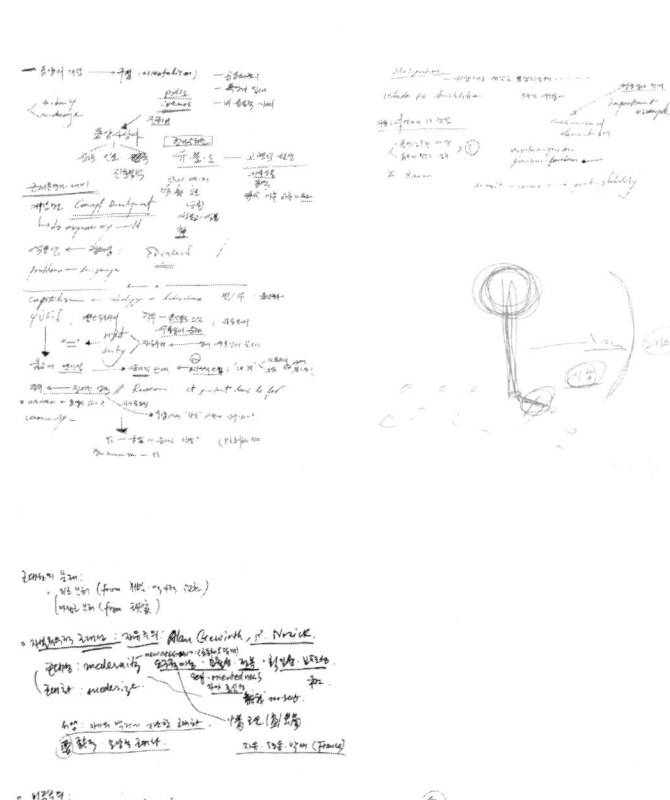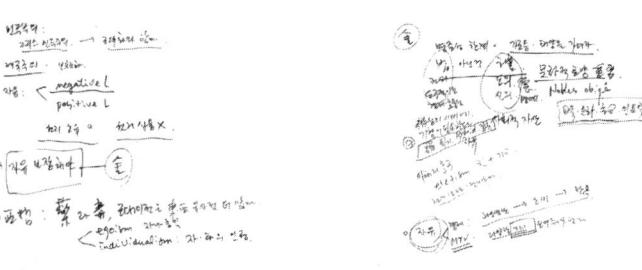

차례

1장 삼고초려 끝에 두 철학자가 마주하다
첫 만남, 인터뷰하기 13
노자와 공자 이야기로 말문을 열다 61

**2장 서양과 동양의 창을 열고
말과 몸짓을 섞기 시작하다**
동서양 사유의 첫 부딪힘 81
서양은 보편이고 동양은 부분인가 113

**3장 서구 중심주의와 정체성에
대해 두 가지 시선으로 파고들다**
왜곡된 서양과 억압된 동양 149
자아 정체성과 근대 사이의 불화 191

**4장 혼합의 시대,
변화와 욕망의 길 찾기에 나서다**
자연과 인간 사이의 새로운 짝짓기 213
섞임의 시대를 여는 다섯 가지 개념들 261
변화에 대한 철학적 성찰 295

**5장 127일간을 기억하고
미래를 기약하다**
미지의 세계를 향해한 문화적 탐험 319
벗과의 만남을 통해 인(仁)을 보강한 127일 335

■ 기획 일지 347

"우리는 시대에 따라 서구 사상에서 일부 눈에 띄는 것을 가져와 편식하며 유행시킬 줄은 알았어도 서구 사상 체계 전체를 항상 조망하면서 비판할 줄은 잘 몰랐던 것 같습니다."

김용석

HIT

"모방을 통한 근대화는 한 단락을 고하였습니다. 모방의 뒤에는 자기 힘으로 창조하려는 노력이 뒤따라야 합니다. 이제는 나의 이야기가 절실하게 필요한 때인 것 같습니다."

이승환

1

삼고초려 끝에
두 철학자가 마주하다

HIT No. **1** 첫 만남, 인터뷰하기
HIT No. **2** 노자와 공자 이야기로 말문을 열다

HIT No. **1** 첫 만남, 인터뷰하기

> 오후 8시, 약속시간이 가까워지자 계단을 올라오는 이승환 선생의 발소리가 들렸다.
> 먼저 도착한 김용석 선생이 이승환 선생을 반갑게 맞았다.
> 이승환 선생이 학문과 정신세계를 넓혀가는 계기가 되었으면 좋겠다며
> 말문을 열었다.

이승환 아이구, 먼저 와 계셨군요. 김용석 선생님보다 일찍 오려고 애를 썼는데……. 좌우간 김 선생님, 안녕하세요. 그간 선생님의 저서와 글만 접하다가 이렇게 직접 만나 뵙게 되어 무척 반갑습니다. 공자의 고제(高弟)인 증자(曾子)는 "군자는 글로써 벗을 사귀고, 벗과의 만남을 통해 인(仁)을 보강해간다(君子以文會友, 以友輔仁)"라고 말한 적이 있습니다. 우리도 이번 만남을 통해서 서로의 학문과 정신적 세계를 넓혀나가는 계기로 삼았으면 좋겠다고 생각합니다. 그러면 먼저 우리가 만나 대화를 나누게 된 의미에 대해서 이야기를 시작해볼까요?

김용석 그럴까요! 솔직해져도 되지요? 사실 전 대담집에 호의적

이진 않았어요. 대담집이라는 건 녹취를 해서 나중에 풀어 쓰잖아요. 제가 뭔가를 만들 때는 그것에 대해 잘 알고 있어야 하는 편인데, 대담집에 대해서는 잘 모릅니다. 그리고 현재 제 입장에서는 혼자 작업하는 게 편한데 대담집은 그렇지 않으니까 제게는 좀 생소한 작업인 것 같아요. 물론 자유스런 토론은 무척 좋아합니다. 유럽에 있을 때부터 많이 익숙해져 있고요. 그곳 대학에서는 동료 교수들끼리 피자에 우리나라 동동주 같은 좀 걸진 포도주 한잔씩 걸치며 진지한 토론을 자주 하거든요.

유럽에는 학자가 학자를 만나는 대담이 많죠. 30대 젊은 시절의 움베르토 에코가 노년의 아도르노와 대담했던 것이 생각나는군요. 그땐 주로 인터뷰 형식이었던 걸로 기억납니다만. 지금 우리가 이렇게 서로 인터뷰하듯이 말입니다. 그렇지만 우리나라의 대담집은 아직 무르익지 않은 상태에서 하고 있다는 생각이 듭니다. 평상시에 학자들 사이의 대화가 많아야 하는데, 아직은 별로 없는 것 같아요. 나한테만 없었나? 그런 상태에서 바로 대담집으로 가는 건 효과 면에서 모험이지요. 토론이 일반적으로 활성화된 문화적 여건에서 대담집으로 가는 것이 좋다는 것이지요.

하지만 이번 기획은 나름대로 의의가 크다고 봐요. 한국의 현재 문화적 상황에서 본격적인 대담집을 만든다는 건 마치 미개척지에 들어가는 기분이죠. 아마 편집진이나 여타 지원 스태프들에게도 마찬가지겠지요. 우리 대담이 쏟아놓을 내용에 대해서도 미리 정해진 게 없으니 앞으로 어떻게 진행될지 아무도 모르지요. 그만큼 '문화적 탐험'의 세계에 들어선다고나 할까요.

그리고 개인적으로 별로 내키지 않더라도 토론 문화가 미약한 우리의 상황에서 좀더 폭넓은 독자들에게 새로운 지식 교환 방식을 제공해줄 수 있다면 보람이 있겠지요. 미지의 세계라서 위험이 있겠지만 철학의 탐험, 더 나아가 문화적 탐험의 배를 같이 타봅시다.

　이승환 대담집이 가져올 수 있는 위험성에 대해 동감합니다. 대담이라는 형식은 저에게도 조금 부담스러운 것이 사실입니다. 우리나라에서 '학자'라고 하면 일단 '학술성 논문'을 써내는 사람이라고 기대하지, '대담'이나 '좌담'을 하는 사람은 학자가 아닌 '명사(名士)' 정도로 여기려는 경향이 있는 것 같습니다.
　저는 그간 한국에서 철학이라는 작업을 하면서 항상 어떤 분열증 같은 것에 시달렸어요. 대학이나 학계에서 요구하는 것은 학술적인 논문들이죠. 거기에는 반드시 근거가 되는 인용문이나 권위 있는 학자들의 전거가 들어가야 되고, 감성적 글쓰기보다는 '원전 중심의' 딱딱한 글쓰기를 요구합니다. 그리고 '나'라는 1인칭을 사용하는 일이 금기시되고, 언제나 자신을 3인칭으로 표기해야 합니다. '객관성'이라는 이름 아래 구체적이고 생생한 '나'의 목소리를 감금시켜 버리는 것이지요. 또한 그러한 글들은 학술진흥재단에 등재된 학술지처럼 일정한 수준을 가진 전문 학술지에 실려야 합니다. 학계에서 요구하는 이러한 글쓰기와 달리, 학계 바깥에 있는 사람들은 좀더 쉽고 일상적인 목소리로 말해주기를 원하고, 우리의 현실과 관련된 구체적인 이야기를 해주기를 바랍니다.
　학계에서 요구하는 원전 중심의 글쓰기에는 우리가 고민하고 있는 현실 속의 구체적인 이야기들이 담겨지기가 어렵습니다. 저는 수많은 학술적인 논문들이 우리의 현실과 고민에서 유리되어 있다는 느낌을 가지고 있습니다. 따라서 밖에 있는 독자들이 요구하는 '쉬운 글로 씌어진 철학' '현실과 유리되지 않은 철학'이라는 요구에 부응하기 위해 이번 대담에 응하게 되었습니다. 이런 점에서 이번 대담의 의미를 찾아볼 수 있지 않나 생각합니다.

대화 경험의 부재와 분열증

김용석 저는 현재 대학에 소속되어 있지 않기 때문에 그런 압력은 좀 덜한 편입니다. 그렇지만 같은 이유로 해서 느끼는 고립감 같은 게 있지요. 학문이, 또 철학이 꼭 대학에서만 이루어지는 것은 아니지만, 그럼에도 우리나라에선 주로 대학이라는 제도를 통해 보장되는 '학술공동체'에 재야 학자들이 진입할 기회가 상대적으로 적다는 느낌을 받습니다. 학회에 초청을 받은 적은 있지만 각종 연구단체나 학회에 참여할 기회가 많지 않고요. 유럽과는 달리 이른바 제도권 학자들과 재야 학자들 사이의 교류라는 게 드문 것 같고……. 이번 대담이 그런 교류와 만남의 기회가 되었다는 데 의미가 있는 것 같습니다.

저 개인적으로는 철학자와 철학자가 만났다는 것이 흥미를 불러 일으킵니다. 저는 '놈 자(者)' 자를 좋아하거든요. 화가나 소설가처럼 일가를 이루었다는 '가(家)' 자보다 훨씬 털털해서 좋아요. 제가 여기저기 신문 칼럼을 비롯해 잡글을 많이 쓰다 보니 제 의사하고는 관계없이 호칭을 여러 가지로 갖다 붙이더군요. 문명비평가, 시사평론가, 칼럼니스트 등등……. 거기에 박사에 전직까지 붙이기도 하고요. 하지만 제가 선호하는 것은 철학자이지요. 철학자들조차도 이 명칭을 별로 좋아하지 않는 것 같은데, 철학자란 '철학 하는 놈'이란 말이죠. 그러니까 이번 만남은 '철학 하는 놈'이 또 다른 '철학 하는—싫으시면 빨리 말하세요—놈'을 만났다는 거구요. 어색하

시면 그 분열증 이야기를 더 하시지요.

이승환 뭐, 싫다기보다는……. 저는 한국에서 학자로서 가질 수밖에 없는 그런 분열증에도 불구하고 사려 깊은 학자라면 두 길을 다 걸어야 한다고 봅니다. 제도적으로는 어쩔 수 없이 학문적인 요구를 충족시켜야 하고, 사회적으로는 대중들의 목마름을 해소시켜 줘야 합니다. 두 길을 동시에 다 걷기에는 어려움과 부담도 많겠지만 사회적 책임감을 지닌 학자라면 두 길을 다 걸어야 한다고 생각합니다.

사실 저는 개인적으로 은둔을 좋아하고 사람 만나기를 싫어해서 전화도 받지 않고 살고 있습니다. 안식년이었던 작년에는 지리산에 들어가서 지냈고……. 솔직히 제가 가장 싫어하는 일이 사람 만나는 일입니다. 대중들 앞에 사진을 드러내고 자신을 공개하는 일이 너무도 싫지만, 그럼에도 불구하고 학문, 특히 철학이 '천상'에서 '지상'으로 내려와야 한다는 생각에서 개인적으로 부담이 좀 있기는 하지만 이번 대담이 필요하다고 생각한 것입니다.

김용석 철학이 원래 땅에 있었던 거 아닌가요? 아니면 누가 천상에 올려놓았던 모양이죠? 하하하……. 그건 그렇고, 이번 만남을 준비하면서 이 선생님의 논문을 읽었는데, 특이하게도 개인사를 적은 글을 본 기억이 납니다. 그 이야기를 나누어보는 건 어떨까요?

이승환 저는 종교를 신봉하는 집안에서 태어났고, 그 종교를 이어받도록 부모님으로부터 설득을 받았습니다. 나중에는 설득이라기보다 강요 비슷한 것이었습니다만……. 전 그게 너무도 싫었어요. 그

래서 부모님께 계속 저항했어요. 자유의지를 지닌 개인에게 특정 종교나 사상을 강요하는 것은 부당하다고 생각했지요. 지금도 저는 특정 종교나 사상을 '보편'이라고 우기면서 모든 사람에게 강요하려는 제국주의적 폭력에 대해 혐오감을 가지고 있습니다. 이런 이유로 보편성이나 획일성을 주장하는 사상 체계 대신에 다원성의 평화적 공존을 이야기하는 동양사상, 특히 장자(莊子)에게 매료되었지요. 제가 대학에 진학하면서 철학과를 택하게 된 것도 이런 이유에서였습니다.

김용석 주변의 반대가 적지 않았을 것 같은데요.

이승환 고등학교 3학년 때 철학과에 가겠다고 말씀을 드렸더니 부모님께서 반대하셨고 다른 친척들도 강하게 반대를 했어요. 그 당시 철학과에 가겠다고 하면 이상한 사람으로 받아들였지요. 지금도 철학을 전공한다고 하면 손금 봐달라고 손부터 내밀잖아요? 그때는 더 심했죠. 30년 전이었으니까……. 더욱이 철학으로는 밥벌이가 안 된다는 이유 때문에 반대가 더 심했던 것 같아요. 하지만 이 거대한 '우주'에 대해 한번 생각해보면 밥벌이가 어떻고 하는 말이 얼마나 가소로운 말인지 깨닫게 되지요.

우주가 생겨난 지는 2백억 년이나 되고, 인류가 생겨난 지는 5백만 년이나 됩니다. 이러한 장구한 우주의 역사 속에서 인간의 수명은 불과 60, 70년에 불과합니다. 광대무변한 우주 속에서 인간은 먼지 한 점도 채 안 되는 셈입니다. 그 먼지 한 점도 안 되는 '찰나'를 살면서 얼마나 부귀영화를 누리겠다고 '밥벌이가 되니 안 되니' 하고 주위에서 떠들어대니 너무도 우스워서 눈물이 나더라 이겁니다.

저는 "우주에서 인간이 먼지와 같은 존재라면, 이왕이면 내가 하고 싶은 걸 하는 먼지가 되겠다. 밥벌이가 안 되면 굶어죽으면 그만이지……"라고 생각했어요. 먼지 한 점도 안 되는 주제에 죽음이 무슨 큰 의미가 있겠어요? 그때 저에게는 삶이나 죽음이라는 것이 하등의 의미도 없던 그런 시기였어요. 그래서 온갖 반대를 무릅쓰고 철학과에 진학하게 된 거지요.

김 선생님의 이야기도 듣고 싶네요.

김용석 저는 원래 충무로 명동 출신이에요. 제가 6남매인데 저만 빼고 형제들이 모두 명동의 한 집에서 태어났어요. 저만 한국전쟁 피난 때 이 세상에 나오는 바람에 부산에서 태어났지만……. 본적이 충무로 2가로 되어 있지요. 지금은 주택가가 다 없어진 지역이지만, 그때 명동 길을 뛰어다니며 놀았던 기억이 나요.

몇 년 전에 귀국하니까 이런 말이 있더군요. "바람 부는 날엔 압구정동에 가야 한다." 가야 한다? 그 말이 꽤 의무적이라고 느꼈어요. 그런데 그때, 우리는 그저 편하게 "바람 안 불어도 명동에서 논다."였지요. '놀아야 한다'는 아니었거든요. 웃자고 하는 말입니다만.

집에서 초등학교 때부터 공부를 너무 시키는 바람에 일찍부터 공부에 찌들었어요. 그때는 중학 입시가 있었으니까, 일류 중학교에 보내려고 그랬던 거지요.

중학교에 들어가서는 일부러 공부를 안 했어요. 평소에 공부를 안 해도 시험 때 벼락치기를 하면 특별한 우등생은 못 돼도 상위권은 유지하니까 대충 한 거죠. 대신 책은 많이 읽었던 것 같아요.

이승환 어떤 책들을 읽으셨습니까?

김용석 중학교 때 제일 많이 읽었던 건 신문이었어요. 글자를 빼놓지 않고 읽었어요. 무슨 말인지도 모르면서……. 사설 같은 건 어렵잖아요. 하지만 큰 노력을 필요로 했던 건 아니었죠. 당시는 신문 면 수가 몇 장 안 됐으니까.

사실 저는 좀 '뒤바뀐' 듯한 독서 인생을 살아오고 있어요. 제 책과 칼럼의 독자들은 철학이 전공인 사람이 동화나 애니메이션에 관한 글도 쓰기 때문에 어렸을 적부터 이 분야의 책을 많이 읽고 애니메이션 작품 관람을 즐긴 것으로 오해하기도 하는데, 사실 저는 중·고등학교 시절에는 좀 어려운 책들을 읽고, 영화도 어른용을 보려고 애썼던 것 같아요. 고등학교 때는 도스토예프스키의 작품들처럼 좀 어려운 세계 문학서들을 그 깊은 뜻은 제대로 모르면서 읽었죠.

흔히 아이들용으로 치부되는 《피터 팬》《피노키오의 모험》《이상한 나라의 앨리스》 같은 동화나 《프랑켄슈타인》《투명인간》《왕자와 거지》 같은 작품들을 본격적으로 다시 읽기 시작한 것은 30대 후반이었어요. 안데르센, 그림 형제, 페로(Charles Perrault), 레안더(Richard Leander)의 동화집들도 그때 다시 읽었지요. 그렇게 된 이유는 여러 가지가 있지만, 무엇보다도 그 책들을 생각의 화두로 삼고자 했고, 해외에서는 한국에 흔한 축약본이 아닌 원본을 읽을 수 있었기 때문이지요. 그 시기에 영상문화 분야에서도 애니메이션에 본격적인 흥미를 갖게 되었지요. 그 이유 가운데 하나는 애니메이션 작품의 시나리오는 동화 및 환상문학과 연관이 있기 때문이지요.

이렇게 전도된 독서 편력은 저를 좀 '이상한' 사람으로 만들기도 하지만, 사실 세상을 다각적으로 관찰하고 이해하는 데 많은 도움을 주기도 합니다.

이승환 중·고등학교는 결국 K자 학교에 들어가셨나요?

김용석 그런 의미의 일류는 아니지요. 하지만 고교 시절은 저에게 매우 소중했던 시간입니다. 그때 저는 클럽 활동을 열심히 했어요. 영자신문 편집장도 했죠. 당시 고등학교에는 영자신문이 몇 개 안

됐어요. 재미도 있었고 우여곡절도 많았어요. 제가 기사를 잘못 써서 지도 선생님이 사임할 뻔하고……. 그런 경험을 아주 진하게 했어요.

그리고 운동도 많이 했어요. 몇 년 전 한국에 돌아와서 보니 각 학교마다 농구 골대가 참 많아졌더군요. 제가 학교에 다닐 때는 그렇지 않았죠. 제가 다니던 고등학교가 농구로 유명해서 그런지, 제가 농구를 잘했어요. 지금도 반코트 게임을 하면 웬만큼 뛸 수 있을 거예요.

그리고 우정이라는 것, "나는 진정한 우정이 뭔지 잘 모르겠어. 그저 서로가 대신 죽어줄 수 있는 사이가 된다는 것, 뭐 그런 것 아니겠어."라는 말을 풀빵 굽기 새듯 덤덤하게 힘도 안 들이고 뇌까리던 친구가 있었지요. 같이 클럽 활동도 하고, 같은 동네에 살고, 같이 여학생 꽁무니 따라다니고…… 정말 친형제 이상이었지요. 그런데 그 친구가 제가 유학 가 있는 동안 백혈병으로 죽었지요. 평생 목숨을 바꿀 수 있는 친구였는데, 제가 이역만리 멀고 먼 땅에 있을 때 죽었다는 거지요. 그런 친구를 잃는다는 건 엄청난 상처죠. 그런 것들이 인생에서 큰 부분을 이루는 거죠.

두 철학자의 학문 여정

이승환 김 선생님이 철학을 전공으로 선택하게 된 계기는 무엇입니까?

김용석 제 경우는 이 선생님처럼 우주 속의 인간이라든가 신과 종교의 문제 등 그렇게 심각한 일들이 동기가 되지 않았어요. 제 몸무

게처럼 제가 좀 가벼워서 그런지. 하하하……. 대학을 졸업하고 직장생활을 1년 정도 하다가 아주 우연한 계기로 유학을 가게 됐죠. 운 좋게 이탈리아 정부장학금을 받게 되었거든요. 처음에는 정치사회학을 했어요. 그 다음에 철학으로 바꿨는데, 무슨 커다란 학문적 의도가 있어서 바꿨던 게 아니었어요.

장학금 지급 기간이 끝나고 유학생활을 계속하는 동안에 경제적인 문제도 심각했고 생활에도 어려움들이 있었어요. 그리고 정신적인 방황의 시기도 있었죠. 고민을 좀 하다 보니까 어느새 철학을 하게 된 겁니다. 전공을 바꾸는 바람에 학부부터 다시 시작했는데, 뜻밖에 좋은 스승들을 만나는 바람에 철학에 흥미를 느끼게 되었습니다. 그래서 지금까지 계속 그 길을 걷고 있는 셈이죠.

이 선생님이 동양철학을 선택하게 된 계기가 궁금한데요.

이승환 대학에 들어와서 처음에 관심 있게 들었던 과목은 종교철학이었지요. 신앙을 강요하던 부모님의 입장에 회의를 품고, "신은 존재하는가?" 하는 문제에 관심을 가지게 됐습니다. 그때 김영철(金永喆) 교수님께서 종교철학을 강의하셨는데, 관심 있게 들었던 부분은 '신의 존재 증명' 부분이었지요. '존재론적 증명' '우주론적 증명' '기적에 의한 증명' 등 여섯 가지나 되는 '신의 존재 증명'을 이야기해주셨지만, 모두가 실패한 증명들이었습니다. 결국 인간의 '이성'으로는 신의 존재를 증명할 수는 없었다는 것을 깨달았지요.

이어서 표재명(表在明) 교수님의 키에르케고르에 관한 강의를 듣게 되었습니다. 키에르케고르는 '이성'에 의한 믿음 대신 '절망'에 의한 믿음을 권하지요. '불안'과 '절망' 속에서 자신을 암흑의 나락으로 던져버리는 것이 곧 신에게 다가가는 문이라는 것이었지요.

서양과 동양이 127일간 e-mail을 주고받다

알듯하기도 하고 모를 것도 같은 키에르케고르의 말을 들으면서 또 한 학기를 보냈지요. 신을 체험하기에는 너무 이성적이기 때문이었을까?

김용석 처음부터 상당히 심각하셨군요. 신과 종교적인 문제가 철학으로 방향을 정한 동기가 되었다는 것은 그만큼 고뇌도 컸다는 이야기겠지요. 조금 전 집안 이야기를 하실 때도 집안에서 믿는 종교와의 갈등을 언급하셨고……. 이 선생님은 무거움으로부터 철학을 시작했다고 할 수 있겠군요.

저는 원래 정치학을 하다가 철학으로 가서 그런지, 종교적인 관심이나 존재론적 관심보다는 좀더 구체적인 사회 문제에 관심이 많았어요. 특히 주위의 고통받는 사람들이 있는데, 그들과 나는 어떤 사회적 유대를 가져야 하나, 정치권력은 사회에 대해 무엇을 해줄 수 있나 등을 생각했지요. 그리고 철학적 화두로서 일상적인 것들에 관심을 둔 것도 그때부터였던 것 같아요.

종교는 처음부터 믿음의 문제로 생각했던 것 같아요. 그런데 참 이상하네요. 동양에서 철학을 시작한 이 선생님은 종교에 대한 이성적 해석의 접근을 철학과에서 경험하셨고, 서양에서 철학을 한 나는 종교에 대해 처음부터 믿음으로 접근했고……. 그렇다고 어떤 특정 종교에 귀의하지는 않았어요. 어떤 사람들은 제가 로마에 있었으니까 가톨릭 신자로 오해하고 있던데.

이 선생님의 경우가 '무거움으로부터 철학의 시작'이라면, 저는 '가벼움으로부터 철학의 시작'인지도 모르겠네요.

이승환 그런가요? 그때 신의 문제는 제게 계속 화두로 남아 있었어요. 그런데 여름방학이 되어 친구들과 원주 치악산에 다녀오는 길이었지요. 돌아오는 길에 기차 안에서 신나게 기타를 치며 노래를 부르고 있는데, 문막 역에 다다르자 누군가 낯익은 얼굴이 기차에 올라왔어요. 자세히 보니 철학과의 김충열(金忠烈) 교수님이셨어요. 문막에서 청량리까지 오는 한 시간 반 동안 김 교수님께 듣게 된 것이 바로 '우주'와 '자연'에 대한 동양철학 강의였지요.

참으로 신기했어요. '신' 없이도 이렇게 우주를 이야기하고 대자연을 논할 수 있다는 것이……. 거기에는 니체식의 '허무'도 없었고, 키에르케고르식의 '절망'은 더더구나 끼여들 여지가 없었어요. 저는 황홀했어요. '신' 없이도 이렇게 평온해질 수 있다니……. '신' 없이도 이렇게 우주와 자연이 설명되고, '신' 없이도 이렇게 '존재의 이유'가 밝혀지다니……. 거기에는 '불안'이나 '허무' 대신 '자연의 흐름에 순순히 따름(處順)'이 있었고, '절망'이나 '초조' 대신 '편안히 때에 맡김(安時)'이 있었어요. 그리고 기계론적으로 잘 짜여진 단일한 '질서' 대신 명멸하는 혼돈 속에서의 '조화'가 있었구요. 그렇구나! 이렇게 설명하는 방식도 있구나!

저는 무척 편안함을 느꼈습니다. 집안에서 종교적 강요로 인해 느껴왔던 온갖 속박과 억압이 일순간에 사라지는 것을 느꼈지요. 그리고 이어서 떠오르는 것은 '달리도 생각할 수 있구나!' 하는 점이었습니다. 어렵지 않고 친근했습니다. 추상적이지도 않고 구체적이었습니다. 현란하지도 않고 간결했습니다. 머리를 싸매야 하는 대신 느낌으로 다가왔습니다. 그리고 가장 중요한 것은, 억압적이지 않고 생기가 발랄하다는 점이었지요. 열차 안에서 이렇게 저는 동양철학에 입문하게 된 것이지요.

김 선생님한테 영향을 준 스승이 있다면 누가 계신지요?

김용석 모든 학문이 다 그렇지만 저는 스승을 잘 만났어요. 스승의 조건에는 여러 가지가 있지 않습니까. 전 운이 좋게도 학자와 교육자의 자질을 모두 가진 사람을 만나게 된 거죠. 학식이 뛰어나도 교육자적 자질이 그만 못하고, 아니면 그 반대 경우도 있잖아요. 인격적으로도 훌륭한 분이셨습니다. 그분 밑에서 석사 때부터 박사까지 했습니다.

그리고 직접 강의는 듣지 않았지만, 우리나라에도 번역서가 나온 구스타프 베터(Gustav Wetter)라고, 마르크스 철학의 대가예요. 베터 교수는 오스트리아 사람이지만 이탈리아에서 몇십 년을 가르쳤습니다. 그리고 마르크스 연구소(Centro Studi Marxisti) 소장이었는데, 제가 연구소에서 살다시피 할 때, 개인적인 가르침을 많이 받았어요. 파킨스씨병을 앓고 있어서 강의는 하지 않았지만……. 철학사로 유명한 코플스턴(F. Copleston)은 직접 접할 계기가 없었고, 비슷한 시기에 그레고리안 대학을 이끌었던 드 피낭스(J. De Finance) 같은 분은 당시 정년으로 은퇴하시고 특강만 하거나 학생 면담만 했는데, 개인적으로는 적지 않은 영향을 받았죠.

철학은 역시 개인적인 대화를 통해 얻을 수 있는 게 많다고 봅니다. 전 비교적 그런 기회가 많았어요. 그리고 저를 쭉 지도해주신 후버(Eduard Huber) 교수 경우에는 은둔하는 스타일이라서 세계적으로 유명한 분은 아니지만 실력이 상당한 분이었다고 생각합니다. 원래 수학을 하다가 철학을 전공한 분이라 치밀성 같은 건 그분에게서 배웠어요.

이승환 무엇을 전공하셨나요?

서양과 동양이 127일간 e-mail을 주고받다

김용석 제가 박사 학위를 막 받았을 때, 어떤 선생님이 이런 말을 하더군요. "자넨 이제 전공이 없어졌네"라고. 철학의 특성을 보여주는 말이었지요. 즉, 철학이 어느 정도 익으면, 궁극적으로는 분과학문적 세부전공을 넘어 종합적이고 학제적인 것을 지향한다는 뜻이겠지요. 군인들도 장군이 되면 개별 병과가 없어진다던가요. 그래서 우스갯소리로 철학자에게 전공을 묻지 말라는 말도 있지요.

하지만 어떤 전공 분야를 하면서 학문적 성장을 했는지와, 대학 안에서 전공 분야의 구별은 현실적으로 있지요. 석사는 마르크스 철학과를 나왔어요. 마르크스 철학을 했다는 게 아니라 마르크스 철학과를 나왔다는 거죠. 그곳 학제에는 석사 과정이 세부 전문화되어 있었지요.

박사 논문은 선생님이 극구 말리는 걸 무릅쓰고 문화철학의 학제적 역사와 방법론을 주제로 썼습니다. 철학 논문은 학자의 일정 이론에 대해서 쓰거나 하잖아요. 그래서 대개 학자에 대해서 논문을 쓸 것을 권하지요. 주제에 관한 논문은 너무 힘들기 때문에 지도교수들이 잘 권하질 않아요. 위험하다는 거죠. 개념을 정의하거나 방법론을 파고드는 것을 논문의 주제로 선택하는 건 해볼 만하지만 위험부담이 있거든요. 더군다나 외국 학생이 한다는 건 바람직하지 않죠.

그런데 제가 고집을 부렸지요. 어느 학자 하나에 대해 쓰는 건 싫다고 했어요. 안 되면 박사 학위 안 받으면 된다고 했으니까. 난 항상 그래요. 그랬더니 선생님이 뭐라고 했겠어요. '에이, 니 맘대로 해. 그래, 뭘 하겠냐'고 묻길래 문화철학에 대해 쓰겠다고 했어요. 그래서 제 박사 학위 주제가 문화철학의 필요성과 가능성에 대한 것이었어요. 그렇지만 어떤 학자를 다루지 않을 수는 없으니까 짐멜(G.

Simmel), 루카치(G. Lukács), 카시러(E. Cassirer)를 주로 다뤘지요.

이승환 문화철학이라면 아무래도 신칸트학파가 생각나는데, 결국 칸트를 피해갈 수는 없으셨겠는데요?

김용석 앞서 카시러 이야기를 했지만, 신칸트학파와 칸트도 건드리게 되었지요. 칸트 사상은 크게 세 부분으로 나눌 수 있는데, 첫째 순수이성비판과 실천이성비판이 항상 붙어다니지요. 따로 떼어놓고 이야기하면 제대로 이해하지 못하고 있다는 뜻이지요. 그 다음에는 판단력비판 쪽이고. 세 번째는 이상의 이른바 3대 비판서와 연관해 제가 주로 관심을 가졌던 칸트의 나머지 저서들입니다. 제 용어대로 하자면—물론 카시러의 영향을 받아 쓰는 말이긴 한데—칸트의 문화철학적인 것. 카시러는 칸트의 관념철학을 문화철학적인 관점에서 본 사람이거든요. 제가 전공을 이야기한다면 이렇게 이야기할 수 있겠죠.

그러니까 제 전공이 속하는 범주를 보면 시대적으로는 근·현대철학이고요, 주제별로 하면 사회·문화철학이라고 할 수 있습니다. 언젠가 개념적으로 토론할 기회가 오면 다시 거론하겠지만, 저는 사회철학과 문화철학을 분리해서 보기보다는 함께 가는 것이라고 보기 때문입니다. 이 선생님도 타이완과 미국 유학을 하신 것으로 알고 있는데?

이승환 저는 대학 중간에 군대에 갔다와서 1981년 2월에 학부를 마치고, 그해 9월에 타이완으로 건너갔어요. 제가 갔을 때 마침 현대신유학(現代新儒學)의 대가인 모종삼(牟宗三) 교수가—지금은 돌아가셨지만—와 계셔서 강의를 들을 기회가 있었지요. 그때 제가 들었던 강의를 묶어서 만든 책이 《중국철학 19강》입니다.

그때 저는 모 선생님한테 조금 실망했습니다. 그 과목은 원래 철학과 대학원생 전체와 교수님들 모두가 참석해서 함께 토론하는 과목이었어요. 중국철학과 관련해서 제가 꼭 하고 싶었던 질문이 하나 있었는데, 간 지 얼마 안 돼서 말이 딸려 글로 써서 보여드렸지요. 《중용》의 성(誠)에 관한 질문인데요, 《중용》에서는 '성자천지도(誠者天之道) 성지자인지도(誠之者人之道)'라고 했는데, 어떻게 자연의 길을 성실하다고 말할 수 있느냐, 성실하다는 것은 결국 인간의 관점이 투영된 '재해석된 자연'이 아니겠느냐 하는 질문이었지요.

성실하다는 것은 인간의 의지처럼 자발적이고 능동적인 노력이 들어가야 가능한 것이 아니겠는가? 자연의 길에 어떻게 그런 자발적이고 능동적인 의지가 내재되어 있다고 볼 수 있는가? 그건 결국 인간의 관점에서 본 자연이 아니겠는가? 이런 내용의 질문을 써서 보여드렸지요. 모 선생님께서는 줄담배를 피우면서 질문지를 대충 훑어보시더니 껄껄 웃으시면서 "자네가 아직 중국철학을 몰라서 그래." 그러시더라구요. 아니, 이게 무슨 답변이라고 할 수 있습니까? 할 수 없이 그냥 "열심히 더 해보겠습니다." 하고 물러나왔지요.

김용석 아, 네. 오기가 생겼다는 말씀이신 것 같은데……. 하긴 오기가 공부에 자극제가 되기도 하지요. 어쩌면 그 선생님이 전략상 그랬던 건 아닐까요? (웃음)

이승환 그런 식의 대답, 응수는 마땅치 않았다고 생각합니다. 질문자가 납득할 수 있는 설명 혹은 해석이 있어야 한다고 봅니다. 근대철학에서는 사실의 문제와 가치의 문제를 구분했고, 존재와 당위의 문제는 아직도 철학에서 중요한 문제로 남아 있습니다. 사실의 문제와 가치의 문제를 혼동하는 오류를 철학에서는 '자연주의의 오류(naturalistic fallacy)'*라고 하거든요. 그런 혐의를 벗을 수 있는 멋있는 해석을 해주든가, 근대철학에서 말하는 자연주의의 오류를 반박하든가 해줘야 하는데, 모 선생님은 그저 "너의 공부가 아직 부족하니라." 하는 반응을 보였으니, 이게 선문답은 될지언정 제자를 대하는 스승의 성실한 태도는 아니구나 하는 생각이 들었지요.

그리고 그 양반이 칸트를 비판하면서 그 비판의 접점에 동양철학을 붙여놓는 것에 대해서도 석연치 않게 느끼게 되었지요. 말하자면 모종삼 선생은 동양철학과 서양철학을 너무 극단화시켜 이원적으로 파악하는 것이었어요. 즉, 칸트의 '현상계(phenomena)'와 '예지계(noumena)'의 구분법을 기준으로 삼아, 동양철학은 현상계에 대한 인식은 부족했지만 예지계에 대해서는 지적 직각을 통해 고도의 체인(體認)에 도달했다고 보았어요.

《중용》에서 말하는 성(誠)뿐 아니라 여러 경전에서 말하는 천(天), 그리고 우주·자연의 본체인 인(仁)은 바로 이러한 지적 직각에 의해 체증(體證)된 예지계라는 것이지요. 예지계의 체인에 주목하는 중국철학과 달리 칸트로 대변되는 서양철학은 현상계의 인식에는 투철했지만 예지계의 체인에 대해서는 부족했다고 보는 것이

자연주의의 오류: 사실(fact)에 관한 기술적 명제(descriptive sentence)로부터 가치(value) 혹은 당위(ought)에 관한 진술을 이끌어내는 오류를 말한다. 자연주의적 오류라는 개념은 무어(G. E. Moore)가 《윤리학 원리(Principia Ethica)》에서 처음 사용했는데, 이러한 진술의 형태를 정말로 오류라고 할 수 있는지에 관해서는 많은 반론이 있다.

지요. 이러한 결과로 서양은 과학과 기술이 발달했지만 예지계의 도덕실체에 대한 체인이 부족하게 되었다. 따라서 각기 강조점을 달리하는 중국철학과 서양철학은 서로 반대 방향에서 다가와 하나의 완전한 체계 안으로 융섭될 수 있다고 보는 것이지요.

김용석 그 선생님이 구체적으로 어떤 의미에서 칸트 사상을 끌어들였는지 모르지만 좀 절충적이라는 느낌이 드네요.

이승환 동양철학은 도덕 형이상학에는 투철했지만 현상계의 과학적 인식에는 부족했으므로 현상계에 관한 서양철학의 성과를 받아들이자. 그리고 서양철학은 현상계의 인식에는 투철했지만 도덕 형이상학의 경지에는 도달하지 못했으므로 유교적 인문정신으로 보충해야 한다……. 모종삼 선생의 논의는 대략 이렇게 파악될 수 있지요. 중체서용(中體西用)의 논의도 바로 그런 종류의 논의이고, 내성(內聖)·신외왕(新外王)도 일맥상통한 논의라고 할 수 있습니다.

저는 그분의 칸트 이해에 동의하지 않아요. 칸트가 말한 '물 자체(thing itself)'라는 것을 그분은 '가치의 세계'로 봐요. 그런데 저는 '물 자체'라는 것을 가치가 아니라 원본적 사실 세계라고 이해하고 있어요. 모 선생님의 이러한 도덕 형이상학적 세계 이해는 우주를 지나치게 도덕 목적론적으로만 보아온 기존 동양철학의 입장을 답습한 것이 아닐까 생각합니다. 자연을 인간의 눈으로 봄으로써 사실의 세계를 지나치게 '가치'로 색칠해버리는, 그럼으로써 과학이 발달하지 못했거나 자연을 중립적으로 보지 못했던 애매모호한 태도를 답습하는 것이 아닌가 하는 생각이 들었어요. 이러한 회의를 통해서 저는 점차 모 선생님식 동양철학에 실망을 느끼기 시작했어요.

김용석 보통 그런 상태에 이르면 새로운 돌파구를 찾아나서는데, 선생님께서는 어떠셨나요?

이승환 소위 현대신유학의 대가라는 분이 명백한 해답을 못 주고, 타이완에 가 있던 3년 반 동안 명확한 실마리를 찾지 못하고……. 그러면서 계속 읽었던 것이 실증주의예요. 실증주의는 논리적으로 증명이 가능한 것만 지식으로 인정하거나, 아니면 실험·관찰 등의 과학적 방법으로 증명되는 것만 지식으로 인정하는 지독히도 편협한 지식론이죠. 그러나 그걸 읽으니까 너무도 명쾌하고 머릿속이 시원해지는 거예요. 그 관점에서 보니까 동양철학은 철학도 아니고, 지식도 아니라는 생각이 들었죠. 물론 지금도 많은 서양철학자들이 동양철학은 철학도 아니라고 주장하고 있지만······.

김용석 사실 언뜻 보면 실증주의의 명쾌함이 동양철학의 지적 세계와는 그다지 어울리지 않을 듯한데요. 어떻습니까?

이승환 실증주의를 계속 공부하면서 서서히 새로운 사조에 눈을 뜨게 됐는데, 하와이 대학의 성중영(成中英, Chung-Ying Cheng) 교수가 타이완 대학에 다니러 온 것이 계기가 되었어요. 그때 이 양반을 만나서 이런저런 대화를 나누며 철학적 문제를 이야기하다 보니까 영어 논문 별쇄본 한 권을 선물로 주더군요. 〈본체해석학(onto-hermeneutics)〉이라는 제목이었어요. 그 글을 읽으면서 해석학이라는 학문도 있구나, 해석학은 실증주의처럼 과학과 논리에 의해서 인간의 앎을 재단하려는 것이 아니라, 과학이나 논리로 설명하지 못하는 광활한 세계에 대해서도 폭넓은 이해를 가능하게 해주는구나 하고 감탄하게 되었지요.

그것이 그동안 실증주의에서 '무의미'하다고 제쳐놓았던 역사·문학·신화·종교·예술·도덕의 분야에 대해 새로운 시각으로 접근하게 되는 계기가 되었지요. 과학과 논리가 사실의 세계에 대해 '설명(explanation)'하려는 학문적 태도라면, 해석학은 의미의 세계에 대해 '이해(understand)'를 추구하는 학문적 태도라는 것을 알게 되었죠. '설명'이 아닌 '이해'라는 다른 시각에 눈뜨게 된 것이지요. 이런 종류의 시각을 통해야 서구 이외 문화권의 지적 성과에 대해서도 좀더 관용적이고 깊이 있는 이해가 가능하겠구나 하고 깨달았습니다. 그래서 그때부터 해석학을 공부하기 시작했어요.

그때(1982년)만 해도 '해석학'이라는 개념이 아직 국내에 알려지지 않았을 때였어요. 우리보다 서양철학 사조를 비교적 앞서 받아들였던 타이완에서도 마찬가지였고요. 그래서 성중영 교수의 권유로 하와이 대학으로 가게 됐어요.

김용석 만약 동양철학 전공자가 유학을 간다면 어디를 추천하시겠습니까?

이승환 타이완이든 중국이든 일본이든 다 일장일단이 있습니다. 저는 학생들에게 어디를 꼬집어서 추천하지는 않습니다. 만약 한국에서 석사까지 마친 학생이라면 미국을 권할 수 있습니다. 한국에서 석사까지 마치지 않은 사람이라면 타이완이나 중국이 낫겠지요.

유학을 가기 위해서는 한문 원전을 볼 수 있는 능력이 있어야 하기 때문에 학부만 마친 채 곧장 미국으로 가게 되면 원전 해독상 곤란한 점이 많다고 생각합니다. 그리고 유학을 가기 위해서는 '내가 어느 땅에 발을 딛고 있는가' 하는 문제에 대한 충분한 인식이 전제되어야 합니다. 그러한 인식이 확립되기 전에 유학을 간다면 지식을 위한 지식을 획득하기 위해 가는 꼴이 되고, 유학을 마치고 국내에 돌아와서도 국적 없는 '유랑민 지식인'이 되기 쉽다고 생각합니다. 이런 점에서 국내의 조기유학 붐은 바람직하지 못한 측면이 많다고 봅니다.

타이완에서 유학하면서 타이완의 학자들이 가지고 있는 자기 문화에 대한 너무도 강한 애정을 느꼈습니다. 젊은 세대가 서구화되고 기계화되고 민주화의 바람도 있었지만, 자신의 전통, 자기를 잃지 않으려는 치열한 몸부림 속에서 지내다 왔어요. 그게 너무나도 부럽고 존경스러웠습니다. 우리와는 비교도 안 됐습니다.

우리가 동양철학을 할 때 살아 있는 애정을 갖고 하는 분이 얼마나 될까 하는 생각도 해봅니다만. 모종삼 같은 대가들도 있지만, 그걸 이어받은 젊은 학인들의 열정들, 모여서 공부하고 잡지를 만들면서 자신의 문화를 끈질기게 새롭게 일구어 나가려는 노력들은 지금도 우리가 본받아야 할 것이라고 생각합니다.

김용석 미국에서 개인적 경험은 어땠습니까? 당연히 문화적 풍토가 달랐을 텐데요.

이승환 '제국'이라는 말이 무색하지 않게 사실 미국은 세계의 정치·경제의 중심지일 뿐 아니라 학문의 중심지기도 합니다. 따라서 그곳에서 학문은 영어라는 보편적인 언어로 표현되어야 하고 서양철학이라는 보편적 틀로 설명되어야 합니다. 그래서 아까 말씀드린 애매하고 설명되기 힘든 부분들을 모든 문화권의 사람들이 읽고 이해할 수 있도록 서술해야 한다는 점에서 많은 자극을 받았습니다.

그러나 '자신의 말'이나 '자신의 사상'이 보편적인 것이 된다는 것은 다른 측면에서 보면 약점으로 작용하기도 합니다. 자기 이외의 언어나 사상에 대해서는 무지(더 심하게는 무식)하기 일쑤이며, 타 문화에 대해서도 관용과 이해가 부족하기도 합니다. 미국은 워낙 땅덩어리가 크다 보니까 지역에 따라 학풍도 서로 다른 것 같습니다. 캘리포니아 쪽으로 가면 선불교와 동양사상에 심취한 사람도 많고 서구 이외의 문명이나 문화에 대한 관심도 높습니다. 그러나 동부 지방으로 가면 완고한 보수주의적 영미철학이 그대로 살아 있기도

서양과 동양이 127일간 e-mail을 주고받다

하고……. 좌우간 미국의 학풍을 꼭 집어서 한마디로 말하기는 곤란할 것 같습니다.

다행히 제가 있었던 하와이에는 동서비교철학이 제법 뿌리를 내리고 있었기 때문에, 동양인으로써 제가 가진 문제 의식을 말하고 글로 써내는 데 아무런 곤란을 느끼지 않았습니다. 저는 유학 당시 특히 법철학 쪽 강의를 많이 들었는데요, 서양 법철학을 다루는 강의시간에 동양 법사상의 관점에서 질문을 제기하고, 그러한 질문거리가 오히려 참신성과 독창성 때문에 호평을 받았습니다. 저는 그러한 대화 과정을 통해서 '인간이란 아무리 문화가 달라도 서로 이해하지 못할 것이 없다'는 생각을 갖게 되었습니다. 저는 그간 "동양철학은 철학도 아니다."라고 말하는 서양 철학자들을 많이 보아왔는데, 만약 마음을 터놓고 진지하게 상대방을 이해하려는 노력만 있다면 그런 터무니없는 소리는 나오지 않을 것이라고 생각합니다.

철학, 철학자, 철학 교육은 왜 필요한가

이승환 김 선생님은 이탈리아 유학 과정에서 어떤 점을 느끼셨나요? 혹시 한국의 대학 풍토와 관련해서 하실 말씀은 없나요?

김용석 이탈리아뿐만 아니라 유럽에서는 대학 수업을 세미나 방식으로 많이 하지요. 요즘은 우리나라에서도 제법 활용한다는 이야기를 들었는데, 주로 대학원에서 많이 하는 것 같아요. 그런데 그곳에서는 대학원뿐만 아니라 학부에서도 많이 하지요. 우리나라도 학부 때부터 훈련하는 것이 필요하다고 봅니다.

인원은 과목에 따라 열몇 명 정도로 제한을 두는데, 열 명 이하인 경우도 꽤 돼요. 세미나 진행은 여러 가지 방식이 있지만, 흔히 하는 것은 주제를 하나씩 주고, 예를 들어 10주 동안이라면 오늘은 이 사람이 발표하고 다른 학생들은 토론하고, 교수는 주재자나 사회자가 되는 거죠. 사회자는 말을 많이 하지 않아야 돼요. 일반 강의는 교수가 말하는 것이고, 세미나는 주로 참석 학생이 발언을 많이 해야지요.

또는 텍스트 분석을 하는 수업 방식도 있을 수 있죠. 주제를 하나 주고 연관된 텍스트를 열 권을 줘요. 한 권씩 읽어오도록 하는 거죠. 그러나 그냥 읽어오면 안 돼요. 철저하게 읽어와야죠. 교수는 그 열 권을 확실하게 다 알고 있어야 하죠. 그런 점 때문에 세미나 수업이라는 게 쉬운 게 아니죠. 준비하는 기간이 엄청나게 걸리거든요.

교수의 입장에서 일반 강의와 세미나식 강의의 차이점은 준비과정이 다르다는 것이지요. 세미나는 학기 시작 전이 힘들죠. 15주 세미나면 학기 전에 미리 다 준비해야 하지요. 그리고 막상 학기에 들어가면 좀 편해져요. 반대로 일반 강의는 사실 15주를 미리 다 준비하지 않아도 되죠. 그러니까 전체적인 기획은 세우되 그 아래에서 구체적인 준비는 5주 정도만 하고 그 다음에 강의 진도에 따라 채워나가는 식이지요. 그러니까 일반 강의는 학기 시작 전보다 학기 진행 중에 더 힘들고…… 뭐 그런 식이지요.

인문학에서는 세미나식 강의를 많이 들여와야 한다고 봅니다. 그래야 학생들이 텍스트에 접근하는 능력이 생긴단 말이죠. 제가 정확히는 모르지만, 우리나라에서는 텍스트를 잘 안 읽는 것 같아요. 텍스트 접근법에 대한 다양한 노하우가 있거든요. 그런데 그런 것 이전에 텍스트 읽기에 대한 전반적인 문제가 있는 것 아닌가요?

이승환 동감입니다. 지적 창조성을 연마하는 제1단계가 고전 텍스트의 해독 과정이라는 데에 전적으로 동의합니다.

김용석 그런데 '고전 읽기'는 '고전 해설서 읽기'가 아니라는 거죠. 고전 자체를 읽어야 하는데, 예를 들어 우리나라에서는 학생들이 해설서인 《칸트의 이해》는 읽는데, 칸트의 저서인 《순수이성비판》은 잘 안 읽는 것 같아요. 플라톤의 《대화편》을 읽어야지, 《플라톤의 대화편 해설서》만 보면 안 되는 거지요. 그건 오히려 교수가 읽는 거죠. 같은 전문가로서 다른 학자는 어떻게 해석했는지 비교도 해볼 겸해서 읽는다든가 하지요. 해설서를 전혀 읽지 말라는 말은 아니지만, 학생들은 우선적으로 원전을 읽는 거예요. 세미나에서 원전 읽는 방식을 지도해야 하는데 그게 굉장히 안 돼 있는 것 같아요. 그러다 보니까 심지어 교수가 되어서도 원전 해독 능력이 약한 경우가 생길 수 있지요.

물론 현실을 인정해야 하는 문제이기도 하죠. 동양 사람이 꼭 서양 원전을 원어 그대로 읽을 수 있는 게 아니잖아요. 우리말로 읽어도 해설서가 아니라 원전을 읽으라는 것이죠.

그리고 전공을 하는 학생은 어떤 언어든지 반드시 서양 언어로 읽으라는 거예요. 그게 영어든 포르투갈어든 스페인어든······. 서양어로 읽는 것과 동양어로 읽는 건 천지차이예요. 예를 들어 헤겔의 《정신현상학》을 독일어가 아니더라도 프랑스어나 포르투갈어나 이탈리아어로 읽는 것과 한국어나 일본어로 읽는 것은 차이가 많지요.

이승환 동양철학을 전공한다고 해도 마찬가지지요. 원전 해독능력은 당연하고 서양어 하나 이상 정도는 확실하게 소화해낼 필요가 있다고 봅니다.

김용석 제 생각에 서구어들은 서로 유기적인 관계를 맺고 있어요. 언어는 생각을 품고 있다고 하지요. 그렇기 때문에 독일 학자의 책을 독일어로 읽으면 더 좋지만, 최소한 다른 서양어로 읽으면 텍스트를 이해하는 데 도움이 돼요. 기원이 전혀 다른 중국어로 읽는 것과는 다르죠.

그리고 언어 습득에 대해서 제가 학생들에게 부탁하고 싶은 것은, '영어공부 하지 마라'가 아니라 '영어공부 하라'예요. 제가 그런 책을 하나 쓸까도 해요. (웃음)

우리나라에서는 최근에 와서 단순히 일상회화로 영어 수준을 평가하는데 그건 잘못된 거예요. 그것은 아마 한때 문법 중심의 외국어 익히기에 대한 반발 때문일 겁니다. 그런데 요즘에 와서는 배가 오른쪽으로 기운다고 짐을 몽땅 왼쪽으로 옮겨 싣는 우를 범하지 않나 생각합니다. 문법도 회화도 다 필요한 거지요. 왜냐하면 외국어 실력의 진짜 기준은 토론할 때 말의 주도권을 갖느냐 못 갖느냐입니다. 영어 잘한다고 하면 영어권 사람 몇 명이랑 토론을 붙여봐서 주도권을 갖는지를 보는 거예요. 그러려면 배워만 가지고는 안 되고 공부를 해야 한다는 거죠.

물론 일상회화도 중요합니다. 그런데 외국에서 단기간의 일상적 삶을 위해서는 사실 감각이 일상회화를 뛰어넘을 때가 많거든요. 게다가 지금의 젊은이들이 21세기를 살아가려면 일정 분야의 전문가가 되고 전문 분야에서 설득력 있는 자기 의사 표시를 하게 될 경우나 외국인과의 토론할 일이 많이 생길 겁니다. 그러려면 외국어를 배운 사람이 아니라 공부한 사람이어야 해요. 물론 이런 도식적인 구분이 우습지만 필요에 따라 배우는 수준에 머무는 사람도 있지만 공부한 사람도 있어야 한다는 겁니다.

이승환 그런데 요즘 대학 개혁이라고 하면서 단순히 일상적인 대화를 영어로 잘할 수 있는 능력만 강조하는 추세지요. 말에 담겨야 할, 대화의 내용에 대해서는 무관심하지요. 인문학의 위기란 게 다 그런 맥락과 관련이 있지요.

김용석 맞습니다. 특히 인문학에서는 어느 언어든 서양 언어 하나를 확실하게 잘할 수 있도록 해야 합니다. 솔직히 고백할게요. 나 같은 경우에는, 어떤 때 독일어나 프랑스어 텍스트로 보다가 잘 이해가 안 가면 이탈리아어로 봐요. 이탈리아어는 솔직히 이탈리아 학자 수준이거든요. 그 정도 못 되었다면 제가 멍청한 거니까요.

단순히 이해를 위해서가 아니라, 어떤 경우는 독일 사람이 독일 텍스트에서 얻는 것보다 훨씬 좋은 의미를 뽑아낼 때가 있어요. 그게 제 강점이죠. 독일 사람이 못 본 걸 보는 경우가 생기거든요. 독일 사람들보다 독일어를 훨씬 못하는데…….

이런 예를 들어도 좋겠네요. 이탈리아에서 마키아벨리를 현대 이탈리아어로 번역한 게 최근이에요. 그 전까지는 일반인도 16세기 언어 그대로 읽어야 했어요. 그걸 번역한 이탈리아 사람이 프랑스 번역판을 참고했다고 하더군요. 프랑스어 번역판을 보면서 어떤 부분은 의미 포착을 더 잘할 수 있었고, 현대 이탈리아어로 번역하는 데 많은 도움이 되었다는 거지요. 서양 언어의 유기적 관계라는 건 이런 거예요. 내가 이탈리아어 텍스트를 볼 때도 영어나 독일어로 번역된 걸 같이 보면 훨씬 좋아요. 의미 포착이나 추출이 훨씬 풍부해지지요.

이승환 언어 능력만 강조해서는 안 되겠지만, 다양한 언어를 뛰어나게 구사할 수 있다면 학문하는 데 많은 도움이 되겠지요. 예를 들어 불교를 공부하기 위해서는 한문은 물론이고, 산스크리트어·팔리어·티베트어를 몰라서는 안 되고, 또 다양한 번역을 비교하기 위해서는 영어·일본어·독일어·프랑스어까지도 필요하지요.

우리나라에서는 지나치게 영어 하나만 강조하는데 이건 잘못되었다고 봅니다. 어디 근대의 문명이 영어권 한 군데서만 나왔습니까? 근대문명을 심층적으로 이해하려면 독일어·프랑스어에 대한 이해가 필요하고, 서구 문명의 뿌리를 파고들기 위해서는 중세 프랑스어와 이탈리아어, 그리고 라틴어와 그리스어에도 능통해야 하지요. 우리 사회는 너무 가시적이고 단기적인 데만 눈이 팔려서 문제입니다.

역사적으로 볼 때 '영원한 제국'은 없었습니다. 그 거대했던 페르시아 제국이나 오스만 제국, 로마 제국과 몽골 제국도 지금은 다 멸망하고 없습니다. 미국이라고 해서 어디 천년 만년 갈 것 같습니까? 만약 세계의 중심이 미국에서 다른 곳으로 옮겨간다면 우리는 곧 새로운 언어를 배우기 위해 안달하겠지요. 학문을 하려는 이들은 좀더 원대한 구상을 가지고, 기초적으로 필요한 언어부터 하나씩 익혀가는 대기만성의 자세가 필요하다고 봅니다.

김용석 독일 같은 곳에서는―그쪽 젊은이들도 철학 전공자가 줄어드는데―교수가 고대철학 전공자를 키우기 위해서 어떤 학생들을 미리 찍어서 고대어를 씹어먹게 만들어요. 대신 미래를 보장해주는 거죠. 시스템 운영을 잘해서 인재도 키우고 지속적인 연구 인력도 확보하는 겁니다. 잘 나가는 대학들은, 우리가 흔히 문사철(文史

哲)이라고 하는 인문학 분야에 학맥이 이어지고, 전공자 분포가 자연히 최적의 상태가 되게 하지요.

  유럽이나 미국도 마찬가지인데, 소위 문사철 등 기초 학문 분야의 학생 수가 아무래도 실용 학문 쪽보다는 적지요. 그러니까 기초 학문 분야의 과는 많은데 각 과마다 학생 수가 얼마 안 되는 경우가 생깁니다. 우리 같으면 그럴 경우 학과를 없애겠지만, 그곳에서는 학생 수와 관계없이 일정 수의 연구원과 교수를 유지시킵니다. 그러니까 자연히 교수와 학생의 비율이 매우 좋아집니다. 2 대 1이 되는 경우도 생길 수 있는 것이죠.

  교수를 유지시키는 것이 바로 국가 경쟁력이고 학문을 제대로 하는 방식이기 때문이지요. 돈은 어떻게 하나, 유럽은 상당수가 국립이나 왕립이니까 가능합니다. 그렇지만 사립대학도 학교 예산에서 그쪽 연구 인력을 유지하는 돈은 건드리지 않아요. 말하자면 학생 수가 많은 분야에서 들어오는 수입으로 대학 전체의 예산을 짜는 거죠. 즉, 그 돈으로 학생 수가 없어서 수입이 거의 없는 학문 분야에도 투자하는 겁니다. 그러니까 대학의 각 전공들이 균형 있게 유지되는 거죠. 그게 바로 대학의 자산이고 힘인 거죠. 그런데 우리나라는 학생 수에 맞춰서 교수를 줄이거나 학과를 없애는 경우가 생긴다는 말이죠.

  그리고 안타까운 현실이지만 한국에서 철학 교육의 중요성은 점차 위축되고 있다는 느낌입니다.

이승환 사실입니다. 대학에서는 기업에서 선호하는 과목을 가르쳐야 하고, 그렇지 못한 과목은 수강자가 부족해서 폐강되는 일이 다반사입니다. 효율성의 논리, 자본의 논리가 모든 것을 지배하고 있는 상황이죠. 이런 상황에서는, 기업에서 경쟁력이 없는 피고용원이 해고당하듯이, 대학에서도 부가가치를 창출하지 못하는 학문은 도태되고 맙니다.

하지만 부가가치라는 것을 꼭 그렇게 단기적이고 근시안적으로만 보아서는 안 될 것 같습니다. 21세기는 지식·정보·문화가 생산의 요소로 새롭게 부각되는 문화산업의 시대입니다. 이런 시대에 과학·기술만 가지고 경제를 활성화하기는 힘들어집니다. 내용물이 있어야 하는 것이지요. 내용물은 과학·기술에서 나오는 것이 아니라 문화와 예술, 그리고 인문학적 상상력에서 나옵니다.

인문학을 다 도태시키면서 경제가 추락한다고 한탄하는 정부 관료와 교육 관료들을 보면 참으로 한심하다는 생각이 듭니다. 과학·기술과 문화·예술은 새로운 시대의 경제를 이끌어가는 두 날개인데, 인문학이 단기적인 부가가치를 창출하지 못한다고 도태시킨다면 장차 우리의 앞날은 불을 보듯 뻔한 것이지요.

김용석 그건 어쩌면 자본 활동의 논리조차도 이해하지 못한 거라고 볼 수 있어요. 그리고 저는 대학이 학생들의 기본적인 자질을 키워주는 곳이라고 생각합니다. 아주 특수하고 기술적인 분야를 제외하고는 자기 전공을 그대로 살려 사회에 진출하는 행복한 예는 많지 않거든요. 말하자면 대학에서는 사회에 나가서 필요한 것을 무엇이든지 습득할 수 있는 능력을 키워주는 곳이라는 뜻입니다. 다시 말해 총체적 사회 적응 능력을 키워준다는 말이지요. 대학에서 이렇게 키운 자질이면 어떤 분야에 가든 그쪽에 필요한 전문 지식과 기술을 빨리 습득해서 그 분야의 일에 적응한다는 거죠.

이것은 앞으로 더욱 중요해지는데, 이미 평생직장의 개념이 사라

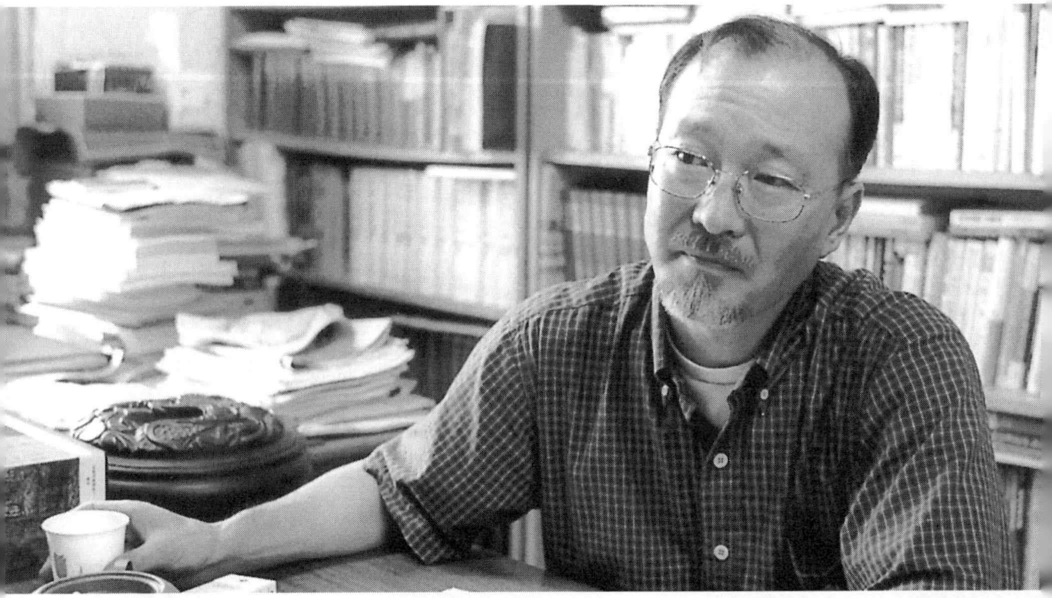

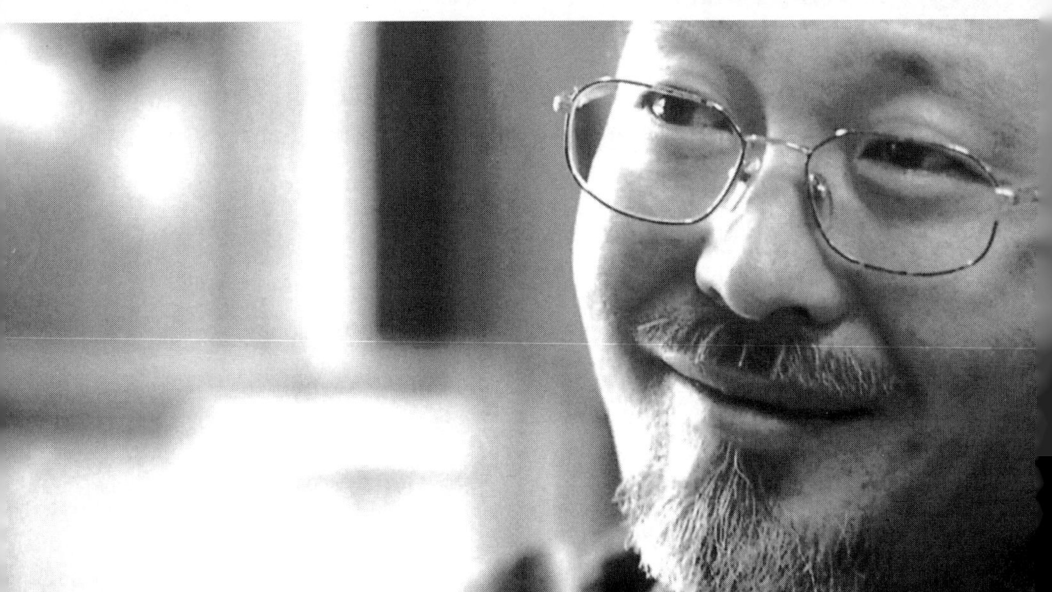

지고 있잖아요. 일부 예측에 의하면 앞으로는 사회에 진출하는 젊은 이들이 은퇴 시기까지 평균 6~7회 정도 직장을 옮기게 된다고 봅니다. 그러니까 자기가 바로 자기 자신의 매니저가 되는 것이지요. 그렇게 하려면 제가 앞서 말한 그런 자질이 필요하지요. 그것을 대학에서 가르쳐주어야 합니다. 이런 전망도 염두에 두고 대학의 교과 과정을 세부적으로 연구해 짜야 할 것입니다.

이승환 철학과를 나오면 취직을 못 한다고 하지만, 사실 언론계·기업·출판계·정계·학계를 보면 철학과 출신이 다수 포진하고 있습니다. 세상을 읽을 수 있는 안목을 가지고 인문학적 소양을 풍부하게 간직한 사람에게는 오히려 진로가 더 다양하게 열리게 되는 셈이지요. 경쟁력을 키운다고 학생들을 붕어빵 찍어내듯 기술·전문인으로 대량 생산해내서 창조력과 비판력을 갖춘 지성인의 모습은 찾으려야 찾아볼 수 없게 되고 있습니다.

김용석 논리적 사고, 치밀함, 그리고 감수성이야말로 대학에서 반드시 습득해야 할 기본 소양이라고 할 수 있습니다. 철학을 하든 물리학을 하든 경영학을 하든 건축학을 하든 이 세 가지 요소는 공통이자 기본이 되는 자질이거든요.

이러한 기본 능력을 바탕으로 사회에 나갔을 때 어느 분야에서든 적응해서 창조적인 역할을 담당할 수 있습니다. 미국에서 최근 인문학이나 예술계통 출신의 CEO가 주목을 받는 것도 그런 까닭 아니겠습니까? 디즈니의 아이스너나 휴렛패커드의 피오리나가 그 대표적인 사례죠.

이승환 아이스너가 예술사 전공이고 피오리나가 철학과를 나왔다지요? 우리의 경우 사유의 바탕이 되는 철학적 소양이 절대적으로 부족한 현실을 뼈아프게 받아들여야 합니다. 우리나라 관료나 정치가들이 거시적 안목이나 미래상이 없다는 말을 흔히 하지 않습니까? 그건 결국 철학적 사고가 아주 희박하다는 이야기입니다.

김용석 본질적인 문제에 대해 사고할 수 있는 힘이 없다는 이야기도 되겠고 상황 판단력이 약하다는 문제도 되겠죠.

이승환 그렇습니다. 저는 가끔 검찰이나 변호사, 판사들을 볼 때마다 '법률 자동판매기'처럼 느껴지곤 합니다. 20대 후반의 사시 합격자들이 법전만 줄줄 외운다고 해서 과연 인간을 제대로 심판할 자격을 갖추고 있다고 생각하십니까? 저는 그렇지 않다고 생각합니다. 법조인뿐 아니라 기업가와 정치가, 심지어는 종교가나 학자들까지도 '생각이 없는 사람'들이 너무도 많습니다. 김 선생님의 말씀대로 대학에서 철학적 사유 능력과 인문학적 감수성을 습득해야만 사회에 나가서도 자기 몫을 제대로 할 수 있다고 봅니다. 그러한 인간을 배양하기 위해서는 역시 철학이라는 과목이 중요하다고 봅니다.

김용석 앞으로 대학의 철학 교육이 어떻게 변해야 한다고 생각하십니까?

이승환 저는 우선 교양 차원에서 철학 교과 과정이 좀더 대중화·현실화되어야 한다고 생각합니다. 철학을 전공하는 사람이 아닐 경우 필요한 것은 '철학적 지식'이 아니라 '철학적 사유', 그러니까 성찰적·비판적·창조적 사고이니까요. 제가 말하는 대중화란 전공자가 아닌 학생들도 이해가 가능하도록 쉽게 가르쳐야 한다는 뜻이고, 현실화란 구체적인 현실을 소재로 삼아야 한다는 뜻입니다. '영화 속의 철학'이나 '성의 철학'도 그러한 예라고 할 수 있지만, 앞으로 교양철학 과목이 좀더 다양화되고 대중화·현실화되어야 한다고 봅니다.

그리고 전공 차원에서 복수전공 제도를 활성화하는 것이 어떨까 생각합니다. 법을 공부하는 사람은 복수전공으로 법철학을 듣게 하고, 경영학을 하는 사람은 기업윤리나 경영철학을 듣도록 하는 겁니다. 또 생물학·물리학을 전공하는 학생들에게는 생명윤리와 과학철학을, 그리고 건축학을 전공하는 사람들에게는 미학과 예술철학을 듣도록 해야 합니다. 말하자면 철학이 분과학문의 바탕으로 기능해야 한다는 것이죠. 이렇게 다양한 분과학문에 철학적 사유의 숨결을 불어넣어야 한다고 생각합니다.

김용석 한국 대학의 사정은 잘 모릅니다만, 저도 선생님과 비슷한 생각을 하고 있습니다. 조금 다른 측면에서 말하자면 저는 대학이 학생들을 많이, 오랫동안 잡아두어야 한다고 봅니다. 반 농담 반 진담으로 하는 말입니다만, 대학 재학 기간이 늘어나야 한다는 것이죠. 그리고 이것은 현실적 추세고요. 예를 들어 대학에서 예술사를 전공했다면 대학원은 MBA를 하러 가는 겁니다. 물론 계속 학문의 길을 가는 학생은 원하는 대로 하고요.

그런 학생들이 21세기 지식정보화 사회를 이끌어나갈 수 있습니다. 사회가 복잡해질수록 교육 기간이 늘어나는 건 당연한 겁니다.

재학 기간을 늘리면 학교에도 도움이 되고 학생들은 튼튼한 자질을 가지고 사회에 나가니까 취직에도 도움이 된다고 봐야죠. 사회적으로는 기업 등 고용기관이 인력 수급을 좀더 장기적으로 탄력성 있게 운영할 수 있는 조건이 형성되는 것이거든요. 물론 그러려면 대학원 교육이 전문적이고 철저하게 시행되어야겠지요. 그저 학위 하나 더 따는 곳이 되어서는 안 되죠. 대학원 중심 교육이라는 것도 이런 관점에서 볼 수 있습니다. 사실 대학원을 활성화하기 위해서는 다각적인 요소들을 염두에 두고 기획해야 합니다.

철학하는 놈[者]들의 삶

이승환 김 선생님은 유럽에 오래 계셨고 그레고리안 대학에서 교수로도 재직하셨다고 들었습니다만, 아무래도 미국 대학의 분위기와는 다르겠죠?

김용석 다른 점이 여럿 있겠지만 제가 미국에서 공부하거나 가르치지 않아서 체험을 바탕으로 한 비교는 어렵겠지요. 제가 흥미로웠던 것 하나를 말해볼까요. 귀국해서 느낀 것 가운데 하나는 한국에서는 대학 순위에 유난히 관심이 많다는 겁니다. 마치 기네스북에 대한 관심이 많은 것처럼 말입니다. 글쎄, 이걸 어떻게 이해해야 할까요. 어떤 분은 좀 도발적으로 우리의 잠재적 사대 의식이라고 하더군요. 우리가 서구를 보는 눈과도 관계가 있는 것 같고요. 앞으로 토론 대상이 되어야 할지도 모르겠네요.

그리고 서울대가 세계 몇 위라는 건 사실 미국 대학을 기준으로 한 이야기일 뿐입니다. 유럽 대학은 그런 순위에 들어가는 걸 원하

지도 않고, 관심도 없거든요. 농담입니다만 미국 기준으로 하면 유럽 대학은 아마 5천 위에도 들지 못할 걸요? 미국은 철저하게 계량화하지만 유럽 대학의 기준은 학풍과 전통입니다. 쉽게 말해서 계속 공부하고 있다는 기운을 느끼는 것, 그리고 그것이 오랜 기간 동안 쌓여서 큰 힘을 이루고 있다는 것, 그 힘이 미래를 향해 계속될 것이라는 것 등은 어떤 연구 시설 투자보다 중요한 것이지요.

이승환 이탈리아, 혹은 유럽에서 학문을 하는 방식과 우리나라를 비교한다면 어떤 문제점을 지적하시고 싶습니까?

김용석 예를 들면 유럽의 대학들은 유사성을 많이 갖고 있습니다. 중세부터 문화적인 유사성을 갖고 있었으니까요. 그리고 사실 대학 차가 많지 않습니다. 어느 대학이 좋다 나쁘다가 아니라, 수학은 어느 대학이 좋고 법학은 어느 대학에서 전공하는 것이 좋다는 식입니다. 어떤 분야의 전문가가 있거나 어떤 분야에 전통이 있는 학교를 추천하고는 합니다. 우리에게는 그런 학풍이 부족하다는 게 치명적인 약점이지만 말입니다.

또 하나 중요한 것은 교수끼리 유대관계입니다. 사실 저도 같은 동료 교수와 사석에서 토론하면서 귀동냥을 많이 했거든요. 그런데 이런 말을 해서 외람됩니다만, 우리나라에서는 교수들이 수직적인 관계를 즐기는 것 같아요. 다시 말해 교수와 학생들이 사석에서 만나는 경우가 더 많은 것 같다는 것이지요. 제가 대학에 있는 친구를 만나러 갔는데, 마침 저녁 회식이 있다고 같이 가자고 해서 갔거든요. 그런데 교수, 강사, 대학원생, 조교, 학부생들이 마치 일개 분대처럼 참석했더라고요. 그런 일들이 잦다고 하더군요. 물론 선생이 연구생이나 학생들과 사적인 자리를 하는 것은 불가피한 것입니다. 그러나 동료 교수끼리의 수평적 관계의 기회와 적절히 균형을 맞출 필요가 있지 않을까 하는 겁니다.

현직에 계신 이 선생님의 생활이 어떠신지 궁금합니다. 여가생활은 즐기시는 편입니까?

이승환 여가생활은 거의 못 하고 있습니다. 일반인들은 아마 교수의 일상이 이럴 것이라고는 전혀 예상을 못 하시겠죠. 한마디로 아주 끔찍합니다. 제가 하고 싶은 일은 거의 하지 못합니다.

김용석 방학 때도 사정은 마찬가지인가요? 조금 여유가 있지 않습니까?

이승환 전혀 그렇지 못합니다. 방학이라도 계절 수업 강의가 있습니다. 강의가 끝나고 나서 점심을 먹고 연구실로 돌아오면 그때부터 논문 지도를 받는 학생들이 찾아옵니다. 일반대학원·교육대학원 합쳐서 한 학기에 평균 5~6명의 학위자를 배출하는데, 그 사람들의 논문을 수정하는 과정에서 1인당 대략 다섯 차례 정도 읽어주어야 합니다. 그러니 모두 30번 정도는 읽어야 하는 셈이지요. 굉장히 힘듭니다. 꼼꼼히 읽어주어야 하니까요.

거기다 각종 학회지에서 심사 요청이 들어온 논문을 읽어야 하고, 어떤 학생은 유학을 간다고 추천서 써달라고 찾아오고, 어떤 학생은 잠시 귀국했다고 인사차 들르고……. 이 일 저 일 처리하고 이 사람 저 사람 만나다 보면 어느새 해가 지지요. 그러면 나가서 저녁밥 먹고 새로운 기분으로 다시 연구실로 출근하는 거지요. 그때부터 제가 써야 할 논문을 쓰기 시작하는 거예요.

　그러나 그때쯤이면 눈이 침침해지고 기운도 빠지고 해서 논문 쓰는 일이 여간 어렵지 않아요. 그나마 그렇게 밤에 두세 시간이라도 제 시간을 가질 수 있으면 운이 좋은 날이지요. 각종 학회지의 편집회의, 각종 학회 운영회의 등으로 일주일에 두세 차례는 참석해야 하니, 밤에 틈틈이 제 논문을 쓰는 일도 쉽지가 않지요. 방학 중에도 이러하니, 학기 중에는 더 말할 필요가 없지요.

　김용석 학회에 관여하시는 경우가 많으시겠군요. 특히 동양철학 전공자로서 특수한 상황도 있을 것 같고요.

　이승환 네, 전공상 불가피하게 관여하는 잡지가 네댓 군데 있습니다. 동양철학을 하는 사람들은 업무가 두 배로 가중됩니다. 동양철학 쪽 학회 일이 있고 거기에 일반 철학회 일도 있기 때문입니다.

　저는 가끔 사람들이 인사차 물어오는 말에―그래서는 안 되지만―신경질적으로 반응을 하고 나중에 후회하기도 합니다. 연구실로 학생이나 손님이 찾아오면 차라도 한잔 끓여주고 따뜻한 정담을 나누어야 하겠지만, 사람들이 너무 많이 찾아오고 시간이 토막나니까 언제부턴가 누가 찾아오는 일이 싫어지기 시작하더군요. 이것도 일종의 직업병이 아닌가 싶어요. 하하하…….

　사람들은 교수라고 하면 무척 편하고 여유로운 시간을 갖는 것으로 오해하고 있는 것 같아요. 저는 교수가 직장인보다 오히려 힘들다고 생각합니다. 물론 직장에 다니시는 분들이 일찍 출근해서 늦게 퇴근하며 힘들게 일하신다는 점은 알고 있지만, 그래도 퇴근 후에는 쉴 수 있지 않습니까? 하지만 저는 밤 11시에 학교에서 나와 집에 돌아와도 '논문'이라는 일감이 머리에서 떠나질 않으니, 도대체 퇴근해서도 쉴 수가 없습니다. 그래서 저는 자식에게는 절대로 교수라는 직업을 권하고 싶지 않습니다.

김용석 그러면 업무를 좀 조정하셔야겠네요. 자기조절이라는 것이 있잖습니까? 이 선생님이 너무 욕심이 많으셔서 그런 건 아닌지요? 그리고 이건 농담입니다만, 그렇게 바쁘시면 가정생활에 문제가 없나요?

이승환 밤늦게 집에 오면서도 일감을 안고 돌아오니 가족과 함께 할 시간이 없는 것이 사실입니다. 붓글씨 한번 써볼 시간이 있나요? 난(蘭) 한번 쳐볼 시간이 있나요? 기업에 있는 친구들 만나면 40대 후반에는 건강이 중요하다며 수영·테니스·골프 등에 관해 이야기들을 합니다. 그러면서 나보고 뭐하냐고 묻는데 나는 입을 다물어버리지요. 또는 자조적으로 "담배 피우는 게 내 건강 유지법이야."라고 하기도 합니다. 이건 직업치고는 살인적인 직업인 것 같아요.

김용석 좀 의외인데요. 그러다 보면 마음놓고 책 읽으실 겨를도 없겠습니다.

이승환 사람들이 교수들 책 안 읽는다고 하는데, 아마도 저를 두고 하는 소리 같아요. 하하하……. 각종 출판사에서 책이 나왔다고 신간을 보내주면서 서평 써달라고 하는데, 그런 기회에 잠깐 보고 나서는 제대로 침잠해서 읽을 시간이 나질 않습니다. 정말 불행한 일입니다. 더구나 요새는 소설을 읽을 수가 없어요. 단어 하나하나와 문체의 흐름을 차분히 음미하면서 읽어야 하는 건데, 어디 그럴 짬이 생겨야 말이지요. 큰일이에요. 이렇게 가다가는 정말 책 안 읽는 교수라고 지탄받게 생겼어요. 지난번에 김대중 대통령이 교수들 공부 안 한다고 나무라던데, 아마도 교수가 이렇게 바쁘게 지내는지 모르고 계시는 것 같아요.

김 선생님은 귀국 후 어떠십니까? 저와는 다른 어려움이 있을 것 같습니다만.

김용석 경제적인 것도 경제적인 것이지만 학문적 능력을 유지하기 어렵습니다. 아시겠지만 성실한 강의 준비가 바로 연구 자체일 경우가 많거든요. 강의 준비를 성실하게 하다 보면 그게 바로 연구가 되지 않습니까. 특히 세미나 기획을 하다 보면 고전과 최근 이론을 접목해서 프로그램을 짜기도 하는데, 그럴 땐 자기 연구에도 도움이 되거든요. 가르치질 못하다 보니까 오랫동안 쌓았던 학문을 유지하는 데 어려움이 있는 거죠. 제 나름대로 계속 노력을 하고 있습니다만.

그리고 이 선생님이 글쓰기의 억압을 말씀하셨는데, 저도 그 못지 않은 고통을 당하고 있습니다. 이 선생님은 그래도 글의 유형이 어느 정도 정해져 있지만 저는 각종 형태의 글을 쓰고 있거든요. 신문·잡지의 칼럼같이 각기 다른 주제의 짧은 글에서, 짧은 논문, 긴 논문, 작년부터 올 봄까지는 제가 매주 출연했던 시사평론 방송원고, 그리고 최근 3년 동안 평균 1년에 한 권 정도의 저서를 내다 보니까, 정말 원고 마감 스트레스에 건강을 잃을 정도입니다.

또 하나 고충은 앞서 말한 것과 연관이 있는데, 현재의 저는 주로 출력만 하고 입력은 제대로 못 한다는 어려움에 직면해 있습니다.

글을 계속 쓴다는 것은 출력을 하는 것이고, 일정 부분은 학술 여행을 한다거나 하는 여유를 갖고 새로운 지식과 기존 지식에 대한 성찰로 다시 정리된 것들을 재입력해야 하거든요. 물론 독서야 계속하는 것이고, 평소 메모 습관이 있어서 새로운 아이디어를 계속 모아 놓기도 합니다. 하지만 제가 바라는 데에 훨씬 못 미친다는 거죠.

이승환 연구에 필요한 문헌이나 서적을 얻는 데도 어려움이 있지 않나요?

김용석 도서관을 제대로 이용할 수 없다는 것도 큰 문제 가운데 하나죠. 지난번 책을 쓸 때도 내용은 이미 알고 있지만 직접 출처를 찾아 인용하지 못해서 꽤 곤란했습니다. 그러려면 참고문헌을 원서로 다시 확인해야 하는데, 제가 마음대로 다닐 수 있고 문헌과 자료를 찾아 활용할 수 있는 전용 도서관이 없으니……. 그래서 국회도서관에도 다녔어요. 그렇지만 영어 책은 있어도 독어나 프랑스어로 된 책은 별로 없더라고요. 이탈리아어 책은 물론이고 말입니다.

이승환 그레고리안 대학의 도서관은 어떻습니까?

김용석 장서를 말씀하시는 것 같은데……. 사실 장서가 몇 권인지 정확한 숫자를 염두에 둬본 적이 없어요. 제가 필요한 건 웬만한 것들이 다 있었으니까요. 우리나라에서는 아마 대학 도서관의 장서가 문제가 되니까 장서 수에 관심이 많은 것 같아요. 대학의 과는 주로 인문사회 쪽만 있지만 장서가 공식적으로 1백만 권은 넘을 겁니다. 중복되는 것은 다 빼고 한 권씩만 쳐서 그렇겠지요.

그리고 도서관 열람실에 가면 교수들을 많이 볼 수 있습니다. 처음 그곳에 갔을 때 그 모습이 특이하게 느껴졌습니다. 아마 우리나라와 많이 달라서 그랬을 겁니다. 요즘 우리나라는 어떤지 잘 모르겠지만. 그곳에서는 교수들이 자기 연구실보다 도서관에 나와서 공부하는 경우가 많아요. 전화 받을 일도 없고, 방문객을 맞을 필요도 없어서 좋고요. 서고에 마음대로 드나들면서 책 꺼내 보고, 가끔 쉴 때는 복도에서 학생들과 대화할 기회도 생기고요. 여러 가지 이점이 있습니다.

한국에 와서 대학 도서관에는 가보지 않았지만, 여러 가지 이야기들을 들었습니다. 사실 전 우리나라 대학교수들의 연구 조건이 좋은 편이라고 생각합니다. 외국과 비교해서 그렇다는 게 아니고, 우리나라의 다른 분야들과 비교하면 그렇다는 것이죠.

HIT No. **2** 노자와 공자 이야기로 말문을 열다

> 묻고 답하기를 주고받으며 긴장을 푼 두 철학자는
> 최근 우리 사회에서 일기 시작한 동양사상 붐에 대한 이야기로
> 대화의 물꼬를 텄다.

이승환 최근에 동양사상이 유행하는 것은 필연적이라고 봅니다. 우선은 근대성의 한계에 대한 회의 때문일 겁니다. 물질에 대한 추구와 효율성의 논리가 세계를 지배하면서 인생의 의미를 상실하게 된 거죠. 돈을 버는 것이 좋기는 한데 "돈을 벌어서 뭐 할 건데?"라고 물으면 사람들은 말을 멈춥니다. 물질적 풍요를 추구하는 것이 좋긴 한데 "물질적 풍요를 통해서 무엇을 이룩할 건데?"라고 물으면 사람들은 할말을 잊는 거죠.

'궁극적 의미'가 사라지고, 오직 도구적 합리성만 판치는 이 세상에서 사람들은 '의미'를 찾아 헤매기 시작합니다. 목적이 결여된 노동, 의미가 깃들지 않은 삶이란 불행한 것이잖습니까. 자본주의 사회에서 인간은 체계 밖을 내다볼 수 없도록 설계된 로봇이죠. 자신

의 존재를 확인하기 위해서는 체계 밖으로 뛰쳐나가서 체계 안에 속했던 자신의 모습을 바라볼 수 있어야 합니다. 표류하는 자아, 파편화된 자아, 무목적적인 자아를 거부하고 진정한 자아를 찾으려는 몸부림이 바로 동양사상에 대한 관심으로 나타났다고 봐야겠죠.

김용석 이 선생님 이야기를 들으니까 언뜻 찰리 채플린의 영화〈모던 타임스〉가 떠오르는군요. 그게 1930년대 영화죠. 우리의 사정에서 보면 산업화의 과정에 있었던 1960~70년대에 해당하겠고요. 앞으로 우리의 대담이 어떻게 진행될지 잘 모르겠습니다만, 제가 한국에 와서 느낀 것 가운데 이런 것이 있습니다. 근·현대 사회를 비판할 때, 그 사회도 여러 변화의 과정을 겪어왔는데 그것을 지나치는 것은 아닌가 하는 점 말입니다.

예를 들어 산업 사회, 우리나라의 경우 개발경제 시대, 후기 산업 사회 등으로 변화했고, 변화하고 있는 중이지요. 서로 섞여서 일어나고 있기도 하고요. 그리고 그 특성들도 요즘은 지식, 정보, 디지털, 네트워크적 사고, 하드웨어에서 소프트웨어로 중요성의 이동, 인터넷, 전문 직업의 다원화, 노동의 양과 질의 변화, 프리랜서의 점차적 확산, 재화의 성격 변화, 서비스업의 확산, 재택 근무와 소호(SOHO : Small Office, Home Office) 등등 여기서 다 나열할 수 없을 정도로 굉장히 다각적으로 봐야 한다는 것이죠.

그리고 이런 것들은 단순히 경제적인 문제가 아니고, 사회·문화·정치적으로 다차원적 변화를 일으키는 것이죠. 그 속에서 직업과 노동의 형태, 노동을 대하는 자세 등도 다양하지요. 그런데 비판의 초점은 일정한 과거의 틀, 특히 산업 사회 초기의 현상에 맞추어져 있는 것이 아닌가 합니다. 이건 앞으로도 더 살펴보아야 할 것이지만…….

어쨌든 말씀을 계속하시죠. 우리 사회의 특수한 사정과 관련된 이유도 있겠지요?

동양사상에 관심이 높아진 까닭

이승환 그렇습니다. 탈식민지적 관심이라고 부를 만한 것입니다. 개항 이후 1백여 년 동안 우리는 모방적 근대화를 진행해왔습니다. 물론 문화의 교류를 위해서는 모방도 필요하고 학습도 필요한 것이 사실입니다. 고인 물은 썩게 마련이죠. 그러나 지난 한 세기 동안 한국과 서양과의 영향 관계는 너무 일방적이고 강압적이었습니다. 우리는 서양을 대리한 일제의 식민지, 미군정, 그리고 냉전 시대를 거치면서 정치·경제·군사·문화적으로 미국의 압도적인 영향권 아래 놓이게 되었습니다.

그렇지만 지렁이도 밟으면 꿈틀한다고 하는데, 어떻게 인간이 자신의 모든 정체성을 버리고 일방적으로 남의 것을 모방만 하면서 살 수 있겠습니까? 내 정체성을 확인하면서, 역사적 경험에 근거해 좀더 우리에게 친근한 방식으로 합리적인 사회를 이룩하려는 갈망들이 우리 내부에서 싹트기 시작하는 겁니다. 나의 뿌리와 경험과 역사적 기억들을 반추하면서 좀더 성숙한 문화를 일구어 나가려는 '자생적 근대화' 혹은 '토착적 근대화'에 대한 갈망이 동양철학에 대한 관심을 불러일으키는 다른 하나의 이유라고 할 수 있을 것입니다.

김용석 어느 문화권이나 소득 수준이 일정 정도에 오르면 정체성에 대한 반성이 문제가 된다고 볼 수 있을 것 같습니다. 경제적으로 어려울 때는 그런 문제가 크게 부각되기 어렵거든요. 아마 그런 사정을 말씀하시는 것 같군요. 하지만 최근의 동양사상 유행은 방송매체의 상업주의와 무관하지 않다는 우려의 소리들도 있던데요.

이승환 사실 그런 면이 적지 않습니다. 동양사상에 대한 관심이 방송사들의 매체 상업주의에 의해서 주도되면서, 동양사상의 진정한 의미가 왜곡되거나 과대 선전되는 것은 아닌가 우려되기도 합니다. 좀더 다양한 경로를 통해 건강한 방식으로 동양철학이 대중에게 가까이 갈 수 있으면 하는 바람입니다.

동양사상에 대한 관심은 특정 인기인에 대한 광신적 숭배로 그칠 것이 아니라, 시민운동과 같은 대중적이고 건전한 방식으로 연결되어야 합니다. 예컨대 동양적 관심이 가미된 시민연합 같은 것을 생각해볼 수 있겠죠. 생태·환경 문제와 관련해서 기공이나 선체험이 얼마든지 결합될 수 있거든요. 그리고 우리나라에서 무용지물이 되어버린 서당이나 향교를 예절 교육과 윤리 문화의 성숙을 위한 교육의 장으로 활용하려는 노력도 필요하다고 봅니다.

김용석 유교적 관습을 봉건적 잔재로 비판하는 시선에 대해서는 어떻게 생각하십니까?

이승환 유가(儒家)에 대한 거부감은 세 부류의 그룹에서 나온다고 봅니다. 하나는 여성주의 그룹입니다. 그분들의 반감에는 일리가 있습니다. 아직 한국은 너무도 남성중심적 사회이기 때문입니다. 다른 하나는 특정 종교를 신봉하고 있는 분들에게서 나옵니다. 그러한 거부는 바람직하지 않습니다. 이러한 태도는 배타적이고 정복주의적 태도일 뿐입니다. 이러한 근본주의적 태도는 사회를 불화와 반목으로 이끌어가는 주범입니다. 세 번째는 진보적인 성향의 지식인들에게서 나옵니다. 그들의 우려는 반은 정당하지만 반은 정당하지 않습니다. 진보적 지식인들은 동양사상을 '과거로 회귀하려는 복고주의' 혹은 '보수층의 이익을 대변하는 이데올로기'로 간주합니다. 이러한 태도에는 일리가 있습니다. 우리 사회는 아직 과거가 청산되지 않은 반봉건 사회이기 때문입니다.

그러나 다른 한편으로 우리는 근대성이 남긴 폐해를 극복해야 할 시점에 놓여 있습니다. 전근대-근대-후기 근대적 상황이 섞여 있는 시점에서 우리는 다차원적이고 복합적인 전략을 구사하지 않으면 안 됩니다. 전근대의 폐해를 청산하는 일과 더불어 근대성의 폐해를 극복하는 일, 이 두 가지가 함께 필요합니다.

김용석 그렇다면 결국 과거의 청산과 계승이라는 이중적 과제에 직면하고 있다는 말씀인데요.

이승환 그렇습니다. 우리의 현재 상황을 '비동시성 속의 동시성'이라는 말로 압축해서 표현할 수 있겠죠. 우리는 과거를 청산해야 하는 동시에 근대를 성취해야 하면서, 또한 근대를 딛고 넘어서야 하는 다중적인 과제를 안고 있습니다.

이런 상황에서 전통을 송두리째 거부하고 서구화만 외치는 일은 근대성의 공과(功過)에 대한 성찰 없이 무분별하게 서양 문명을 추종하는 일을 의미하고, 이러한 태도는 결과적으로 또 다른 부정적인 악효과를 양산할 겁니다. 문제는, 필요한 영역에 얼마나 효율적으로 전통의 지적 자원을 끌어다 활용하는가 하는 문제라고 생각합니다.
 김 선생님은 최근의 동양사상 유행에 대해 어떻게 생각하십니까? 저와는 사뭇 다른 입장을 갖고 계시리라 생각합니다만.

김용석 사실 전 그쪽에 대해 잘 모릅니다. 제 개인적으로는 대학에 다닐 때 노자의 《도덕경》이나, 《논어》 《맹자》 등을 교양과정에서 읽었던 정도지요. 하지만 학자로서 읽은 것은 아닙니다. 더욱이 유학 중의 제 처지에서는 서양의 고전조차 다 읽기 어려운 시간적 문제가 있었습니다. 사람은 시간적 제약을 받으니까요. 독서와 연구의

대상을 주어진 시간, 자신의 필요에 따라 선택할 수밖에 없지요.

물론 일반적으로 서구에서 동양사상을 어떻게 대하느냐는 꼭 시간적인 문제만은 아니겠죠. 서구의 철학자들은 사실 동서양 사상의 비교에 대해 그다지 커다란 관심을 갖고 있지 않습니다. 물론 동양사상에 대한 예의 표시는 있을 수 있지만, 학문적인 차원에서 진지하게 이루어지고 있는지는 곰곰이 따져봐야지요.

이 점에 대해서는 우리 동양 학자들도 솔직해야 하지 않나 생각됩니다. 일부 단편적인 예를 들면서 서양 사상가들이 동양을 폭넓은 영역에서 지속적으로 심도 있게 천착했다고 일반화할 수는 없거든요.

이승환 그런 태도는 김 선생님께서 서양철학을 보편적 진리로 간주하려는 태도에서 기인하는 것이 아닐까요?

김용석 제 말씀은 동양에서 동서양을 비교하려는 태도나 의도와 서양에서의 그것은 매우 차이가 크다는 겁니다. 이를테면 맥락의 차이라고도 할 수 있겠네요. 동양철학이나 동양사상에서 보자면 썩 내키지 않는 이야기일 수 있겠습니다만, 동양에서의 동양학이 상당수의 경우 자기 정체성 지키기의 하나이거나 스스로를 서양적인 위상으로까지 높이려는 욕구가 아닌지 의심해볼 수 있습니다. 그리고 서양철학이 스스로를 보편으로 여긴다기보다 보편을 추구한다는 표현이 더 공정한 것 같고요. 좀 도발적으로 말하면 어쩌면 동양사상에서 '서양사상이 자기 자신을 보편으로 여긴다'고 여기고 있는지도 모른다고 의문을 가져볼 수도 있습니다.

이승환 서구 사상이 직면한 한계를 생각해야 하지 않을까요?

김용석 물론 어떤 사상에도 그것이 사상인 이상은 한계가 있습니다. 일반적이고 추상적인 이야기보다 이런 구체적 예를 들면 어떨까요? 어떤 한옥 전문가가 서양 건축에 비해 한옥의 우월성을 이야기하면서 한옥이 얼마나 과학적인가를 주장한다고 합시다. 전 한옥이 무척 중요하다는 데 동의하지만 한옥의 과학성에 대해 강변하는 것은 잘못된 것이라고 봐요.
　우리가 오늘날 사용하는 과학 혹은 과학적이라는 것은 동양의 언어, 좀더 좁히면 한국의 언어가 아닙니다. 그건 'science'와 'scientific'을 번역한 것이거든요. 한옥은 중요하지만 한옥이 반드시 과학적

이어야 할 필요는 없죠. 아니, 과학적 지위를 부여받지 않고도 얼마든지 우리 한국인이 개발해낸 인간 삶의 지혜와 그 구체적 실현으로서 훌륭한 것이고, 우리는 그것에 자부심을 갖습니다.

우리가 서양의 이성주의나 합리주의를 비판할 때 다른 합리주의를 비판하는 게 아니잖습니까. 도구적 합리주의, 지나치게 편향적인 과학적 합리주의를 비판하는 거죠. 이제까지 많은 부작용과 피해를 준 것이 그것이었다고 간주하니까요. 우리는 그것을 비판하면서, 우리 지혜의 가치를 재발견하고 그 위상을 제고하려고 해요. 그런데 그것에 과학적이라는 위상을 부여하면서 만족해하고 대견해한다면 자가당착이죠. 지금까지 자기 주장과 비판이 그 말 한마디로 다 무너지는 겁니다.

과학적이라는 말 자체가 가치화된 표현이거든요. 그러므로 그것을 강하게 비판하면서도 그것을 가치화하고 그 가치 개념으로서 자신을 치장한다는 것은 자기모순 아닐까요?

이승환 동양사상을 과학적인 틀로 해석하려는 시도들이 있기는 합니다. 김 선생님께서는 동양사상은 과학적인 틀로 봐서는 안 된다고 말씀하고 계신데, 이러한 관점은 서양=과학, 동양=비과학이라는 오리엔탈리즘적 이분법에 근거한 것은 아닌지 궁금합니다. 이 문제는 아무래도 추후에 본격적인 대담에서 풀어야 할 문제인 만큼, 지금 이 자리에서는 문제 제기로만 남겨두었으면 합니다.

김 선생님께서 생각할 때 동양사상 또는 동양학의 필요성은 어디에 있다고 생각하십니까?

김용석 "과학적인 틀로 봐서는 안 된다."고 누가 단언을 하겠습니

까. 그런 이야기는 아니고요, 다만 과학은 인류가 개발한 지식의 '한' 형태입니다. 인류 역사에 있었던 여러 가지 지식 형태 가운데 하나라는 것입니다. 그것이 오늘날 우월적 위치에 있지만……. 제가 염두에 두는 것은 다양한 지식의 형태를 '과학'이라는 하나의 범주로 모두 틀지워버릴 위험이 있다는 거죠. 단순히 오리엔탈리즘적 이분법의 관점을 넘어서, 문제를 좀더 넓고 깊게 볼 필요가 있다는 겁니다. 이건 앞으로 토론해보고 싶은 다양성과 인간 생존의 문제와 연관되어 있기도 합니다.

그리고 이 선생님의 질문에 답한다면, 저 또한 동양학이 필요하

서양과 동양이 127일간 e-mail을 주고받다

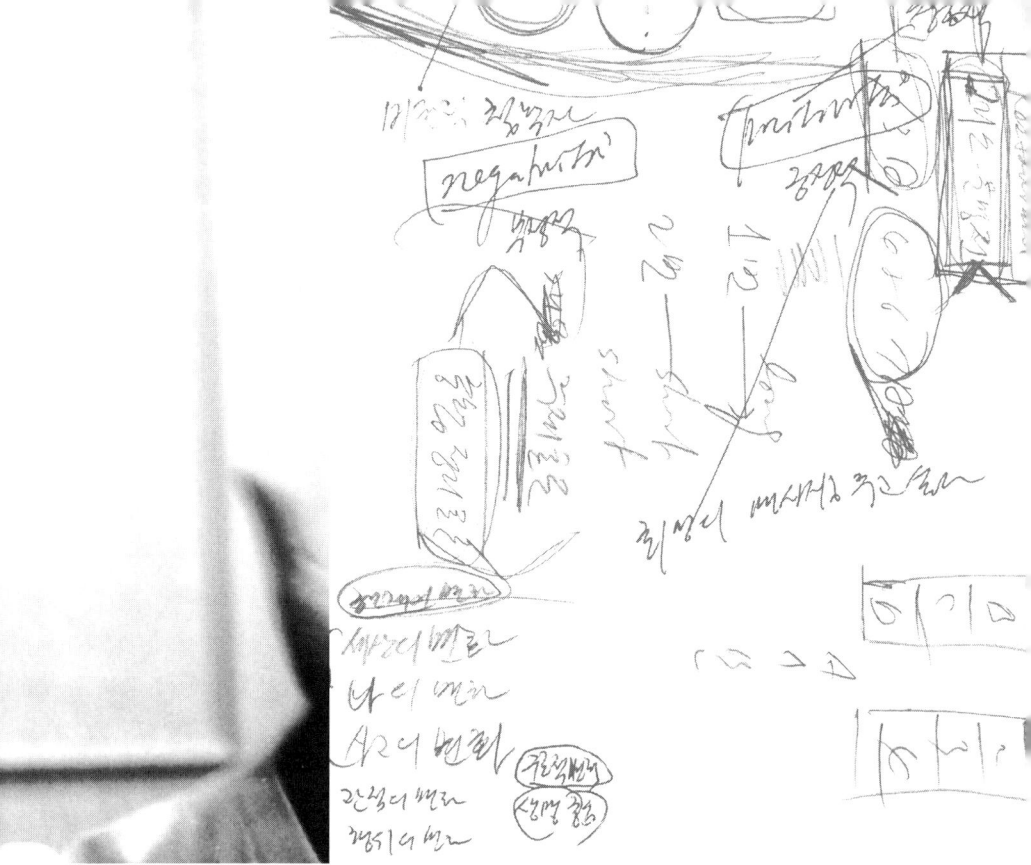

  다고 봅니다. 저 자신이야 그것에 대해 지금까지 심도 있는 연구를 할 기회가 없었지만 말입니다. 저는 철학자라면 동양 사람이든 서양 사람이든 인간으로서 어떻게 살 것인가를 중요히 여겨야 한다고 봐요. 역설적이지만 동양학의 필요성도 여기에 있다고 보는데요, 그건 획일화의 우려 때문입니다.

  오늘날의 세계화란 이 세상을 1차원화하는 것이라고 볼 수도 있지요. 디지털 문화라는 것도 해방과 구속이라는 양면성이 있습니다. 그 안에 획일화의 위험도 안고 있지요. 그렇다면 이 세상이 다양화될 수 있는 요소를 보존시켜야 하고 필요에 따라 개발해야 합니다.

그런 면에서 동양학의 연구가 필요하다고 할 수 있지요.

하지만 동양학이 '과학적'처럼 서양적 위상으로 자기를 치장하는 것이라면 저는 반대합니다. 잘못하면 자기 것에 대한 영원한 자신감의 상실이 올 수 있거든요. 그리고 그것은 '따라가기'에 지나지 않는 겁니다. 또한 동양적인 것을 그리워할 수 있습니다. 저도 그런 그리움이 있어요. 어떤 면에서는 그런 그리움 때문에 제 생활이 정서적으로 풍부해지기도 합니다. 그러나 그런 향수적 집착을 포퓰리즘(Populism)적으로 대중 정서를 불러일으키는 데 이용하는 것에 대해서는 반대입니다.

이승환 김 선생님의 말씀은 어떤 점에서 무척 실용적이라는 생각이 드는군요.

프랑스 철학이 일으킨 바람

김용석 실용적이라는 의미가 최대한 많은 사람들에게 혜택을 주기 위해 노력하는 것이라면 그렇게 제 입장을 규정하는 것을 마다하지 않겠습니다. 편협한 실용주의만 아니라면 저를 실용성의 철학자로 불러도 좋습니다. 이 주제는 본격 토론에서 더 다루어보기로 하고요, 한국의 서양철학 연구는 현재 어떻습니까? 프랑스 철학의 유행이 두드러진 현상처럼 보이는데요.

이승환 노자가 말한 것처럼 세상에는 양면이 있습니다. 화 속에 복이 있고, 복 속에 화가 있습니다. '새옹지마(塞翁之馬)'라는 고사성어가 그런 말 아니겠습니까? 우리나라의 프랑스 철학 담론은 문화산업 담당자들에 의해 수입되기 시작했습니다. 상업적인 차원에서 수입됐고, 그런 것들이 자유를 탐닉하는 젊은 세대에게 굉장한 선호를 불러일으켰습니다. 우리 사회의 딱딱함, 권위주의에 거부감을 가진 새로운 세대들의 탈출구로서 프랑스 철학에 많은 관심이 쏠렸다고 봅니다. 하지만 그러한 피상적인 측면 말고 굉장히 중요한 역사적 측면들이 있는데도, 프랑스 철학을 수입하던 초기에는 그러한 측면들을 놓친 것 같습니다. 복 속에 깃들어 있는 화라고 할까요?

김용석 현대 프랑스 철학의 역사적 맥락에 대한 말씀이신가요?

이승환 예, 맞습니다. 제가 알기로 포스트모던적 담론 속에는 프랑스의 68세대*들이 거쳐야 했던 수많은 경험과 고뇌가 깃들어 있고, 이성적이고 보편적인 것에만 가치를 부여해온 '근대성'을 전복시킴으로써 자유와 해방감을 쟁취한다는 점에서 대단히 소중한 측면이 있습니다.

하지만 우리의 수용 상태를 보면 무엇을 해체시켜야 할 것인지 목표가 정해지지 않은 상태에서 상업적 차원에서 수입됨으로 말미암아, 아직 생겨나지도 않은 주체와 이성마저 해체시켜버리고, 진보에의 의지를 무장해제시켜버리는 경솔한 후과(後果)를 낳았다고 봅니다. 우리 사회는 아직 충분히 이성적이지 못합니다. 그런 상태에서 이성을 해체하자는 것은 말이 안 되는 소리입니다. 우리는 아직

68세대 : 1968년 프랑스 5월 혁명의 한복판에 서 있었던 학생 그룹.

자율적이지도 못해요. 우리가 연고주의에 시달리고 권위주의에 시달리는 것도 우리가 아직 자율적 주체로 성숙하지 못했기 때문입니다. 그런 상황에서 이성과 주체를 해체시키자고 떠드는 것은 정말 위험하기 짝이 없는 일이지요. 근대성의 소중한 성과가 아직 이룩되지도 않았는데, 저 뒤로 건너뛰려고 하니까, 장을 펴보지도 않고 책장을 닫아버리는 어리석음을 범하게 되는 겁니다.

김용석 제 관점에서 이 선생님의 말씀을 이해하자면 조급하고 획일적인 '밀어붙이기'의 문제를 제기하고 계신 것 같군요. 저처럼 지속성의 문제와 다양성의 문제도 연관지어 생각하시는 것 같고요.

이승환 그렇겠죠. 서양철학 수입상의 노선이 다변화되기 시작했다는 점은 긍정적으로 볼 수 있을 것 같습니다. 좋은 현상이죠. 그동안 우리의 철학적 관심은 너무 특정 문화권에 편중되어 있었습니다. 일제 시대 이후에는 독일 철학에 대한 관심이 주류를 이루었고, 군사정권이 들어선 이후로는 미국 철학이 관심의 대상으로 부각되었습니다. 이 두 경향이 현재 한국 철학의 양대 산맥을 이루고 있는 셈이죠. 이는 한국 철학의 발전을 위해 앞으로 조정되어야 할 문제라고 봅니다.

프랑스 철학의 독특한 사유 구조도 우리가 좀더 진지하게 연구해서 참고로 해야 하겠습니다만, 특히 프랑스 철학의 전통에서 엿볼 수 있는 통학문적(通學問的) 혹은 통합학문적(統合學問的) 연구 태도는 우리에게 많은 시사점을 줍니다. 이런 점에서 우리의 철학계가 좀더 다변화되고 다양화되어야 한다고 보는 것이지요. 일전에 다석 유영모* 선생께서는 이런 말을 한 적이 있습니다. "태양을 가려라!" 태양의 강렬한 빛으로 인해 주변의 수많은 아름다운 별들이 빛을 잃고 있잖아요. 태양을 가림으로써 우리는 수많은 작은 별들이 내뿜는 아름다움을 엿볼 수 있는 거죠. 획일성이 아닌 다변화는 이런 점에서 중요하다는 뜻입니다.

김용석 프랑스 철학과 동양철학 사이의 어떤 접점도 있다고 보십니까?

이승환 저는 그렇다고 봅니다. 들뢰즈가 그렇고, 들뢰즈가 좋아하는 스피노자도 굉장히 동양적 심성에 가깝다고 할 수 있습니다. 그 사람들의 통합학문적인 태도를 보세요. 철학을 해도 과학·예술·미학·문학이 다 얽혀 있거든요. 동양의 학문도 '문사철'의 통합학문 아닙니까.
이러한 통합학문의 이상이 근대 사회의 분과화되고 분절화된 학문의 장벽을 뛰어넘게 해주는 좋은 계기가 될 수 있다고 봅니다. 뿐만 아니라 자연을 바라보는 태도, 인간과 자연의 관계를 바라보는 태도, 인간 자신을 바라보는 태도에도 우리에게 친근하게 다가오는 요소가 많이 있다고 봅니다.

유영모(柳永模, 1890~1981) : 호는 다석(多石). 교육자·종교인·사상가로서 어려서 한학을 배우고 유교·불교를 섭렵하다가 나중에 그리스도교에 입교했다. 오산학교 교장을 지냈으며, 《도덕경(道德經)》을 번역하기도 했다. 노자와 불교에 심취해 비정통 신앙인으로 전향했으며, 톨스토이의 영향을 받아 무교회주의자로 자처했다. 유·불·도에 그리스도교를 보태서 하나의 사상체계를 이룸으로써 근현대 지성사에 커다란 족적을 남겼다.

최근의 동서철학 논쟁

김용석 접점 찾기와 함께 동서양 철학자들 사이의 논쟁도 있었겠지요?

이승환 최근 〈교수신문〉에서 동서양 철학자가 지상 논쟁을 벌였습니다. 결과적으로 바람직한 논쟁이었다고 생각합니다. 우리 학계가 간직한 아픔과 편견을 잘 드러내준 것이죠. 당사자들의 문제가 아니라 학계(서양철학계와 동양철학계)가 지니고 있는 문제점들을 짚어주었다는 점에서 의미가 있다고 봅니다. 동양철학자인 김성환 교수가 꼬집은 건 서양철학계의 학문 권력이거든요. 반면에 서양철학자인 김진석 교수가 꼬집은 건 상업주의에 편승한 동양철학자들의 큰 목소리이고요. 동양철학을 하는 이들이 상업주의에 편승해서 헛소리나 한다고 질타한 김진석 교수의 지적에도 일리가 있지요.

하지만 도가철학은 해체주의와 만날 수 없다고 단언한 김진석 교수의 이야기는 해체주의라는 개념을 다소 편협하게 사용하고 있다는 느낌을 받았습니다. 해체주의를 특정 시기의 학술 사조로 한정하지 말고, 하나의 '방법' 혹은 '태도'로 본다면 도가사상도 얼마든지 해체주의와 만날 수 있다고 봅니다.

논쟁이 진전되는 과정에서 많은 부분들이 서로의 오해와 편견에서 비롯되었다는 사실이 밝혀졌고, 노자의 해석과 관련해서 아직 풀리지 않은 문제도 남아 있기는 합니다. 어쨌든 대화를 해야 오해도 풀리고, 편견도 사라지고, 연구하는 태도도 개선될 거라고 봅니다. 그런 점에서 논쟁에 참여한 당사자들은 조금 힘이 들었겠지만, 학계 전체를 위해서는 잘된 일이라고 보는 거지요.

서양과 동양이 127일간 e-mail을 주고받다

김용석 사실 우리나라는 교수와 교수끼리의 수평적 유대보다는 수직적 유대에 너무 신경을 많이 쓰는 것 같습니다. 그런 점에서 교수 사이의 솔직한 논쟁은 제가 보기에도 긍정적인 효과를 낳는다고 생각됩니다.

이승환 저도 그 지적에 공감합니다. 특히 이번 논쟁에서는 최근 동양철학이 유행하는 현상의 근저에 깔린 문제점을 지적하고 있다는 점에서 생산적이었다고 할 수 있겠죠. 김진석 교수가 지적하고자 한 것은 방송 상업주의에 편승한 일부 인기인을 겨냥한 것이겠지만, 상업주의를 타고 허황된 동양담론이 떠도는 것은 바람직하지 못하다는 지적은 우리가 소중하게 받아들여야 합니다.

동양담론이 특정인을 향한 우상 숭배나 일시적인 유행으로 그쳐서는 안 됩니다. 우리의 삶 속에서, 운동 속에서, 교육 속에서 건강하게 구현될 수 있는 동양 이야기를 해야지, 일시적인 유행으로 지나가 버려서는 안 된다는 것이죠.

김용석 저는 김용옥 씨의 TV강좌에 대해서 무엇이라고 할 말이 없습니다. 마침 제 개인적으로는 'TV 안식년' 기간이라서 TV를 보지 않고 있었거든요. 한편으로는 호의적인 반응도 있었던 것 같은데……. 그 강좌가 있었던 시기에 사회의 여러 분야에 종사하는 친구들, 선후배들을 만나보면 저처럼 그 강좌를 시청하지 않은 사람을 이상하게 보는 경우도 있었거든요. 긍정적인 면도 있었고, 뭔가 그냥 지나칠 수 없는 것들이 있긴 있었던 모양인데……. 강좌 내용도 모르면서 논평을 할 수는 없지요.

어쨌든 이런 논쟁을 통해서 아픈 점이 지적됐고, 앞으로 우리 학계가 어떤 식으로 의사 소통을 해야 하고, 왜 그게 필요한가 하는 점들이 남았기 때문에 아주 잘된 논쟁이라고 할 수 있다는 말씀이군요.

서양과 동양이 127일간 e-mail을 주고받다

2

서양과 동양의 창을 열고 말과 몸짓을 섞기 시작하다

HIT No. **3** 동서양 사유의 첫 부딪힘
HIT No. **4** 서양은 보편이고 동양은 부분인가

HIT No. **3**   　　　　**동서양 사유의 첫 부딪힘**

> 이제 서양과 동양의 창을 열고 들어갈 시간이다.
> 김용석 선생에게 "서양사상과 문명의 핵심을 어떻게 이야기할 수 있겠습니까?
> 그 핵심을 세 가지 정도로 정리해주실 수 있겠습니까?" 라는
> 다분히 의도적인 질문을 던지면서 성큼 들어가기로 했다.

　　김용석 서양사상과 문명의 핵심 개념을 세 가지로 정리하라는 건 무척 곤혹스러운 질문입니다. 어떤 것을 도식화할 필요가 있을 때도 있지만, 도식화의 위험 또한 학자들이 아주 싫어하는 것이지요. 그것이 환원적인 성향을 내포할 것이고……. 학자에게 이런 주문은 괴로운 거예요. 그리고 이 선생님도 잘 아실 겁니다. 아마 이 선생님께 동양사상의 특징들을 세 가지로 정리하라고 한다면, 동양이란 말이 내포하고 있는 그 사상의 특성상 무척 어렵겠지요. 제가 잘은 모르지만, 그 안에는 유교·불교·도교 등 다양한 갈래가 있기 때문이죠.

　　반면에 이런 질문을 하는 것은 아마 서양사상에는 좀더 역사를 관통하며 맥을 이루고 있는 공통분모들이 있다고 보고 제게 이 먹기

싫은 음식 같은 도식적 작업의 주문을 한 것 같습니다. 하지만 서양 사상에도 다양한 갈래가 있습니다. 학술적으로 천착하자면 통상적으로 서양사상의 근원이라고 알고 있는 그리스 사상도 그것이 어떤 다양한 영향 아래 어떻게 형성되어갔는지부터 다시 알아봐야 하고, 그 후의 역사에서 서구의 문화적 지형에 어떤 다양한 경로로 침투해 갔는지도 살펴봐야 합니다.

하지만 토론을 자극하고 생각의 화두를 제공한다는 의의를 갖고 저보고 먼저 시도해보라니, 총대를 메고 말해보지요. 그리고 서양의 창을 열고 동양의 바람을 받으면서 사상적 특징들을 부각시켜본다고 의미를 부여하면서 해보죠. 제가 제시하는 것에서 이 선생님도 어떤 사상적 연결고리들을 발견하실 수 있을 것 같고, 그것은 동서양 사상의 차이점과 유사성이라는 것으로 표현될 수도 있겠고…….

애지(愛知)의 철학

어쨌든 총대를 메고 시작합니다. 우선 그 특징들을 나열하죠. 첫째 본질적으로 서양철학은 '애지(愛知)'입니다. 지(知)를 그냥 사랑하는 게 아니라, 좀 강하게 표현하면 죽도록 사랑한다는 것이지요. 그것은 철학(philo-sophia, $\varphi\iota\lambda o\sigma o\varphi\iota\alpha$)이라는 말 속에도 나타나 있습니다. 그 말의 그리스 어원 자체가 '지를 사랑한다'는 것이니까요.

두 번째는 형이상학적 상상력과 과학의 발전 사이의 긴밀한 연관성입니다. 현대에 들어 형이상학—그 개념은 조금 후에 각론에서 설명을 하지요—과 과학을 분리시켜 인식하려는 경향은 잘못된 것이라고 봅니다. 형이상학적 상상력이 없었으면 아마도 과학의 발전은 불가능했을 것입니다.

세 번째는 패러독스(paradox)라고 봅니다. 우리가 요즘 일상에서 흔히 쓰는 패러독스가 아니라—물론 어원적 연관이 깊지만—그리스어로 파라독소스($παραδοξος$), 그러니까 독사($δοξα$)에 파라($παρα$)하는 것, 일반 상식에 거역하는 것, 일반적인 상식을 뒤집어엎는 것, 그리고 이에 머물지 않고 이런 경향을 근원적이고 존재론적인 것에까지 끌고 가는 것을 말합니다. 이상의 것들이 서양사상의 핵심적인 맥이라면 맥이라고 볼 수 있습니다.

이승환 서양사상의 핵심으로 '지에 대한 사랑' '형이상학적 상상력과 과학의 연계성' '패러독스' 등 세 가지를 들려주셨는데요, 저는 이것들이 꼭 서양사상만의 특징은 아니라고 생각합니다. 동양의 지적 전통에서도 이를 찾아볼 수 있다는 생각이 드는군요.

먼저, '지'를 사랑하는 것이 어찌 서양사상만의 특징이라고 할 수 있겠어요? 동양의 전통에도 지에 대한 사랑은 줄곧 있어왔지요. 물론 지가 무엇을 뜻하는가에 대한 의미 규정은 달라지겠지만……. 동양에서는 실천지(實踐知)를 중시합니다. 이론〔知〕과 실천〔行〕이 분리되지 않는, 실천이 가능하고 꼭 실천하지 않으면 안 되는 당위성이 내포된 지가 강조되어왔죠.

또한 형이상학과 과학의 긴밀한 연계도 서양사상만의 특징이 아니라 인류의 모든 사상에 공통된 것이 아니겠어요? 동양의 경우 '기의 형이상학'이 형이상학으로만 그치는 것이 아니라 의학과 과학에 고루 스며들어 동양의 과학 전통을 이루었고, 심지어 오늘날의 한의학에서도 여전히 이론적 근거로 작용하고 있어요.

패러독스의 문제 역시 《노자》와 《장자》를 읽으면 그 무수한 익살맞고 재기가 번뜩이는 패러독스 앞에서 넋을 잃게 됩니다. 저는 패

러독스라면 그리스적인 것보다 훨씬 세련되고 고도로 엄밀한 불교의 사유를 들고 싶어요. 나가르주나"의 중론(中論)이 바로 대표적인 예라고 할 수 있겠지요.

서양과 동양이 127일간 e-mail을 주고받다

나가르주나(Nāgārjuna, 150?~250?) : 인도의 불교학자. 중국이나 한국에서는 용수(nag=龍, agjuna=樹)라고 부른다. 《중론(中論)》에서 전개한 공(空)의 사상은 그 이후의 모든 불교사상에 많은 영향을 끼쳤다. 그는 실체(實體 : 自性)를 상정하는 모든 사유를 철저하게 비판하고, 일체의 존재는 다른 것[他]과의 의존·상대·상관·상의(相依)의 관계에서만 성립된다고 주장했다.(연기설)

김용석 그럴 수 있죠. 하지만 먼저 이것을 주지하시는 게 좋을 것 같네요. 제가 말하는 서양사상의 핵심 개념은 '특성'일 뿐이지 '배타적 고유성'이 아닙니다. 제가 서양사상의 핵심적인 특징 세 가지를 말한다고 그것이 곧바로 다른 사상에는 없다는 것을 뜻하지는 않지요. 말 그대로 핵심적 특징이지, 동양이나 아프리카 사상에 없다는 뜻이 아니라는 말이죠. 그게 바로 특성이라는 말의 뜻 아니겠습니까? 내 특별한 성격이 이 선생님에게도 나타나는 성격일 수도 있는 것이지요. 다만 정도의 차이가 특성이라 부를 만한가, 그렇지 않은가를 생각할 수 있지요.

또한 우선적으로 선택될 수 있는 것이냐 아니냐 하는 것이지요. 앞서 말했듯이, 굳이 세 가지로 정리하라니까 우선적으로 세 가지를 고른 것이지요. 다른 사상에서 어떤 학자가 같은 작업을 한다면 그것이 세 번째까지의 우선적 특징이 아니라서 세 가지 고르기에서는 빠질 수도 있는 것이죠. 그런데 바로 이 점이 또한 특성을 결정짓는 것이기도 하니까요. 그래서 제가 총대 메는 거라고 그랬잖아요.

이승환 서양사상의 첫 번째 특징이 애지에 있다고 하셨죠. 동양에서도 지에 대한 사랑은 마찬가지였던 것 같습니다. 다만 동양의 전통에서 '지'라는 것은 '실천지'에 강조점이 주어졌고, 또한 인간의 활동과 역사적 경험 속에서 증명되고 검증받는 지만이 참된 지로 여겨졌습니다.

제 생각에는 서양이라고 해서 꼭 '이론지(theoria)'만 추구했던 것은 아닌 것 같습니다. 마르크스는 '실천지(praxis)'야말로 지식의 참된 원천으로 생각하고, 실천지가 인간의 역사를 규정하는 핵심 요소로 여겼습니다. 마르크스는 심지어 예술·과학·철학과 같은 지적 활동까지도 이러한 실천지에서 오는 것으로 생각했고, 이런 점에서 이론지를 실천지의 우위에 놓으려 한 아리스토텔레스적 관점을 거부했습니다.

우리가 일반적으로 '사상'이라고 할 때, 그 일차적 특징이 바로 앎(知)을 추구하고 앎을 통해 삶을 윤택하게 하는 일일 텐데, '앎(지)에 대한 사랑'이 꼭 서양사상만의 특징이라고 볼 수 있겠어요? '사상'이라고 부를 수 있는 인류의 정신적 소산이 있다면, 그것이 서양사상이든 동양사상이든 아라비아 사상이든 아프리카 사상이든 모두가 '앎(지)'을 다루는 거잖습니까. 서양사상의 첫 번째 특징이 '지에 대한 사랑'에 있다는 김 선생님의 말씀은 도대체 무슨 의미인지 알고 싶군요.

김용석 좀전에 제가 주지해주십사고 말을 건넸는데요. 또한 도식적 작업이 갖는 위험도 언급했고요. 그리고 이 선생님이 지금 하신 말은 철학 원론적인 말이므로 당연합니다. 사람이 사는 데 실천지가 없어서 되겠습니까. 그런데 제게 부탁한 핵심 사상 세 가지 정리는 그런 당연한 피상성에서 좀더 비집고 들어가보라는 뜻으로 받아들였습니다. 그리고 그리스에도 프락시스 외에 실천적 지혜로서 프로네시스($\varphi\rho o \nu \eta \sigma \iota \varsigma$)의 개념이 있는데 이것도 무척 중요합니다. 플라톤의 사상에 당연히 나오는 것이고요. 다만 이 토론의 맥락에서는 특정 분야라서 언급하지 않은 것뿐입니다. 또한 '테오리아($\theta \epsilon \omega \rho \iota a$)'의 문제도 그리 간단하지 않습니다. 그것은 어원상 '바라보다'에서 나와서, 삶의 구체적 현상들을 바라보는 것을 전제하는 것이죠.

그리고 이 선생님이 말씀하신 것처럼 애지의 경향은 물론 다른 곳에서도 있었습니다만, 서양에서는 특성이라 할 만큼 유독하다는 것이죠. 그래서 제가 유럽에 있을 때, 동료 학자들에게 이런 농담도 했어요. 왜 그리 지를 죽도록 사랑하냐고, 사랑하려면 사람을 좀 사랑하라고……. 그래서 제가 필로-소피아에 대응해서 '필로-안트로포스(philo-anthropos, φιλο-ανθροπος)', 즉 애(愛)-인(人)이라는 말을 만들어 쓰기도 했지요. 하긴 박애주의라는 뜻의 필란트로피(philanthropy)라는 말이 있지만, 좀 다르게 강조하느라 그런 뼈 있는 농담도 했어요.

그럼 서구 학자들은 이 점을 어떻게 보는지 간단히 살펴보지요. 가다머*의 경우는 거의 극단적으로 이야기합니다. 그리스의 필로소피아가 현재까지 거의 균질적 경향으로 서양사상의 축을 이룬다고 이야기합니다. 더욱이 필로소피아는 그리스만의 특성이라고까지 이야기합니다. 그런 특성이 형성된 이유에 대해서는 현재도 여러 가지 학설과 논란이 있지만, 그 특성 자체에 대해서는 공감하는 학자들이 많습니다.

예를 들어 독일의 젊은 세대 철학자 가운데(1960년생) 매우 촉망받고 있으며 국제적 명성을 가진 회슬레(Vittorio Hösle)도 그런 입장에 있지요. 회슬레는 지리적·종교적·기학학적 사고 등 복합적 요소로 그 설명을 시도하기도 합니다. 물론 이에 대한 반론도 많습니다. 그것이 고대 서양의 이념적 재구성이라는 것은 흔히 있는 비판이기도 하고요. 저도 지금 고대 철학사 재조명 작업을 시도하고 있는데, 언젠가 그 성과가 나오면 출판 계획도 있습니다. 매우 전문적

가다머(Hans-Georg Gadamer) : 현대 해석학의 기초를 세운 독일 철학자로 고대철학 연구에도 탁월한 성과를 남겼다. 1900년생으로 100세를 넘긴 현존 철학자로도 유명하다.

인 부분도 있기 때문에 여기서는 이 정도로 언급하죠.

그리스 사상의 형성 이유에 대한 논란이 분분하지만, 그러한 경향이 서구 사상에 어떤 영향을 주었느냐는 따져볼 수 있습니다. 이때의 서구 사상이란 그리스 사상을 계승한다는 의미에서의 그것입니다. 애지의 경향이 강하게 되면 인식론이 발달하게 됩니다. 어떤 대상에 대한 지식뿐 아니라 그것을 넘어서 지식에 대한 지식을 추구한다는 것입니다. 생각의 본성이 무엇이냐는 문제입니다. 아는 것이 제대로 아는 것이냐는 문제이기도 하고요.

일반인이 보기에는 철학자가 공연한 짓을 하고 있는 것처럼 보일 수도 있습니다. 하지만 인식론의 발달이 현대에 이르러서는 인지과학(Cognitive Science)으로, 컴퓨터 수리학으로, 인공두뇌학(cybernetics)의 발달로 이어지는 것입니다. 오늘날의 서구 과학이 첨단을 걷게 된 배경이라고도 할 수 있습니다. 서구 대학의 철학과에서 졸업시험을 볼 때 많이 등장하는 주제 가운데 하나가 필로소피아의 개념이에요. 석사 과정을 마치더라도 마지막에 필로소피아의 개념에 대해 다시 묻습니다. 그만큼 생각의 본성에 대해 끊임없이 묻는 것이죠. 여러 철학자가 말했지만, 철학의 개념이야말로 철학적 주제의 알파와 오메가라는 것이죠. 현상학이나 분석철학도 궁극적으로 인식론의 연장이라고 할 수 있습니다.

또 하나 이와 관련해서 형식논리학의 발달을 이야기할 수 있습니다. 어떤 사고의 대상이나 내용은 특수성을 갖고 있죠. 그런데 형식논리학은 일반성, 즉 대상의 내용은 특수하더라도 사고의 방식은 일반적이라는 것이거든요. 귀납논리조차 형식논리학과 관계를 맺습니다. 베이컨이 귀납적 논리를 추구했지만, 그것도 궁극적으로는 형식논리학을 강화하게 됩니다. 라이프니츠 이후에 발전한 기호논리학

역시 넓은 의미에서 형식논리학을 풍부하게 했다고 할 수 있죠. 형식을 중요시하는 것은 결국 형식의 엄밀성을 통해 세계의 에센스를 본다는 것입니다. 쉬운 예를 들면, 골프를 보더라도 자세만 되면 공은 그곳으로 간다는 겁니다. 농구든 야구든……. 그 이야기는 형식(form)을 철저하게 익히면 행동의 에센스가 부각된다는 것입니다. 그게 서양 사람들이 몸에 익힌 형식논리학의 현실적 반영이라고 할 수 있겠죠.

그리고 저 자신도 계속 천착해봐야 할 문제입니다만, 왜 그리스 시대의 윤회적 시간관이 그리스도교의 선형적 시간관을 받아들였는가의 문제입니다. 이것도 애지와 관련이 있다고 봐야 할 겁니다. 애지의 경향이란 결국 직선적이라고 할 수 있거든요. 끊임없이 지를 향해 나아가니까요. 물론 고대 그리스도 농본사회이기 때문에 윤회적 시간관을 가졌지만, 이 점에서 잠재적으로 선형적 시간관과 결합할 수 있는 바탕을 갖고 있었습니다. 결국 그리스 시대의 철학이 선형적 시간관을 받아들이면서 과학 기술의 발전이라든가 진보의 문제를 낳습니다.

일반적으로 지를 사랑한다는 의미에서는 애지가 어느 문명에나 있다는 것에는 동의를 합니다만, 동양에서의 실천적 지와는 달리 인식론의 발전이 서양 문명의 특성이라고 생각합니다. 이는 현재의 우리에게도 영향을 미치는데, 후기 산업 사회의 이론가 대니얼 벨(Daniel Bell)도 말했듯이, 후기 산업 사회는 경험적 지가 중요한 것이 아니라 지식정보 사회의 근저를 형성해준 인식론적 지가 중요하다는 것입니다.

애인(愛人)의 철학

이승환 서양의 지에 대한 사랑이 형식논리의 발전과 과학 기술의 발달로 이어졌다는 말씀에는 동의합니다. 그러나 인류의 지성사를 살펴볼 때 근대 이전에 순수 이론지를 대표하는 '수학'은 서양보다는 오히려 서양 이외의 문화권에서 상당한 단계에 이르렀던 것으로 보입니다. 플라톤은 그의 아카데미에 "기하학을 모르는 자는 들어오지 말라."라고 써붙였다지만, 정작 탈레스나 피타고라스, 그리고 플라톤은 이집트에 유학해서 많은 것을 배워왔죠.

그리스인들은 이집트에서 기하학을 배워오고, 바빌로니아에서 대수학(代數學)을 배워왔으며, 10세기경까지의 서양은 인도나 근동 등지에서 발전한 산술·대수를 수입하는 상태였습니다. 인도에서는 7세기경에 이미 아리아바타(Āryabhaṭṭ. 475~553)가 기수법(記數法)과 천문학적 관측론에 대한 책을 남겼죠. 오늘날 아라비아 숫자라고 불리는 것도 이 당시 인도에서 나온 것이잖습니까. 그걸 이탈리아의 피보나치[*]가 유럽에 소개한 거죠. 15, 16세기경에는 르네상스를 맞으면서도 수학 부문에서는 그리스 시대보다 뚜렷한 발전이 없었으며, 다만 이탈리아에서의 3차, 4차 방정식이라든가, 프랑스에서의 대수학을 계통적으로 기호화한 점이 주목될 뿐입니다. 유럽은 17세기에 접어들면서 비로소 철학·천문학·물리학 등의 발전과 더불어 과학 혁명의 시대에 돌입하게 된 것입니다.

피보나치(Leonardo Fibonacci, 1170~1250): 이탈리아의 수학자. 피사의 레오나르도 다 빈치라고도 불린다. 아라비아에서 발달한 수학을 유럽에 소개해서 그리스도교 여러 나라의 수학을 부흥시킨 최초의 인물이다.

만약 중동 지방에서 배워온 0이라는 숫자와 무한대의 개념이 없었다면 어떻게 서양의 근대 수학이 발달할 수 있었겠어요? 김 선생님께서는 근대 서양의 과학적 성과를 모두 고대 그리스의 '애지'의 전통으로 연결시키고, 이 모두를 서구 문명의 위대한 업적으로 여기려고 하시는 것 같습니다. 이러한 태도는 서구 문명을 단일한 기원을 지닌 독자적인 문명 체계로 여기려는 입장이 아닐까요? 수학이야말로 순수 이론지의 전형이라고 할 수 있을 텐데, 왜 김 선생님께서는 서양이 다른 문명에게 배워온 문화 교류의 역사를 외면하고, '지'에 대한 사랑을 서양사상에 고유한 독자적인 특징으로 강조하시는지 이해가 안 갑니다. 서양은 지를 사랑하는 전통이고, 그 외 문명은 그것과는 다른 전통이라고 강변하는 일은 인류 지성사의 '사실'을 왜곡하는 일이라고 여겨집니다.

김용석 특성을 알아보는 것과 구분짓기는 다른 것이지요. 그리고 그리스 사상 형성에 대한 논란과 그리스 사상의 이념적 재구성의 문제에 대해서는 이미 언급했잖습니까. 그것도 조금 전에 전제에서 미리 설명했는데……. 그리고 다른 문명을 외면하지도 않았습니다. 좀 넓은 마음으로 대화하도록 하죠. 제게 부탁한 것은 서양사상의 핵심 개념이지 서양사상의 배타적 고유 개념이 아니에요. 핵심적인 특징 세 가지가 동양에 있는지 없는지는 말하지 않은 것일 뿐이죠. 이걸 이야기했다고 해서 동양에 없다는 것을 말하는 것은 아닙니다.

차이는 거기에 있습니다. 이 선생님은 아마도 선입견을 가지신 것 같습니다. 이 선생님의 말을 들으면서 한 가지 생각이 떠올랐습니다. 그 이유를 찬찬히 생각해보면 한국에서 오랫동안 편협한 서양 철학자들과 싸우다 보니 그런 '구분짓기'라는 전제를 염두에 두고 말씀하시는 것 같아요.

이승환 일리가 있습니다. 철학자들은 서양철학만 보편적이고 절대적인 진리로 상정해놓는 반면, 동양에 대해서는 지엽적이고 효력이 없는 것, 진리를 제공하지 못하는 토속신앙 정도로 생각하는 분들이 많습니다. 그런 분들에 비하면 김 선생님은 열린 마음을 갖고 계신 분입니다. 서양사상의 핵심 요소를 말씀하시면서도, 그런 것들을 동양에서 얼마든지 발견할 수 있다고 하셨으니까요.

김 선생님과 대화하면서 느낀 점은, 동서양 사이에 절대적 선을 그어놓고 스스로 서양(보편)의 입장에 서려고만 하는 사람들과 달리, 조금만 대화하려고 노력한다면 얼마든지 서로 공유점을 찾을 수 있겠구나 하는 것입니다. 김 선생님께서는 한국에서 학문의 밥그릇을 움켜쥐지 않은 분이고, 권력의 질서에 편입되지 않은 분이라서 그런지, 제가 이제까지 만나온 서양철학자들에 비해 한층 열리고 개방적이신 것 같습니다.

형이상학적 상상력과 과학

김용석 글쎄요, 한국의 학문 권력에 대해선 잘 모르겠고요, 그렇지 않은 분들도 많겠지요. 그러면 형이상학적 상상력에 대한 문제로 넘어가겠습니다. '형이상학'이 아니라 '형이상학적 상상력'이란 말이죠. 과학의 발전은 반드시 상상력을 필요로 합니다. 예컨대 원자를 보고 원자론을 전개하는 것이 아니란 말이죠. 아르키메데스가 지렛대와 받침대를 주면 지구를 들겠다는 이야기도 엄청난 상상력을 말해주죠.

전체를 보고자 하는 의도는 형이상학적이라고 말할 수 있습니다. 그게 철학의 특징이죠. 또한 전체를 지향하지만 실현의 실패가 항상 따라다닌다는 점에서 철학의 비극적인 측면이기도 합니다. 어쨌든 종합 지향적 사고라는 점에서 형이상학의 특징을 들 수 있습니다.

또한 비가시적인 것을 추구한다는 것이 형이상학의 두 번째 특징이라고 할 수 있습니다. 존재론에서 말하는 '존재'는 누구도 본 것이 아닙니다. 마찬가지로 물리학도 비가시적인 것에 대한 관심이라고 할 수 있습니다. 다만 조심해야 할 것은 전체에 대한 관심이 전체를 다 본다는 것을 의미하는 것이 아니라, 전체에 접근하는 방식과 거점을 의미한다는 거죠. 굳이 말을 만들어 표현하면 '제어(制御)의 포커스'라고나 할까요. 이게 바로 과학과 연관됩니다.

과학은 일정한 법칙으로 전체를 제어하는 방식을 찾는 것이거든요. 전체에 접근할 수 있는, 전체를 제어할 수 있는 포커스 발견이 현대 과학의 핵심입니다. 예를 들면 함축된 상징 언어로 대자연의 시스템에 대한 제어능력을 갖고자 하는 과학적 수식 $E=mc^2$이 그것이죠. 과학은 형이상학적 상상력이 제시한 것과 자연법칙 사이의 호응을 찾아가는 것입니다. 실험은 그 증거를 찾는 과정이죠. 도구를 만들고 실험을 통해 확인하는 작업 말입니다.

또 하나, 형이상학이 새로운 지평을 제시하고 그것을 향해 과학이 발전한다는 것입니다. 애지적인 것과 연관이 있는 형이상학은 또한 자기부정적인 측면을 띱니다. 지금의 상태를 극복하고 다른 지평, 새로운 지평이 거기서 열리죠. 새로운 인식의 지평을 여는 형이상학과 그것이 자연법칙과 호응하는지를 검증하려는 과학이 함께 나간다는 겁니다.

이승환 김 선생님께서는 서양사상의 두 번째 특징으로 형이상학과 과학의 긴밀한 연관 관계를 말씀하셨습니다. 하지만 동양의 지성사에서 보면, 형이상학적 상상력과 과학의 연관 관계라는 명제 역시 비슷하게 적용될 수 있다고 생각합니다. 동양의 기(氣)라는 개념은 눈으로 관찰할 수 없는 형이상학적 개념입니다. 그리고 기가 통과하는 길인 '경락' 역시 아무리 인체를 해부해봐도 관찰되지 않습니다. 이런 점에서 김 선생님이 말씀하시는 형이상학적 상상력에 해당되는 개념이겠지요.

귀신을 설명할 때도 '기'가 동원됩니다. 조상의 제사를 지낼 때 사대부의 경우 4대까지 제사를 지내죠. 동양에서는 인간의 정신 현상도 기라는 존재에서 발현한다고 보기 때문에, 조상이 죽어서 기가 흩어져 자연으로 환원되려면 4대에 걸친 시간이 필요하다고 봤죠. 그래서 4대에 걸쳐 조상의 귀신에게 제사를 드리도록 한 것입니다. 이건 물론 형이상학적 설명입니다. 사회학적인 설명도 있을 겁니다. 얼굴도 모르는 먼 윗대 조상에게 계속 제사를 지내기가 번거롭고 경제적으로 부담스러웠기 때문이죠.

기라는 개념은 분명 형이상학적입니다. 이러한 형이상학적 실재가 의학이나 과학의 이론적 근거가 되어온 것은 동양에서도 마찬가지입니다. 그런데 근대 들어 과학으로 발전하지 못했죠. 결정적인 이유는 계량화의 문제였습니다. 기를 어떻게 계량화하고 측량할 것인가? 조선 후기의 최한기(崔漢綺)라는 실학자는 기를 계량화하기 위해 온도계와 비슷한 기구를 만들려고 시도하기도 했습니다. 아주 재미있는 실험이었죠. 하지만 결국 계량화에 실패한 동양의 과학은 계량화에 성공한 서양의 과학에 제패 당한 거지요. 동서양 사상의 차이가 형이상학과 과학의 연관 관계 유무에 있는 것은 아니라고 봐

요. 그런 연관 관계라면 모든 과학에 공통된 것 아니겠어요?

패러독스와 도가(道家)

김용석 이 선생님의 입장이 설득력 있으려면, 왜 동양에서 계량화에 실패했는지 설명이 있어야겠지요. 그리고 계량화와 연관해 과학이라는 말의 개념과 특성도 살펴보아야겠구요. 어쩌면 과학의 개념

에 대한 인식의 차이도 있을 겁니다.

그러면 세 번째 특징인 패러독스에 대해 이야기해보죠. 패러독스는 소크라테스 이전부터 현재까지 이어져온 특징입니다. 푸코도 마찬가지라고 생각합니다. 푸코의 핵심도 독사($\delta o \xi a$)를 뒤집어엎으려고 하면서 자기 이론이 나온 것으로 보입니다.

그 맥은 초기 파르메니데스˚에서 시작해서 약해진 시대도 있었지만 지속적으로 있었습니다. 우리가 일상적으로 볼 때 모든 게 변하죠. 변하지 않는 게 없을 겁니다. 그런데 파르메니데스는 이런 사실을 뒤엎어버립니다. 상식에 모독을 주면서 존재론을 개발한다는 것이죠.

서양에서는 그런 경향이 줄곧 있습니다. 모든 게 변하는데 불변하는 것을 찾는다든가, 모두 주관적인 것 같은데 그 가운데서 객관을 지향한다든가……. 소크라테스의 특징이 패러독스라고 하지만 그보다 더 근원적인 것을 의미합니다. 《논어》에서도 그런 점이 보이는데, 제자와의 대화를 뒤집는 것 정도가 아니라 아주 근본적인 지점을 뒤집어보는 것입니다. 그러나 서구 사상에서는 그 적용 폭이 훨씬 넓어 그야말로 특성이라 할 수 있지요.

실험 탈피적 과학 이론이 발달하게 된 배경도 여기서 찾을 수 있습니다. 즉, 과학 이론은 실험으로 증명되기도 하지만, 그 증명에 절대적으로 의존하지 않는다는 거죠. 그리고 가설이 먼저이고 실험이 뒷받침한다는 것이죠. 그래서 현대철학사에서 실증주의의 생명이 짧았던 것도 이해가 됩니다. 실증해야 믿는다는 것은 상식적인 것입니다. 그래서 실증주의의 주장이 잊고 있던 상식을 찾아준 것처럼 처음에는 귀에 쏙 들어왔던 겁니다. 그러나 과학적인 것에서도 이론이 갖는 파라독소스의 전통은 실증을 최고의 위치에 놓지 않습니다.

그리고 철학은 본질적으로 사유입니다. 사유를 집요하게 계속 한다는 것도 상당히 패러독스한 것입니다. 그리고 접두어가 같아서가 아니라 패러다임의 어원도 파라독소스를 추구하고자 하는 서구 사

파르메니데스(Parmenides) : 기원전 6세기의 철학자. 이탈리아 반도의 엘레아 출신으로 '엘레아 학파'를 이루었다. 정치적으로도 세력이 있었던 것으로 알려져 있다. 서양 고대철학에서 존재론의 효시라고 인정되며, 플라톤을 비롯한 그 후의 사상가들에게 지대한 영향을 미쳤다.

상의 경향과 관련된다고 볼 수 있습니다. 토머스 쿤(Thomas Kuhn)의 패러다임 이론은 철학적 개념의 차원에서도 이해할 수 있다는 겁니다.

이승환 패러독스는 독사를 뒤집어엎는 것이라는 설명에 동감합니다. 패러독스는 결국 일반화되고 상식화된 관점을 뒤집어엎는 작업인데, 그런 작업이 꼭 서양사상에만 독특한 것이라고 보지는 않아요. 동양에서도 기존의 체계를 뒤집어엎고, 다시 세우고 또 뒤집는 반전의 역사는 늘 있어 왔어요. 수많은 왕조의 변천사가 그렇듯이 말입니다.

이러한 반전의 사유 구조는 동양의 사상사에서도 자주 발견됩니다. 중국사상사 가운데 선진 시대의 도가(道家)야말로 패러독스를 가장 잘 활용했던 학파라고 할 수 있습니다. 상식화된 관점, 일반화된 속견을 뒤집어엎고 '반면성'을 강조하는 학파입니다. 도가가 간직한 반면성의 논리는 해체주의의 전략과 서로 통합니다. 해체주의를 도가와 연관시켜 재해석하려는 시도는 바로 이 점에 주목한 것입니다.

김용석 제가 제시한 서양사상의 핵심 개념 세 가지가 동양사상의 핵심 개념과 일치할 수도 있고 일치하지 않을 수도 있습니다. 그러나 정도의 차이가 있는 거지요. 정도의 차이가 질적인 변화를 줄 수 있고요. 중요한 것은 유사성과 차이점 그 사이의 '진동 폭의 원근' 관계를 보는 것입니다. 그런 면에서 저는 그런 특성들을 어떤 고정화된 실체로 보지는 않아요.

사실 제가 서구 사상의 특징을 나열할 때, 이 선생님이 바로 '배타적 고유성'으로 간주하는 것을 보고 깜짝 놀랐어요. 한국적 상황 때문에 그러시다는 것을 듣고 이해했지만……. 사실 우리가 서로를 이해하면 좀더 편안하게 대화할 수 있을 것 같아요. 이런 것들은 저에게 어떤 생각을 일으키는 대목이었습니다. 그래서 이 대담이 의의가 있는지 모르겠습니다.

동서양의 만남은 이런 점에서 중요한 것 같습니다. 사실은 동양철학을 전공한 한국인과 서양철학을 전공한 한국인이 만난 건데요, 어떻게 보면 우습지요. 하하하……. 제가 어딘가에 써놓은 글에도 다양한 전공학문 사이의―그 가운데 동양철학과 서양철학도 들어가고요―학제성(學際性)을 이야기했지요. 이때 우리의 현실을 잘 파악하면서, 서로 세심한 배려를 해가면서, 진정한 협동정신으로 학제 연구를 하면 좋을 것 같다는 생각을 해봤습니다.

이승환 좋은 말씀이에요. 저도 그런 기회가 있었으면 합니다, 김 선생님! 지금의 논의와 관련해서 전 우리나라 철학 교육의 문제점을 지적하고 싶습니다. 한국에서 서양철학의 기원을 설명하면서 대부분의 교수님들은 하늘의 별을 관찰하다가 구덩이에 빠져 넘어진 탈레스의 이야기에서부터 논의를 시작합니다. 하늘의 별을 관찰하다 발밑의 구덩이를 보지 못해 하녀에게 조롱거리가 된 사건을 그렇게도 위대한 '애지'의 선구로 소개하는 것은 우스꽝스런 일입니다. 대학 시절 우리에게 철학을 소개해주신 선생님들께서는 왜 그렇게 첫 수업 시간에 '천상을 바라보느라 지상을 보지 못한' 탈레스의 이야기를 자랑스레 소개하셨는지 모를 일입니다.

저는 우리나라에서 철학 소개가 참 잘못되고 있다고 생각합니다. 다들 철학이란 학문을 현실과 무관한 진리의 탐구로 보고 있는데 이는 철학에 대한 잘못된 이해라고 생각됩니다. 사실 탈레스의 경우, 그는 그렇게 관념론자는 아니었던 것 같습니다. 그는 언젠가 올리브 흉작이 들어 올리브 기름을 짜는 기계가 소용없게 되자 기계를 싸게 사들였지요. 그리고 이듬해에 올리브 풍작이 들자 그 기계를 비싼 값에 되팔아서 폭리를 취했지요.

그는 이렇게 현실에 대한 감각도 제법 있었던 사람인데, 이런 사람을 하늘의 별만 보고 살았던 사람으로, 순수 이론지만 탐구하며 살았던 사람으로 소개하는 것은 잘못된 일입니다. 이것은 일제 시기에 일본인에 의해 수입된 서양철학을 우리가 다시 수용하면서, 일본과 동맹 관계에 있던 대륙 관념론만을 철학의 전부라고 여겨온 결과라고 생각합니다.

우리는 일제 시대 이후 '데칸쇼'라 불리는 데카르트, 칸트, 쇼펜하우어의 철학을 철학의 전부라고 소개받아왔기에, 이러한 관념론적 경향이 우리 철학계를 강하게 지배해왔습니다. 70년대 이후에는 영미철학이 소개되면서 분석철학이 들어왔죠. 우리나라에서 철학을 교육하는 방식은—거칠게 말하자면—'맥락(context)'은 제거한 채 '원전(text)'만 수입해들이는 형국입니다.

예를 들어 '야! 타'라는 언명이 있다고 해요. 제가 압구정동 로데오 거리에 가서 차창을 내리고 '야! 타' 하면 지나가는 여성을 유혹하는 야타족이 되는 겁니다. 반면 제가 아들의 학교 앞에 가서 차를 대고 기다리고 있다가 '야! 타' 하면 저는 매우 가정적인 아빠가 되는 겁니다. '야! 타'라는 언명을 맥락은 배제하고 아무리 문장을 분석한들 정확한 의미가 파악될 리 있겠습니까? 제가 말하고 싶은 것은 원전을 맥락과 더불어 고찰할 때 비로소 정확한 의미 파악이 가능하다는 점입니다. 우리의 철학 교육은 맥락을 제거한 채 문장만

주입시키는 작업이 주를 이루어왔다고 생각합니다.

제가 맥락을 강조하는 이유는 서양의 '애지의 철학' 역시 그것이 배태된 맥락이 있을 것이라는 거죠. 이를 배제한 채, 즉 역사성·현실성·계급성 등을 다 잘라내고 추상화된 관념의 형태로 우리나라에 들여와서 '이것이 철학이다'라고 소개하니까, 우리의 철학이 관념적이고 추상적이 되면서 결과적으로 대중과 호흡하지 못한 채 현실성을 상실해버렸다고 봅니다. 마치 뿌리를 다 잘라낸 채 꽃대만 달랑 따다 수입하는 꼴이 되지 않았나 생각합니다.

김용석 그러니까 제가 서양과 서양사상을 제대로 알자고 주장하는 것 아닙니까. 우리 현실에 대한 이 선생님의 비판은 잘 알아듣겠습니다. 다만 이 선생님이 제게 들려주신 우리 현실의 맥락과 화자(話者)인 이 선생님의 맥락에 대한 확인의 문제는 남는다고 봅니다. 그리고 분석철학 같은 구체적 사상의 경우는 그 내용을 별도로 잘 살펴보아야겠지만, 맥락주의에 대한 역비판도 있을 수 있거든요. 너무 전문적인 이야기가 될 것 같아서……

지금까지 세 가지 측면에서 서양사상의 특징을 말씀드렸습니다. 몇 가지만 더 보충을 하죠.

하나는 시각적 호기심입니다. 오감 가운데 객체와 가장 멀리 있으면서도 효과 있게 작동하는 것이 시각이라고 볼 수 있죠. 후각이나 청각은 대상에 근접할 때만 효율적으로 작동이 가능한 감각이거든요. 청각으로 안 들리는 곳도 시각으로 볼 수 있고, 반대로 멀리 보이는 곳에서 불고기 굽는 것은 보이지만, 그곳 냄새는 이곳에 바로 도달하지 않지요. 시각은 대상과 거리를 두고도 효과적으로 작동한다는 점에서 이성적 감각이라고 할 수 있어요.

서양과 동양이 127일간 e-mail을 주고받다

플라톤의 《테아이테토스》*를 보면 경이로움이 있어야 철학을 한다고 했습니다. 아리스토텔레스도 경이로움이 철학의 시작이라고 했습니다. 저는 경이로움은 '보는 것'에서 출발한다고 생각해요. 플라톤과 아리스토텔레스가 말하는 '경이로움'을 보더라도, 시각적 호기심이 사고를 유발시킨다는 점에서 시각적 호기심이 서양의 특징이라고 할 수도 있죠.

또 다른 하나는, 경이로움이 철학의 시발점이라는 것을 보충하는 것으로 유익성의 추구를 지적해야 할 것 같습니다. 즉, 경이로움에 의한 철학적 사고의 시발과 유익성의 추구가 서로 보완되는 것이 서양철학의 특성이라고 볼 수도 있다는 겁니다. 이것은 이상과 현실의 관계와도 유사한 것이지요.

마지막으로는 등가성을 가진 대칭 구조적 이분법을 들 수 있습니다. 단순한 이분법이 아니라 대칭 구조를 가져야 한다는 것입니다. 만일 서양 사고가 대칭적 이분법을 가지지 않았다면, 사고가 덜 체계적이 되었을 가능성이 많아요. 바꾸어 말하면 다양화될 가능성이 많았을 것이라는 의미죠. 저는 서양의 대칭 구조적 이분법의 적극적 활용이 결국 다양성을 희생시켰다고 봅니다.

등가성은 'A=B' 같은 방정식에서 금방 드러납니다. 서양사상의 특징에서 빼놓을 수 없는 것이죠. 이런 틀은 다양성을 수용하는 데 있어 제약적인 요소라고 할 수 있습니다. 철학 자체가 약이자 독, 바이러스이자 페니실린일 수 있다는 겁니다. 그래서 전 철학자라는 개념을 생각할 때, 마치 범죄를 연구하는 사람을 범죄 학자라고 하듯이 어떤 우월한 가치를 가진 것을 연구하는 것이 아니라, 독이 되고

테아이테토스(Theaetetus) : 플라톤의 대화록 가운데 하나. 지식에 관한 것을 주제로 하고 있다.

악이 될 수도 있는 것을 연구한다는 것도 염두에 두지요.

그리고 비가시적인 것에 대한 탐구를 좀더 살펴보면 서양에서 상징물이 발달하는 것과도 연관이 있다는 것을 알게 됩니다. 직접적으로 보이지 않는 것을 표현하는 것이죠. 'symbol'이 그렇고 'image'도 그렇고. 직접적이거나 즉각적이지 않지만 현실에 영향을 줄 수 있는 무엇인가를 찾는 거지요.

이런 사상적 배경은 오늘날 '버추얼 리얼리티(Virtual Reality)'를 실현하고자 추구하는 것과도 연관이 됩니다. 즉, 직접적으로 감지될 수는 없지만 버추얼(Virtual)한 것, 효과를 줄 수 있는 것, 즉 실효성이 있는 것이 버추얼 리얼리티거든요. 리얼리티보다 버추얼 리얼리티가 생활에 훨씬 더 영향을 줄 수도 있는 것이지요. 이것도 일상에서 직접 감지되지 않는 것에 대한 관심에서 출발해서 결국은 직접 감지되는 만큼, 아니면 그 이상의 효과를 추구하는 서구적 경향을 반영하는 것입니다.

이는 비가시성과 가시성의 관계와 비슷한 것이지요. 즉, 비가시적인 것을 가시적인 것으로 표현하려는 노력과 같은 경향이라는 말입니다. 그래서 저는 버추얼 리얼리티를 가상현실이라고 번역하는 데 반대합니다. 아마 일본에서 그렇게 번역한 것을 우리도 따라 하는 것 같은데, 그 개념을 제대로 전달하려면 실효현실(또는 효과현실)로 해야 할 겁니다. 그런 점에서 현대 디지털 문화에서 버추얼 리얼리티가 등장한 것은 우연이 아니죠.

끝으로 공간에 대한 서양 사람들의 태도를 잠깐 짚고 넘어가죠. 서양 사람들은 공간에 제한을 두고 그걸 자르려는 특징을 보여왔어요. '게오메트리아($\gamma\epsilon\omega\mu\epsilon\tau\rho\iota\alpha$)', 고대 그리스의 기하학, 즉 땅을 재는 것이 수학적 행위의 본질적인 것이었어요. 즉, 공간을 재단하고 자르는 데 유난히 관심이 많았죠. 그러다 보니 현대에서도 닫힌 공간을 많이 만들게 돼요. 물론 다른 문명권에서도 닫힌 공간이 삶의 처소가 되지만, 유난하다는 것이지요. 이동하는 닫힌 공간이랄 수 있는 자동차, 비행기 등 운송 수단……, 생활 속에서 관찰할 수 있는 빌딩, 엘리베이터, 케이블카……. 공간을 잘라내는 경향이 유난한 데서 비롯된 것이 아닌가 생각해봅니다.

이상 두서없이 서구 사상의 특성을 나열하고 설명하는 거친 작업을 해봤습니다. 앞에서도 언급했듯이, 이것은 토론의 자극제와 생각의 화두로 제시해본 겁니다.

마지막으로 한 가지 덧붙이고 싶은 것은 동서양 철학의 구분을 떠나서 상상력에 관한 것입니다. 제가 형이상학적 상상력에 대해서도 말했습니다만, 앞으로 철학이 제공할 수 있는 것이 뭐냐고 묻는다면, 저는 상상력이라고 대답하겠습니다. 제가 볼 때, 21세기에 철학이 제공해줄 수 있는 것 가운데 정말 중요한 것은 상상력입니다. 철학적 상상력이야말로 우리 삶의 실질적 해결의 자료들을 제공해줄 수 있을 겁니다.

이승환 김 선생님께서는 서양사상의 특징으로 대칭적 이분법을 거론하셨는데, '대칭'이라면 모든 이분법에 공통된 것이라고 생각합니다. 이분법이라면 '대칭'이 되는 '짝'을 가지고 있다는 말 아니겠어요? 따라서 '대칭적 이분법'이라는 개념은 서양적 이분법의 특징을 잘 드러내주는 표현은 아니라고 생각합니다.

서양의 이분법을 동양과 비교해서 좀더 엄밀하게 특징짓자면 그것은 '초월적 이분법' '배타적 이분법', 그리고 '위계적 이분법'이라고 할 수 있을 것 같아요. 플라톤 같으면 현상계와 예지계를 둘로

나누고, 현상계는 이데아(Idea)의 복사물(copy)에 불과하다고 보았지요. 그리고 이데아의 세계를 '참된 세계' 혹은 '진실한 세계'로 보고, 현상 세계는 '우연의 세계' 혹은 '불확실의 세계'로 보았습니다. 이러한 이분법에는 이미 가치론적인 위계 관계가 개입되어 있다고 봐야 하겠지요.

플라톤식의 이러한 배타적 이분법은 중세의 교부신학과 만나 천국과 속세의 이원론, 내세와 현세의 이원론, 영혼과 육체의 이원론으로 이어졌고, 이러한 전통 아래서 데카르트의 '정신(res cogitans)'과 '물질(res extensa)'의 이원론이 나오게 되는 것은 자연스런 결과라고 할 수 있을 것입니다.

이러한 배타적 이분법은 근대성의 전개와 더불어 이성과 감성의 이분법, 인간과 자연의 이분법, 문명과 야만의 이분법, 남성과 여성의 이분법 등 수많은 위계적 이분법을 양산하게 되었지요. 그러한 결과로 인간이 자연을 정복하거나 남획하는 일은 정당화되게 되고, 남성이 여성을 정복하고 지배하는 일도 합리화되게 되었으며, 또한 문명의 서양이 미개의 동양을 정복하는 일도 정당화되게 되었지요. 이러한 배타적·초월적·위계적 이분법은 선생님이 말씀하신 대로 서양사상의 특징인 것 같아요.

동양의 경우, 음(陰)/양(陽)과 같은 이분법이 있었지만, 이러한 이분법은 서양의 이분법처럼 그렇게 배타적이거나 초절적(超絶的)인 것은 아니었던 것 같아요. 음과 양은 서로를 보완해주고, 서로가 서로를 기다리는 '대대적(對待的)' 이분법이었던 것 같습니다.

김용석 제 말은 그 이분법의 적용과 활용의 폭에 차이가 있다는 겁니다. 그리고 '등가성을 가진 대칭 구조적 이분법'이란 말에 주목하지 않으신 것 같습니다. 그것은 과학적 사고와도 연관이 있습니다. 이분법에 대해서는 이 선생님도 관심이 많으시니까 앞으로 더 다루어보도록 하죠.

HIT No. 4 　서양은 보편이고 동양은 부분인가

> 몇 차례 견해가 오가더니 점차 미묘한 엇갈림이 드러나기 시작했다.
> 동양적 사유의 특징에 대한 물음에 이승환 선생은 서양의 시각으로 만들어진
> '동양'이라는 개념을 어떻게 정리할 수 있겠느냐며 곤혹스러운 표정을 지었다.

　　이승환 동양사상의 특성을 세 개 고르라는 주문은 너무 무리한 주문이라고 생각합니다. 사상의 특성은 세 가지가 아니라 여러 가지일 수도 있고, 또 '어떤 사상 체계'를 대조점에 두고 보느냐에 따라 다르게 부각될 수도 있기 때문이지요. 따라서 저는 동/서라는 대조점 그 자체에 대한 비판에서 이야기를 시작하고 싶습니다.

　　과연 '동양*'이라는 개념은 타당한 개념인가? 저는 '동양'이라는 개념 자체가 '구성(construst)'된 개념이라고 봅니다. 16세기 이후

동양(Asia) : 지리적으로 유라시아 대륙의 중부와 동부를 차지하는 세계 최대의 대륙을 지칭한다. 아시아란 이름은 본래 그리스인들이 그들의 동쪽에 있는 나라들을 가리킬 때 사용하기 시작했다.

유럽인들은 자기의 독자적 정체성을 수립하기 위한 전략으로 자기 이외의 문명권에 대해서 '동양'이라고 이름 붙이기 시작했어요—물론 아프리카는 유럽에 대한 잠재적인 위협이 될 만한 역량을 못 가졌다고 생각했으므로 이를 다르게 형상화할 필요를 못 느꼈겠지만—서양인들이 '동양'이라고 통칭하는 지역 안에는 너무도 광대한 지리적 영역이 포함되어 있고, 너무도 다양한 언어와 인종과 종교가 들어 있는데, 과연 이렇게 다양한 문명을 '동양'이라는 한마디로 요약해서 부를 수 있는 것일까요? 저는 '동양사상'이라는 개념 자체에 문제가 많다고 생각합니다.

김용석 우리가 '서양적인 것' '동양적인 것' 이렇게 이야기를 많이 하지 않습니까. 그것만 하더라도 서양과 동양처럼 하나의 명사라는 게 각질화된 표현일 가능성이 농후해요. 틀이 확 정해져 있으니까요. 그래서 '동양' '서양', 이렇게 나가면 그게 허상을 가지고 거대 담론을 하는 것이라는 비판은 오래 전부터 있었잖아요. 그런데 하나 재미있는 것은, 동양·서양 담론이든 동서양 회화의 비교라든가 하는 동양·서양의 비교든, 이게 버추얼 리얼리티적이라는 생각이 들었어요. 그러니까 허상인 것 같지만, 사실은 허상이면서 실효를 주는 뭐 그런 것 말입니다. 미묘한 양면성이 있다는 생각을 해보았습니다.

어쨌든 저는 좀더 유연하고 융통성 있는 것을 찾아서 '서양적인 것들' '동양적인 것들' 이렇게 다루어야 한다고 생각합니다. 어느 하나로 틀을 지워서 그 안에 집어넣기가 쉽지 않은 것이죠.

내가 서양을 균질적인 것으로 이야기하고 있다고 생각하시는 건 아니겠지요? 균질은 '성분이나 특징이 일정하다'는 뜻인데, 서양사상도 역사 속에서 완전히 균질적이지는 않았어요. 그렇게 되면 철학사를 할 필요가 없겠죠. 사상이 변화해온 것을 역사적으로 기술한 것이 철학사라고 할 수 있으니까요. 물론 지속되는 것도 있습니다만, 균질성은 아니지요. 다만 그것을 특징적으로 말할 수 있는 것이 몇 가지가 있느냐 하고 물었을 때 애지 등으로 말했던 것입니다.

동양과 서양이라는 이분법은 위험

이승환 지리적으로 볼 때 동양은 너무도 광범위하고 너무도 다양한 인종과 언어, 그리고 종교와 사상을 포괄하고 있으니, 오늘 우리 논의에서는 동양이라는 개념을 좀더 축소해서 사상사에서 주로 다루는 범주 안으로 제한하기로 합시다.

우선 동양사상사에 대한 저술들을 훑어보면 각기 다루는 내용과 범주가 다릅니다. 어떤 저술들은 인도·중국·한국·일본의 철학사까지 다루는 책도 있고, 어떤 책에서는 한·중·일만 다루는 경우도 있습니다. 우리가 비교적 동질성을 갖춘 문화권으로 축소해서 생각해본다면, 한자를 사용해온 동아시아 한·중·일 3국을 중심으로 해서, 조금 더 넓히자면 베트남까지 포함시켜서 '동양'이라는 이름으로 부를 수도 있겠지요. 이들 나라들은 공히 유불도(儒佛道)를 공유해왔다는 점에서 공통점이 있다고 할 수도 있겠지요.

김용석 서구는 'West' 또는 'Occident'의 번역어입니다. 서유럽하고 중유럽, 그리고 동유럽에서 체크, 헝가리 등이 포함되죠. 더 크게 잡으면 러시아까지 넣습니다만, 러시아는 애매한 위치에 있지요. 그리고 그것이 영향을 준 다른 대륙인 미주를 포함해서 웨스트라고 합니다.

서구 사람들에게는 우리보다 대륙적 의미에서 훨씬 더 유기적 통합성을 가졌던 시대가 오래 있었다고 볼 수 있습니다. 그게 그리스·로마 문명입니다. 그 문명이 1천 년 이상을 유지했습니다. 서로마가 476년에 멸망했으니까요. 어떤 사람은 그리스·로마 문명이 과대 포장되었다고도 하는데, 문명의 지속 기간으로 보면 그렇게 함부로 말할 수 있는 것도 아니라고 봅니다. 거기서 그치지 않고 르네상스 시기에 다시 복구되었죠.

저는 중세의 단절도 연속이라는 관점에서 파악하는데, 단절이라고 하더라도 르네상스 시기에 그리스·로마 문화가 다시 돌아오는 거죠. 그 유기성이 엄청납니다. 그렇기 때문에 중서유럽 대학의 학제는 큰 차이가 없어요. 동유럽은 조금 다르지만, 중서유럽에서는 어느 나라를 가나 같은 학제에서 배우는 것이에요.

우리나라에서 70년대까지는 독일철학을 하다, 80년대는 영미철학, 그리고 90년대 이르러 프랑스 철학을 한다는 말을 들었는데, 이런 차이는 큰 의미가 없다고 봅니다. 프랑스 포스트 모더니즘을 이끄는 사람들은 상당수 독일철학의 영향을 받은 사람이에요. 예컨대 장 이폴리트*는 독일 유학을 하고 프랑스에 헤겔 철학을 체계적으로 전달한 사람이지요. 그 밑에서 배운 사람들이 데리다, 들뢰즈 등이 아닙니까? 푸코도 독일 유학을 하고 칸트의 저서까지 번역했지요. 들뢰즈 같은 경우 프랑스에 '니체 르네상스'를 일으킨 사람이죠.

장 이폴리트(Jean Hyppolite, 1908~1968) : 헤겔의 《정신현상학》을 프랑스어로 번역했고, 헤겔 사상의 역사적·인간학적 측면에 대해서 천착하며 당시 프랑스에서 헤겔 철학 르네상스를 일으켰다. 스트라스부르 대학, 파리 소르본, 고등사범 등에서 가르치며 제자를 양성했다.

라캉은 프로이트 없이는 나올 수 없었고요. 잘 아시겠지만 영미 분석철학은 오스트리아 빈 학파*와 밀접해요. 그리고 그 뿌리에 고대철학이 있는 겁니다. 또한 하이데거가 고대철학에 천착하는 거 보세요. 생존하는 최고의 철학자라는 가다머는 고대를 완전히 다시 공부하면서 해석학을 설립한 사람이죠. 그 유기적 관계가 엄청나요. 어떤 사람은 넓게 봐서 회전성의 이론이라는 것을 내놓기도 했어요. 남유럽에서 중유럽, 그리고 북유럽까지 사상이 쳇바퀴처럼 돈다는 겁니다.

원천만 동일한 것이 아니라 사상적 관계도 무척 긴밀하다는 것이죠. 현대 영미의 분석철학과 언어철학은 좀 다른 특성이 있습니다. 분석철학과 언어철학에 대해 가장 깊게 천착한 것은 영미철학입니다. 지류에 가서 심화된 영역이죠. 그렇다고 하더라도 그 줄기가 유럽의 전통철학을 거치고 그 뿌리가 고대에 연관된다는 것은 부정할 수 없습니다.

이승환 동양은 서구의 균질성과는 좀 다른 특징을 보이지요. 동양이라고 부른 지역 안에 몇 가지 공통점이 있음에도 불구하고 사학자인 고병익(高炳翊) 선생 같은 분은 그 균질성에 대해서 굉장히 회의를 보냅니다. 왜냐하면 한자를 공통적으로 사용한다고 해도 서로 의사 소통은 안 되거든요. 일본 사람하고 중국 사람이 만나도 반드시

빈 학파(Wiener Kreis) : 1924년경부터 빈 대학의 교수인 모리츠 슐리크(M. Schlick)를 중심으로 논리실증주의적 경향을 갖고 자연과학자들이 모여 과학 및 인식론의 여러 문제를 토의했다. 1928년 마흐(Mach) 협회가 결성되면서 본격적인 철학 운동을 전개했다. 언어분석, 기호논리학과 밀접하며 2차 대전 후 영미 분석철학 발전에 기여했다.

통역이 있어야 하고, 한국 사람하고 일본 사람이 만나도 통역이 있어야 됩니다. 게다가 명대 이후에는 거의 교류가 없었습니다. 한·중·일 3국 사이에는 오히려 임진왜란, 정유재란 등의 투쟁이 있었죠. 비록 당나라와 신라, 그리고 헤이안(平安) 시대의 일본은 긴밀한 관계를 유지했지만, 그 후로 내려와서는 서로 교류가 거의 단절되다시피 한 소원한 관계였습니다.

조선이나 중국의 명조(明朝), 그리고 일본의 도쿠가와 막부는 모두 쇄국 정책을 폈던 정부였고, 교류보다는 소원한 관계가 주를 이루었지요. 이들 3국은 다른 나라에 대한 관심도 적었지만, 한자를 사용함에도 불구하고 의사 소통을 가능케 하는 공통 언어도 없었고, 국가관·민족관·관습·제도에서도 상당한 차이를 보입니다.

제국주의 시기 이후 사용되어온 '동아시아'라는 개념 역시 서구인들에 의해 만들어진 발명품이라고 할 수 있습니다. 제국주의 시기 유럽의 강대국들은 경제적 지배나 군사적 전략의 관점에서 이 지역을 대상화하기 위해 동아시아라는 개념을 고안해냈어요. 그리고 2차 대전을 거치면서 미국이 패권을 장악한 이후에는 아시아와 태평양을 하나로 묶은 '아시아·태평양 권역'이라는 개념이 일반화되었지요. 아시아·태평양 권역이라는 발상의 배후에는 이 지역을 군사·경제적으로 지배하고자 하는 강대국의 의도가 암암리에 감추어져 있습니다. 결국 이 개념은 이 지역에서 미국이 주도권을 확보하고 일본이 하위 파트너로서 작은 패권을 승인 받는 피라미드형의 지배 형태를 가리키는 것입니다.

그러니까 동아시아라는 문명 단위는 제국주의 시대의 유럽 중심주의와 2차 대전 후 미·일의 헤게모니의 장악을 통해 만들어진 '인위적 고안'이라고 할 수 있을 겁니다. 그래서 저는 동양, 동아시아,

아시아·태평양 권역 등의 '심상지리적' 개념에 감추어진 헤게모니의 구도에 일차적으로 주목하고자 하는 것입니다.

김용석 말씀하신 헤게모니 구도는 많이 거론된 일이 있습니다. 이제는 개념에 감추어져 있다기보다, 이미 '들킨' 상태지요. 물론 거기에 대한 비판이 필요하죠. 그리고 실질적으로 한자를 사용하지만 전문가가 아닌 이상 다 통역을 한다는 말씀을 하셨는데, 유럽도 마찬가지예요. 그 언어를 배우지 않고는 프랑스 사람이 독일 말을 알아들을 수 없고, 이탈리아 사람이 영어를 알아들을 수는 없는 거거든요.

쉬운 예를 들자면, 우리가 노동이라는 것을 영어로 '레이버(labor)'라고 그러지요. 그런데 영어하고 이탈리아어는 비슷해요 '라보로(lavoro)'라고 그러니까. 그런데 스페인 사람들은 '트라바호(trabajo)'라고 합니다. 프랑스어는 '트하바이(travail)'라고 해서 스페인어와 비슷해요. 이건 어원상의 문제이고 어원의 전용(轉用)에서 나오는 분화의 문제인데, 좌우지간 복잡한 점이 있어요. 일정 부분은 영어하고 프랑스어가 비슷합니다. 영어가 프랑스어의 영향을 받았기 때문이죠. 스페인어와 프랑스어의 유사성이 있고, 이 언어들이 얽히고 설킨 면들이 있지만, 그쪽에도 통역 문제는 있는 거죠.

서구에서 중세 때 라틴어가 학술적 공용어가 되었을 때 라틴어를 많이 배웠어요. 그러나 상당수 문자를 통해서 교류를 했지요. 문자 문화가 중세 때 이미 많이 발달되었기 때문에 문자적인 면에서는 소통이 되었을 겁니다.

이승환 동아시아 안의 사상적 균질성을 말하는 분도 있지만, 제가 볼 때 동아시아 각 나라의 사상에는 간과할 수 없는 이질성—혹은 특수성—이 들어 있는 것 같습니다. 같은 유교라고 해도 각국의 역사적 맥락 안에서 서로 다른 발전을 해왔고, 또 서로 다른 효용을 발휘해왔으니까요.

단적인 예로 유교의 주요 덕목인 인의예지신(仁義禮智信)에 있어서도 각국에서 중시하는 덕목이 서로 다르죠. 한국에서는 인(仁. 너그러움, 자비심이나 인정)을 중시한다면, 일본에서는 예(禮)를 중시해왔습니다. 일본에서는 《맹자(孟子)》를 거의 읽지 않고, 《순자(荀子)》를 읽습니다. 순자의 특징은 예학으로 정리됩니다. 반면에 중국에서는 의(義)를 중시하죠. 이처럼 같은 유교 문화권이라 해도 각자 중시해온 측면이 다릅니다.

불교의 경우에도 그렇습니다. 인도는 언어적으로 아리안 인종의 언어와 뿌리가 같다고 언어학자들이 말하는데, 그래서 인도가 과연 한·중·일과 얼마나 밀접한 사상적 친화력이 있느냐도 새롭게 생각해봐야 합니다. 인도의 불교는 중국으로 들어와서 굉장히 중국적인 특성을 가지고 전개됩니다. 그것이 천태, 화엄, 선이라고 할 수 있는데, 인도의 불교와 굉장히 다른 발전을 해왔습니다.

특히 선이 그렇습니다. 간화선*이라고 하는 전통은 굉장히 중국적인 것입니다. 그것이 한국에 들어와서 우리 불교의 주류 전통으로 자리잡게 된 것이지요. 요즘 들어서는 한국에서도 남방 불교에 많이

간화선(看話禪): 화두(話頭)를 근거로 수행하는 참선법. 묵조선(默照禪)이라는 평을 받은 조동종(曹洞宗)의 선풍에 대한 임제종(臨濟宗)의 선풍이 그것이다. 송나라 때 조동종의 굉지 정각(宏智正覺)이 묵조선을 표방하고 나오자, 임제종의 대혜 종고(大慧宗杲)는 그것을 비판하면서 화두를 참구(參究)함으로써 평등일여(平等一如)한 경지에 도달할 수 있다고 주장했다.

주목하는데, 남방 불교에서는 간화선보다는 위파사나(Vipassanā) 수행법을 중시합니다. 두 가지는 서로 굉장히 다릅니다. 그래서 요즘은 한국의 수행자들이 미얀마나 타이 등지로 가서 위파사나 수행법을 익혀오는 사람이 많습니다. 일본에서는 선불교가 무사도 정신과 결합되어 다른 나라와는 다른 형태로 전개되었죠. 그러니 과연 동양이라는 틀 안에서 얼마나 강한 균질성을 이야기할 수 있는가에 대해서는 회의를 느낍니다.

김용석 우리하고 필리핀만 비교해도 무척 차이가 납니다. 그래서 동양은 규정하기가 힘듭니다. 동양은 하나의 대륙적 개념으로 유기적 공통성을 찾기가 힘들다는 것이죠.

제가 있었던 그레고리안 대학에도 동양철학 과목은 없어요. 그 대신 인도철학 과목, 중국철학 과목, 그렇게 나누어 있습니다. 그래서 동양철학이라는 말보다는 인도철학, 중국철학 크게 두 개로 대별됩니다. 인도와 중국, 그리고 그 나라 말을 하는 중국 사람이 중국철학을, 인도 사람이 인도철학을 가르쳤죠.

이승환 동양적인 특성을 이야기하라는 주문은 서양과의 대비 각도에서 주문하는 것일 가능성이 높습니다. 우리가 동양문화의 특성을 아프리카 문화와 대비한다면, 지금 서양문화와 대비해서 이야기하는 것과는 또 다른 측면을 이야기할 수도 있을 것입니다.

그런데 서구와의 대비 속에서 이야기한다는 것은 서구의 그리스 문명과 대비를 해서 이야기한다기보다는 서구의 근대 문명과 대비해서 이야기하라는 주문으로 여겨져요. 근대 이전으로 가면 유사한 점이 더 많고, 그래서 결국은 근대와 근대 이전이라는 구분이 동양과 서양이라는 구분법보다 더 중요한 축이 될 것 같습니다. 그리고 이러한 구분이 중요한 이유는 우리의 현실과 밀접한 관련이 있기 때문이죠.

김용석 지금의 이 선생님 말씀에 의문을 제기하고 싶습니다. 이것은 제가 이 선생님의 책을 보면서도 느꼈던 점입니다. 선생님의 책에서 서양의 철학자로 거론하시는 롤스(John Rawls)와 노직(Robert Nozick)이 다 현대 사상가죠? 이 선생님이 그 사람들의 권리논리나 자유논리에 대해 비판을 하시면서 주로 공자 시대를 다루고 계시더군요.

이것은 등가비교가 아니에요. 이 사람들은 현대 사람이고, 아직도 살아 있어요. 지금 우리 시대의 사람들이라는 말이에요. 그 사람들이 자본주의 세뇌라고 하면 좀 지나친 말이지만, 현대 사회문화의 맥락에서 권리론을 쓴 거거든요. 선생님이 중요하게 여기는 맥락주의라는 점에서 보아도 그래요. 그것을 공자의 사상과 공자 시대의 것하고 비교해버리니까 동등비교가 아닙니다. 그것들은 플라톤이나 아니면 최소한 아우구스티누스, 보나벤투라 같은 사람들한테서 비교의 대상을 찾아야죠. 그러니까 그 사람들하고 비교했다면 이런 괴리가 드러나지 않았을 겁니다. 다시 말하자면 근대 이전의 서양은 동양하고 유사점이 많다는 거예요. 농본사회라는 점도 그렇고.

어디선가 선생님께서 폴리스 이야기를 하셨는데, 폴리스 때 개념을 이야기하면 반드시 따라오는 것이 코스모스 개념이에요. 코스모스라는 말 자체가 조화라는 뜻이잖아요. 선생님께서도 저서에서 동양은 정의(正義)가 아니라 조화라고 단적으로 말씀하셨어요. 그러나 서양도 고대 서양과, 중세 서양은 조화가 중심 화두였어요.

서양에서 정치철학의 주된 주제가 어떻게 변천했는지 좀 도식적으로 짚어본다면, 처음에 정의였어요. 그 다음에 평화로 갔다가 근대로 오면서 자유로 넘어간 거죠. 서양에서도 정치철학이 핵심적으로 다루는 주제의 변화가 있었던 거죠. 물론 섞임도 있지만. 조화는 대개 그리스 시대 때고, 평화는 중세 때 주된 주제였거든요. 아우구스티누스가 "Pax omnium rerum tranquillitas ordinis." 라고 했어요. "평화란 만물의 질서의 조용함이다."라는 말이지요. 그리고 그러한 구분의 시점이 있지요. 그러나 그 정확한 시점은 나를 포함한 서양 학자들 사이에서도 논란의 대상이 되고 있고 연구 과제로 남아 있어요. 그러니 지금 단언할 수 없어요.

물론 막연하게 근대의 시작을 신대륙 발견으로 보는 사람들도 많아요. 1492년, 1500년대 초반, 그 다음에 산업 혁명의 기점, 그리고 그 중간으로 잡는 사람은 17세기 과학 혁명, 1600년대……. 그러나 대충 그 시점에서 서양 역사 속에서도 뭔가 '창발(emergent)' 한 게 있다고 보는 거지요. 그러니까 우리가 동양과 서양을 이 시점에서 볼 때, 시대적인 동등비교가 필요한 겁니다. 공자 시대의 것을 오늘에 바로 대입하면서 비판하는 것은 무리라는 말이죠.

근대와 근대 이전을 살펴야

이승환 제가 《유가사상의 사회철학적 재조명》에서 유학과 자유주의를 비교한 건 물론 등가비교는 아닙니다. 저는 동시대 동서양 사상가를 비교하는 비교철학적 작업에는 별로 흥미를 못 느낍니다. 옛날 BC 5세기경의 동서양 사상가들의 공통점과 차이점을 분석해내서 지금 어쩌겠다는 말입니까? 또는 중세 때의 아퀴나스와 주자를

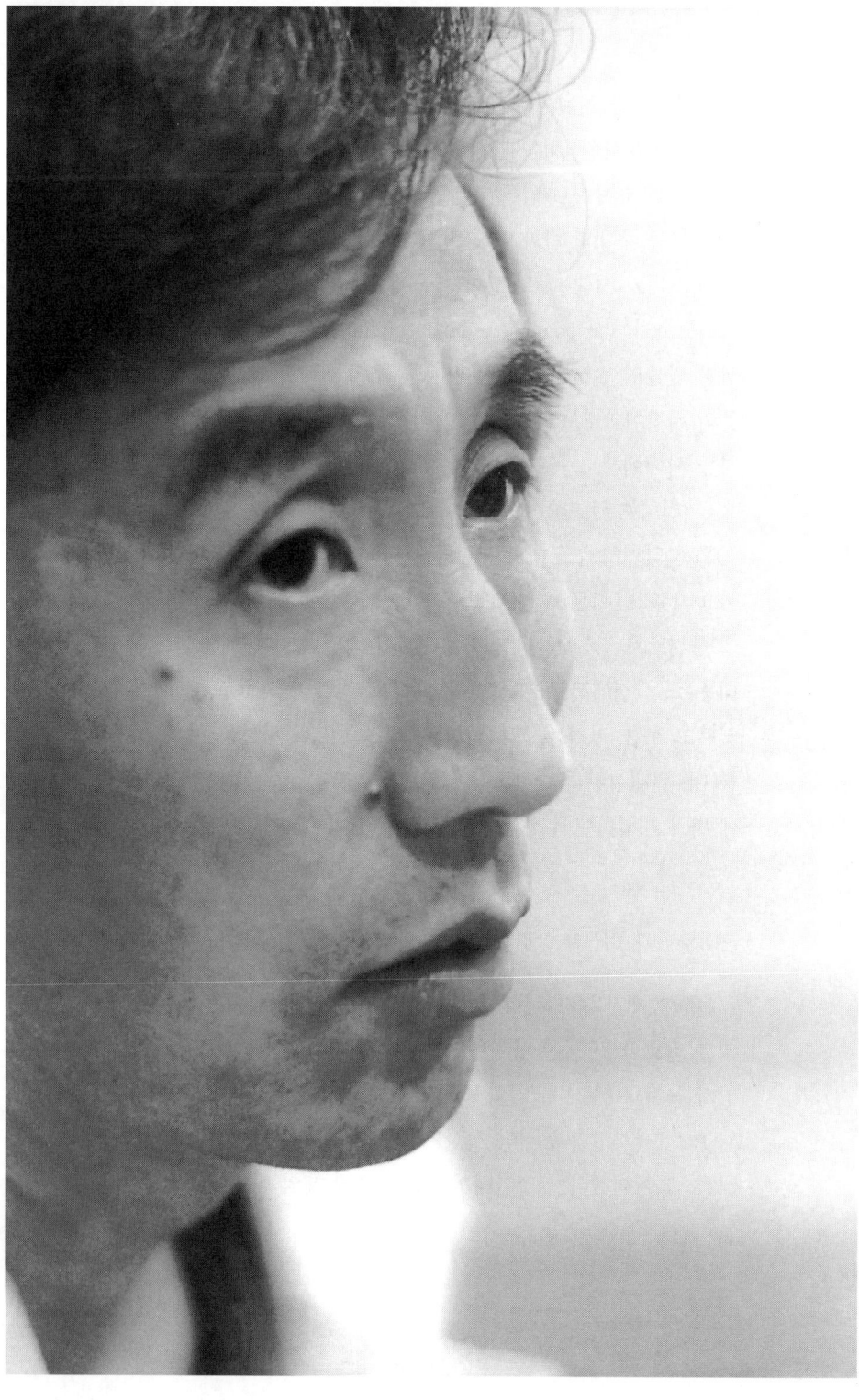

비교해서 지금 어떡하자는 것입니까? 그런 작업에 전혀 의미가 없는 것은 아니지만, 전 그보다는 현실에 대한 관심이 더 많고, 사상이 구체적인 맥락 속에서 어떻게 작동되는지에 더 관심이 많습니다.

제가 전근대의 유교를 현대의 서양철학과 비교하는 것은, 이 두 가지가 모두 우리의 현재적 삶 속에서 지대한 힘을 가지고 영향력을 미치고 있기 때문입니다. 한번 보세요, 우리가 아무리 현대화되고 서구화되어도, 우리의 일상생활이나 행위 습관, 그리고 무의식적 구조 속에는 대단히 강한 전통의 잔영이 배어 있습니다. 또한 우리가 근대 이후 계속 받아들이려고 애쓰는 사조는 서양의 근현대 사상 아닙니까? 따라서 비록 동시대 사상에 대한 비교는 아닐지라도, 유학과 자유주의를 비교하는 작업은 '살아 있는 철학'을 위한 비교이며 '우리의 삶'을 윤택하게 하려는 목적에서 나온 것입니다.

저는 박물관 유물의 먼지 터는 작업에는 종사하고 싶지 않습니다. 물론 그런 일을 하는 분도 있어야겠지요. 하지만 제 관심은 박물관 속의 유물보다, 지금 일상생활에서 긴요하게 쓰이는 물건들에 더 많습니다. 과거 동시대인의 사상을 비교하는 작업이 박물관 안에서의 일이라면, 유학과 자유주의를 비교하는 일은 박물관 밖의 실생활에 관한 일입니다. 저는 유교와 근대성이 서로를 비판하고(criticize), 서로를 풍부하게 해주고(enrich), 서로를 보완해서(complement) 한 차원 높은 문명으로 승화되기를 바라고 있습니다. 이러한 목적을 위해서라면 등가비교를 안 하고 이가비교(異價比較)를 한다고 비난해도 감수할 각오가 되어 있습니다.

만약 동양사상의 특징을 세 가지 들라면 저는 '공동체주의' '욕망의 절제를 통한 인격의 완성' '물질적 가치뿐만 아니라 다양하고 고양된 가치의 추구' 등을 들고 싶습니다. 저는 이러한 사상적 특징

서양과 동양이 127일간 e-mail을 주고받다

이 꼭 동양에만 고유한 것들은 아니라고 생각합니다. 서양에도 근대 이전으로 가면 역시 기독교적 공동체 아래 공동체주의가 있었고, 그리스의 폴리스 같은 것도 공동체적인 정치 체제였죠. 또한 물질적 가치가 아니라 사회적 명예, 종교적 가치들 등 다양한 가치들을 추구해왔죠.

따라서 '동양이냐 서양이냐' 하는 구분보다는 '근대냐 근대 이전이냐' 하는 구분이 더 중요할 것 같습니다. 문화적 전통에서 오는 차이점도 분명히 있지만, 지나치게 '동양은 이렇다' '서양은 저렇다' 라고 거친 이분법을 사용하는 것은 곤란합니다. 이분법이 필요할 때도 있긴 하겠지만 반드시 전제를 필요로 합니다. 일본의 나카무라 하지메(中村元)는 동양=직관/서양=분석, 동양=감성/서양=이성, 동양=비과학/서양=과학이라는 거친 이분법으로 동서양의 사유 구조를 파악했습니다만, 이렇게 정형화되고 도식화된 이분법은 위험하며, 이런 이분법으로 사유 구조를 파악하는 일은 오리엔탈리즘에 물든 사고입니다.

16세기 이후 선교사들이 동양으로 들어오면서 '주님의 나라/야만의 나라'로 세계를 구분했고, 제국주의 시기에는 서양인들이 '문명/미개'라는 이분법으로 세계를 나누었으며, 냉전 시기에는 '자유의 나라/죽(철)의 장막'으로 세계를 구분했지만, '80년대 후반에 들면서부터 이런 도식적인 '위계적 이분법'은 해체되기 시작했습니다. 이런 점에서 포스트모더니즘이 서구 중심적 이분법의 해체에 기여한 점도 있는 거지요.

김용석 동양은 이렇다, 서양은 저렇다 하는 거친 이분법은 곤란한 정도가 아니라, 우리 토론에서 이미 수차 비판한 겁니다. 제 얘기는 일부 서양학자의 이론을 전체 서양사상의 핵심인 양 간주하는 환원주의를 경계하는 것이죠. 긍정적 이가비교가 가질 수 있는 효용성에 대해서는 저도 관심이 갑니다. 그리고 포스트모더니즘의 이분법 해체 시도를 인정합니다. 포스트모더니즘이 관심을 가졌던 후기 산업사회에 들어서면서 문명적 정황이 새로운 사고를 촉발시켰죠. 현재의 문명적 상황 자체가 섞임이 무척 많습니다. 이전에도 있었지만 확실히 의식하거나 인정하지 않았던 것이죠.

그리고 우리가 이론을 전개할 때 도식적인 것을 완전히 배제하지는 못합니다. 음양, 남녀 등 방법론적인 이분법은 아직 유효합니다. 이분법을 통해 상황 판단에 도움을 얻을 수도 있고, 조화로운 해결을 찾을 수도 있습니다. 문제가 되는 것은 정언적 명제로서 이분법입니다. 방법론적 이분법에 대한 필요성은 인정해야 하지만, 정언적 명제로서 이분법은 조심해야지요. 제가 덧붙이고 싶은 것은 밤과 낮의 구분이 중요한 게 아니라 서로 섞이는 영역인 "황혼과 여명을 볼 줄 알아야 한다."는 점입니다.

부분으로서 동양과 서양

이승환 이분법에 관한 이야기는 앞으로 계속 등장할 것 같으니 그때마다 의견을 나누어봤으면 좋겠습니다. 김 선생님께 질문을 드리면서 논의의 방향을 틀어보고 싶군요.

자기 삶의 근거를 찾기 위해 어떤 철학적 근거가 필요한지에 대해 말씀해주십시오. 예를 들면 어떤 공부를 하라든가 하는.

김용석 현재를 살아가는 데 필요한 공부? 그럼 당연히 서양을 공부해야죠. 물론 배타적으로 그것만 하라는 말은 아닙니다. 우리 전통도 당연히 공부해야 하고. 다만 제가 말하고 싶은 것은 서양이 싫다고 그에 관한 공부를 안 할 수 없다는 거죠. 현실이 허용하지 않습니다.

하지만 학문의 문제라면, 과를 선택해야 하는 것이라면, 그때는 다 이야기해줘야죠. 획일화의 위험성은 개인들에게도 미칠 수 있는 겁니다. 아까도 말했지만 대학에서는 많지 않더라도 어떤 분야든 연구하는 사람들이 반드시 필요해요. 동양 학자는 반드시 양성해야 해요. 지금 당장은 문화적 환경이 급격하게 변하고 있어서 나설 수 없지만, 언제든지, 1백 년이 지나든 2백 년이 지나든 얼마 후에 거기서 나온 뭔가가 기존의 패러다임을 바꾸는 바늘이 될 수 있는 거죠.

바늘이 무서운 거예요. 그런데 동양학을 하는 사람들은 그걸 풍선처럼 내보이려고 하는 경향이 있는 것 같아요. 이런 거다, 대단한 거다……. 아닙니다, 그건 바늘이죠. 어느 순간 마치 주머니 속의 압정처럼 손을 찔렸을 때 따끔한, 그 역할을 인식해야 한다는 것입니다. 이렇게 인식하면 그게 정말 대단한 거죠. 우리가 어떻게 인식하고 어떻게 활용하느냐에 따라서 대단한 겁니다. 그러면 그 역할은 무척 중요한 것이고, 어떤 순간에는 결정적인 것일 수 있어요.

이승환 삶의 조건이 이러니까 탈바꿈을 하자……. 그렇지만 바뀌어서 새롭게 생겨나는 무엇이 있다고 할 때 그것은 또 원래 서양의 것과는 다른 무엇이지 않겠습니까?

김용석 그렇죠. '원래' 라는 것은 바뀌려고 있는 겁니다. 어쩌면 우리 것화한다고 할 수도 있지요. 그런데 중요한 것은 동양학이나 동양철학을 하는 것은 다양성을 유지한다는 것이 가장 큰 목적이라는 것이고, 지금 말씀하신 부딪힘과 비빔의 과정에서 오는 고통은 일정 부분 감수해야 해요. 또한 내가 예측하는 것은 서양에서 만들어진 것이 우리 것이 아니기 때문에 서양에서처럼 일상적인 것으로 자연스럽게 받아들이지 못할 우려는 있습니다. 하지만 그렇지 않을 가능성도 꽤 있다고 봅니다. 오늘의 현실을 잘 관찰해도 알 수 있어요.

지금 끝까지 밀고 가서 이야기하는 건데, 예를 들어서 우리의 오랜 수입의 역사 속에서 잘못 받아들인 것도 많아요. 그런데 그것이 그쪽의 문제라기보다 수용자의 태도와 자세의 문제도 꽤 있다는 거지요. 어쨌든 현재의 수입은 산업 사회 때와는 달리 다각적으로 들어오기 때문에—서양화라는 말은 거부감을 일으키겠지만—서양적인 것을 흡수·적응·자기화하는 데 생각보다 덜 무리가 올 거라고 봐요. 물론 그것이 우리에게 도움을 주는 '서양적인 것'인지 잘 봐야 한다는 것은 당연한 말이고요. 이 지점이 수많은 논쟁을 일으키는 지점이겠지만, 그렇다고 예의를 지키는 타협은 하고 싶지 않아요. 물론 내 예측이 틀릴 수도 있어요. 그렇지만 출발점을 이미 확인했기 때문에 여기서 타협한다는 것은 내 논리를 무너뜨리는 것이죠.

이승환 지금의 인간은 결국 보편인이어야 한다는 말씀이신 겁니까?

김용석 질문의 의도가 있는 것 같은데요, '앞으로의'라는 말을 덧붙인다면 그렇다고 봐야죠. 그리고 보편이라는 말이 인간으로서 서로 공통분모를 찾아간다는 뜻이라면 그렇죠. 요즘 우리나라에서 학자들이 보편이라는 말 쓰기를 꺼려하는 것 같은데, 때론 용기를 필요로 합니다. 포스트모더니즘이 들어오면서 근대성의 보편성이나 객관성에 대한 비판이 상당히 많았죠. 그렇지만 객관성을 이해하면서 오해했던 부분도 있습니다.

간단히 말하면 객관성은, 심지어 칸트 같은 인식론자에게 있어서도 명제의 객관성을 말하고 있지 않아요. 객관적이고자 노력하는 것 자체가 객관성을 보장한다는 것이에요. 그래서 순수이성비판과 실천이성비판을 떼어놓을 수 없는 거예요. 지금 내가 쉽게 도식화해서 이야기하고 있지만, 예를 들어 셋이 이야기를 하잖아요. 여기서 어떤 명제가 객관성을 갖는 것은 아니에요. 그렇지만 객관적이려고 서로 노력하잖아요. 노력하지 않는다면 대화가 이루어지지 않죠. 각자 뒤돌아 앉아 주관적으로 떠드는 거죠. 즉, 궁극적으로 객관성을 보장하는 것은 도출되는 명제 자체가 아니라, 객관적이고자 지속적으로 노력하는 행위 자체입니다.

문제는 일정한 보편성에 대해서 그것을 총체적으로 보려고 할 때 생기는 것이죠. 그래서 총체성 없는 보편성이라는 것은 일종의 열린 보편성이라고 부를 수 있어요. 이럴 때 이미 보편적이고자 하는 노력 자체가 타자를 수용함과 동시에 타자의 수용성을 기대하기 때문에―물론 느낌의 차이를 느낀다거나 혹은 융의 말처럼 일정한 민족 공동체나 사회 공동체의 원형적 잠재의식의 차이가 있을 수는 있지만―우리가 그 보편성을 제시할 때는 그것을 향해서 수용할 수 있는 열림을 동반한다는 것이에요.

이승환 큰 틀에서의 보편성은 인정하되, 수용 과정에서의 복합성은 존재한다?

김용석 그럴 수도 있고요. 열린 보편성, 총체성 없는 보편성을 받아들인다면, 처음에 이야기했던 개별성, 그 안에서의 개별성을 어느 정도까지 적극적으로 보장해주려는 노력이 필요해요. 보편적이고자 하는 노력과 개별성을 인정해주려는 노력이 역동성을 갖게 되겠지요. 공통분모 찾기란 원래 노력을 필요로 하는 것이고, 역동성을 필요로 하는 것이죠. 산수 공부할 때 기억나십니까? 원래 일반 수식에서 분수식으로 넘어갈 때, 뭔가 이해의 노력과 역동적 에너지가 필요하잖아요. 그처럼 열린 보편성을 찾고자 하는 삶은 훨씬 역동적이고 훨씬 생명적이라고 봐요. 그런 점에서 지구를 벗어나야 해요. 에너지가 모자라요…….

이승환 탈지구화를 말씀하시는 겁니까?

김용석 제 책《문화적인 것과 인간적인 것》에서 보셨군요. 감사합니다. 누가 읽어준다는 건 기분 좋은 일이잖아요. (웃음) 그런데 탈(脫)지구성은 제가 이번 대담에서 거론하려고 하지 않았는데……. 그것이 본식이라면 아직 그에 대한 전채(前菜)를 충분히 먹지 않았거든요. 혹 앞으로의 우리 대담에서 그런 순간이 무르익으면 다시 거론하기로 하고요. 말을 꺼내셨으니, 이 점만 말하지요. 때에 따라서는 어떤 단계를 밟아가는 것, 즉 원인으로 시작해서 사건이 이어져간다는 '원인-촉발-결과'라는 틀을 근거해서 생각하지 않을 필요도 있다는 겁니다. 예를 들어 탈지구화를 위해 노력하면 전(全)지구화가 따라오는 것이지, 전지구화 다음에 탈지구화로 나아가는 것이 아닐 수 있다는 것이지요.

'글로벌리티(Globality)'는 '포스트 글로벌리티(Post-globality)'의

전(前) 단계이기도 하지만 후(後) 단계이기도 하다는 거죠. 열린 보편성이 탈지구성에 연결되면 우리는 지구 안에서의 총체성을 얻을 수도 있어요. 물론 개별성이 인정되고 그것을 보호하기 위한 총체성이겠지만……. 우주로 진출하는 지구인들의 폴리스 공동체라고나 할까요. 이 정도로 해두지요. 혹 수수께끼 같은 이야기라고 할 분이 있을지도 몰라서…….

  좀 주제를 바꿔서요, 서구철학은 현대 대중문화 같은 영역을 자기 개념으로 분석하는 경우가 많지 않습니까. 유가철학이 그런 모습을 보이는 것은 흔치 않은데요. 좀 도발적인 질문이 될지 모르겠습니다만, 어떤 점에서는 유가철학이 근대철학으로서의 위상을 확립하지 못했기 때문이 아닐까요. 유가철학이 현실에 개입할 수 있는 가능성은 어디서 찾아야 하겠습니까?

  이승환 첫 번째로는 바람직한 사회 이상으로서 유학입니다. 문화적 이상이라고 할 수도 있고 사회철학적인 이상이라고도 할 수 있는데, 대동사회(大同社會)에 대한 이상을 말합니다. 대동사회는 빈자·고아·장애자·병자 등 온갖 사회적 약자와 소외된 사람에 대한 배려를 우선으로 합니다. 대동사회의 목표는 균형〔均〕과 조화〔和〕입니다. 대동사회의 이상에서는 부와 권력이 특정 계층에 편중됨으로 인해 사회의 균형이 깨지는 것을 용납하지 않습니다.

  균평(均平)의 이상은 굉장히 소중하다고 생각합니다. 특히 신자유주의적 세계화로 인해 빈부의 격차가 10 : 90으로 확산되는 이 시점에서는 더욱 중요한 의미를 지닌다고 봅니다. 현대 사회에서 원자화된 개인들은 '소유적 개인주의'의 확산으로 말미암아 '가슴 없는 수전노'와 '영혼 없는 향락인'으로 전락하고 있습니다. 나눔·보살

핌·배려·절제 등과 같은 공동체 정신이 구현되는 사회를 만들 수 있다면 얼마나 좋을까 생각합니다.

그 다음은 바람직한 인간에 대한 이상으로서 유학입니다. 현대 시민 사회의 인간들은 각자 자신의 이익만을 추구하는 부르주아적 개인들입니다. 물론 헤겔 같은 사람은 시민 사회 안에서도 '공덕(civic virtue)'을 추구할 수 있는 가능성을 보기도 했지만, 결국 마르크스가 예측했듯이 오늘의 시민 사회는 사익을 추구하는 부르주아들의 각축장이 되고 말았죠.

현대의 시민 사회에서는 사익 추구의 주체로서 '욕망인(欲望人)'은 존재하지만, 일차적 욕망을 성찰하면서 정말로 '인간적 품위(human dignity)'를 추구하려는 군자(君子)의 인격은 보이지 않습니다. 정계·재계·학계·언론계 등에서 아무리 눈을 씻고 살펴봐도 '양심적 지성'인 군자와 선비는 보이지 않습니다. 군자 혹은 선비는 하수도처럼 혼탁한 현대 사회 안에서 정화 기능을 수행하는 청정제이죠. 만약 이러한 인간형을 배양해내지 못한다면 현대 사회는 자체 정화 기능을 상실하고 오폐수처럼 썩어 들어가게 될 겁니다.

세 번째로는 인간-자연의 관계에 대한 이상으로서의 유학입니다. 유학에서는 인간을 자연의 지배자라고 보지 않았습니다. 인간은 자연의 일부로서, 자연을 도와서 만물이 제대로 자라날 수 있도록 도와주는 조역자로 파악해왔습니다. 순자와 법가 쪽 사상가들이 '인간 중심주의(anthropocentrism)'의 입장에 선 것이라면, 노자·장자 등 도가 쪽 사상가들은 '자연 중심주의(ecocentrism)'의 입장에 섰다고 할 수 있습니다.

인간 중심주의가 자연의 파괴와 남획을 가져올 수 있는 가능성을 지닌 사고 형태라면, 자연 중심주의는 인간의 자발적 의지나 능동적 주체성을 약화시켜버릴 수도 있는 가능성을 가지고 있습니다. 유학에서는 비록 인간에게 다른 존재보다 우월한 지위를 부여하기는 했지만, 인간 역시 자연의 일부로서 겸허하게 자연의 운행에 순응해야 한다고 보았지요. 유학은 인간 중심주의와 자연 중심주의라는 극단적인 두 뿔을 헤쳐나감으로 인해, '인간의 고양(Human Flourising)'과 '자연의 조화(Harmony of Nature)'를 동시에 도모할 수 있는 이점을 가지고 있습니다.

사실 요즘 말하는 '자연보호'나 '환경보호'라는 말을 들을 때 우스운 생각이 들 때가 있어요. 어디 자연을 인간이 제 맘대로 '보호'하거나 '보존'할 수 있는 겁니까? 자연은 스스로 자기의 길을 따라 운행하고 있는데, 무슨 인간이 나서서 보호하고 보존한다는 말입니까? 이런 단어 하나에도 은근히 인간 중심주의적 관점이 스며들어 있는 것 같아요.

김용석 현대의 유가라면 오히려 현실 문제에 대해 먼저 적극적으로 나서야 참된 유가라고 볼 수 있다는 점을 강조하시는 것 같은데…….

이승환 그렇습니다. 과거의 유자(儒者)들을 보면 서양 철학자들이랑 다릅니다. 유자들은 연구실에 처박혀 대갈통만 가지고 씨름하는 철학자가 아니라, 사회의 예비 지도자들을 길러내는 교육자였고, 이상 사회에 대한 신념을 현실 속에서 구현하려 했던 '철인 정치가' 혹은 '철인 행정가'들이었습니다. 유자들은 수많은 민초·민중들의 삶을 책임지고 고뇌하는, 엄중한 책무를 지니고 있던 '어깨가 무거운(任重)' 사람들이었습니다. 그들이 지녔던 사회적 책임은 대단히 막중했던 거죠.

지금이라고 해서 상황이 달라진 것은 없습니다. 사회의 앞날을 짊어질 차세대 인재들은 어떤 식으로든 배양되어야만 하고, 입법·사법·행정을 책임지는 사람들에게는 인간에 대한 이해, 그리고 이상적인 사회에 대한 전망이 갖추어져 있어야 하며, 이를 현실로 옮기기 위해서는 자기절제와 도덕적 청렴성이 갖추어져야 합니다.

오늘날 우리 사회가 비록 겉으로는 전에 비해 합리화되고 민주화된 듯하지만, 그 안을 들여다보면 너무도 비민주적이고 대단히 비합리적입니다. 우선 정치 지도자들을 한번 보세요. 아무런 이념이나 전망도 없이 단지 권력욕 하나로 뱃속이 가득 차 있고, 유권자를 향해 내세울 수 있는 것은 오직 무슨 지역 출신이고 무슨 학교 출신이라는 명패밖에 없잖아요? 정치가들은 어떻게 지방색과 학연을 잘 활용해서 선거에 당선될까 궁리나 하지, 선거가 끝나고 나면 유권자들이 원하는 것이 무엇인지 되돌아보기나 합니까? 유권자가 불쌍해요! 민주 사회에서 시민이 정치에 참여할 수 있는 권리가 있다고 하지만, 겨우 몇 년에 한 번 열리는 선거 때 붓뚜껑 한 번 눌러보는 일밖에 없지요. 표를 찍고 나서는 곧 외면 당해버리지요. 이게 무슨 민주주의입니까? 이게 무슨 정치 참여입니까? 정말 웃겨요.

유학에서 바라보는 지도자의 이상은 그렇지 않았어요. '민본(民本)'이라는 말이 뭡니까? 민초(民草)가 나라의 근본이란 뜻이잖아요? 민초의 뜻을 받들어주고, 민초의 고충을 해결해주고, 민초의 삶을 행복하게 해주는 것이 바로 유학에서 바랐던 위민(爲民) 정치였어요. 민초의 뜻을 잘 받들어주는 게 민주주의 아니에요? 아무리 지금이 민주주의 시대라지만, 호랑이 담배 먹던 시절, 유학의 정치 이상을 좇아가려면 아직도 한참이나 멀었어요.

공자는 "그 사람이 있어야 그 정치가 일어난다."라고 말했습니다.

지금 우리 사회에는 바로 '그 사람'이 없는 거예요! 이렇게 엉망진창인 정치판에서 '그 사람'을 찾을 수 없으니 어디서 찾아야 합니까? 그래서 저는 유일한 희망은 '사람을 키워내는 교육'이라고 보는데, 교육도 이 모양이니……. 우리의 교육 현실 말 안 해도 아시겠지요? 정말 울고 싶어요.

그리고 언론을 봐요. 조선 시대에는 삼사*라고 해서 왕권을 견제하고 국정을 바로 이끌 수 있는 견제 장치가 있었어요. 오늘날의 '언론'에 해당하는 기관이었는데, 이 직책을 맡은 이들은 죽음을 무릅쓰고 진정한 언로(言路)를 소통시키기 위해 노력했지요. 어디 지금의 언론이 이들을 따라갈 수 있겠어요? 지금의 주요 일간지는 한때는 친일 행적을 하다가 세상이 바뀌니까 지역 정치에 빌붙어 지역 파벌이나 조장하든가, 반공 이데올로기를 부활시켜 자신들의 기득권이나 고수하려 하고 있지요.

지금 한국 사회에 유자가 어디 있고, 군자가 어디 있어요? 지도자급들은 다들 욕심에 눈이 어두워 썩어빠진 동태 같은 인간들뿐이지요. 어쨌든 저는 유학에서 추구했던 군자의 이상, 그리고 우리의 전통 시대에 선비들이 수행했던 '양심적 지성'의 역할은 아무리 세월이 흘러 민주 사회에 도달했다고 해도 여전히 '보편적 의의'를 가지고 있다고 생각합니다. 이러한 의미에서—유학을 어떤 '부분'이나 '특수'로 보려는 경향이 있는데—저는 그 의견에 대해서 동의할 수 없어요.

삼사(三司): 조선 시대 언론을 담당한 사헌부·사간원·홍문관을 가리키는 말. 이 기관은 독자적으로 언관의 기능을 담당하기도 하지만, 때로는 사간원·사헌부가 함께 언론을 펴기도 하였다. 이를 양사합계(兩司合啓)라고 하며, 홍문관이 합세할 때는 삼사합계라고 한다.

김용석 '보편적 의의'라는 말이 귀에 들어오는군요. 인간 삶에 진정으로 도움이 되고 의미가 있는, 그래서 그것이 각기 다른 문화적 상황에서도 인간이 추구해야 할 공통적 가치라는 말로 이해하고 싶습니다. 이런 공통적 가치는 동양철학에서든 서양철학에서든 발굴해서 우리 삶에 유익하게 활용해야 한다는 생각이 듭니다. 그러니까 각각의 문화권은 동양이든 서양이든 인간 세계를 구성한다는 점에서는 한 '부분'이지만, 동양의 정신적 유산이든 서양의 정신적 유산이든 그 안에서 발굴되는 훌륭한 가치들은—이 선생님 표현을 빌리면—시공을 넘어서 '보편적 의의'를 가질 수 있는 것이라고 정리할 수 있겠군요.

그리고 다양한 문화 유산에서 발굴되고 새로이 현대에 적용될 수 있는 가치들이 말 그대로 오늘날 우리 사회를 다양하고 융통성 있게 해줄 수 있을 거라고 생각합니다. 그런데 현대 사회에서 동양학을 보는 시각 가운데는 서양학문을 보편적으로 보고 동양학문을 부분으로 보는, 더 나아가 동양학을 마치 서양학에 비해 부분 또는 특수로 보는 편향적 시각이 있는 것에 대한 이 선생님의 비판이 있는 것 같습니다.

이승환 제가 동양철학을 공부하고 유가철학을 공부한다지만, 저는 어느 한 순간도 제가 '부분'이나 '특수'를 공부하고 있다고 생각한 적은 없어요. 저는 유학에서 모든 인류가 수긍할 만한 '인간의 이상'을 발견해내고, 이러한 점들이야말로 우리가 추구해야 할 목표가 아닐까 생각하며 공부를 해왔어요.

아까도 말씀드렸지만, 유학에서는 '인간'을 중시합니다. 그리고 '인간됨(德)'을 중시합니다. 아무리 서구화가 되고 법치 사회가 되어도, '인간'이 없으면 우리 사회는 결코 바람직한 사회로 나아갈 수 없습니다. 법을 만드는 주체도 '인간'이고, 법을 해석하는 주체도 '인간'이며, 법을 집행하는 주체도 바로 '인간'이기 때문에, 법과 제도에만 모든 희망을 걸어서는 안 되죠. 어디 우리 사회에 부패방지법이 없어서 그렇게 수많은 장관들이 퇴임 후에 감옥에 들어가고 청문회에 불려다닙니까? 한마디로 '인간'이 안 되어서 그런 거지요. '제도'와 더불어 '인간됨'을 강조하는 동양의 사상이 왜 꼭 '부분'이 되어야 합니까? 모든 인류가 공유할 수 있는 보편적 가치로 여길 수는 없나요?

김용석 아마 동양학을 어떤 부분으로만, 또는 보편에 대한 특수로 보는 입장에서는, 같은 기준으로 서양학도 어떤 부분이거나 특수라는 것을 잊고 있는 것인지도 모르지요. 그런 경향에는 한쪽의 보편을 내세운 획일화의 위험이 있는 것이지요. 그리고 일단 '부분으로서 동양학'과 '부분으로서 서양학'을 생각하면서도 그 사이에서 때론 대립적일 수 있지만 어떤 조우의 지점이 있다는 것을 간과한 것인지도 모르겠습니다.

그리고 여기서 부분이라는 것에는 이중적인 의미가 있는 것 같습니다. 제가 앞에서도 언급했듯이 지식 세계 전체를 구성하는 요소로서는 동양학문이나 서양학문이나 부분이라는 뜻이 있겠고요, 각각의 학문에서 나오는 지식은 부분적인 가치를 가질 수도 있고, 좀더 넓은 가치를 가질 수도 있으며, 더 나아가 보편이라고 할 만한 가치를 가질 수도 있다는 뜻이 있겠지요.

제가 '부분으로서 동양학'이란 말을 한다면, 그것은 '부분으로서 서양학'을 전제한 것이죠. 그들 각자가 발휘하는 역량의 차이가 시대와 장소에 따라 차이는 있을 수 있겠지만 말입니다.

그리고 현대 사회에서 동양학의 위상을 바라보는 시각 가운데, 서양문물과 서양학문이 지배적인 시대에 어떤 '대안으로서의 동양학'을 제시하는 경우도 있는데 이 점에 대해서는 어떻게 생각하십니까?

이승환 '대안'으로서 동양학이라……? 저는 동양학이 서양학에 대한 '대안'이라고는 생각지 않습니다. '대안'이란 현대 사회를 지탱하고 있는 모든 것들을 내다버리고 전통 동양의 것으로 바꿔치기 해야 한다는 뜻 같은데, 이 또한 있을 수 없는 일입니다. 저는 '대안'이라는 개념보다는 '서로의 보완(mutual complementary)'이라는 개념을 쓰고 싶습니다. 근대와 유학이 서로의 부족한 점을 보충해주고(supplement), 서로를 비판해주며(criticize), 서로를 풍부하게(enrich) 해주는 것이 바로 제가 생각하는 '보완'입니다.

김용석 이 선생님의 '보완'이라는 용어에 공감이 갑니다. 이 선생님이 동양적인 것을 주장하실 때는 마치 대안을 적극 앞세우신다는 기분이 들었는데, 좀 후퇴하시는 기분이 들기도 합니다. 그래서 질문을 드려본 것이죠.

그런데 저는 시공을 넓게 봐서 오히려 동양학이 대안의 가능성을 위한 계기를 마련한다는 점을 배제하고 싶지는 않습니다. 부분을 이야기한다고 하더라도—지금 바로 대안을 이야기하지 않는다 해도—미래의 대안 가능성을 배제하지 않는다는 겁니다.

그리고 오늘의 현실에서도 전체를 대체하는 대안은 아닐지라도—이 선생님 말씀대로 그런 바꿔치기는 불가능하니까요—부분 공동체에 우리가 제시해줄 수 있는 대안은 될 수 있다는 겁니다. 여기서 부분은 앞의 부분과 다른 의미입니다만.

그리고 이 선생님 입장에도 일정 부분 공동체에서의 대안이라는 저의 의견과 서로 통하는 점이 있는 것 같습니다. 그런데 이 점은 좀 구체적으로 접근해야 할 문제죠. 예를 들어 교육체제를 봐도, 동양학이 부분이지만 일정한 교육구조에서는 다수가 될 수 있는 부분도 있습니다.

구체적으로 이야기하면 지자체 등에서 서원을 활성화시키는 겁니다. 방법이 내용에 결정적이거나, 적어도 많은 영향을 미치기 때문에 '서원'의 분위기에서 동양사상을 듣는 것과 콘크리트 대학 건물 속에서 듣는 것은 다르고 교육방식에 따라서도 많이 달라진다고 생각합니다. 그 나름대로의 자율적인 교과과정이 있을 수 있다는 것이죠. 이런 자율적인 시스템에서의 교육을 대학이라는 서양화된 시스템에서의 교육이 따라가지 못할 수 있습니다. 그래서 그런 교육들은 독립적인 서원이나 향교 등을 통해 할 수 있다고 봅니다. 그런 면에서 부분적인 공동체에서는 동양학 연구, 교육, 전수를 포함하는 것이 대안이 될 수 있습니다.

그런데 전 다양성 보존이라는 차원에서는 좀 유토피아적인 데가 있습니다. 장기적 차원에서는 어떤 문화유산의 보존이 대안의 패러다임을 가져오는 데 큰 역할을 할 수도 있다는 것을 배제하지 않습니다. 그러니까 제 입장이 동양학 보존이라는 차원에서는 이 선생님보다 더 적극적이라고 할 수 있지 않을까요?

3

서구 중심주의와 정체성에
대해 두 가지 시선으로 파고들다

HIT No. **5** 왜곡된 서양과 억압된 동양
HIT No. **6** 자아 정체성과 근대 사이의 불화

HIT No. **5**   왜곡된 서양과 억압된 동양

> 세 번째 대담에서 자본주의적 근대성이 쟁점으로 떠올랐다.
> 서양과 동양의 지적 성과와 자산들이 어떻게 짓눌려왔고 뒤틀려왔는가?
> 두 시선이 교차하면서 토론은 민감한 논쟁의 양상으로 접어들었다.

김용석 이 선생님과 동양적인 것에 대해 토론할 때, 힘든 점 가운데 하나는 대부분의 한국인들이 어렸을 때부터 서양식 교육을 받으며 살아왔다는 점입니다. 교육 제도나 교과 과정도 그렇고. 그러기에 전통에 대해서는 잘 모르고, 그냥 느끼고 있을 뿐인지도 모르지요. 더욱 심한 것은 교과 과정에서도 서양인이 모범의 사례로 자주 등장한다는 점이죠.

교과서에 워싱턴인가 하는 인물이 등장하는데 나무를 꺾었다죠. 나중에 고백하는 장면을 부각시키면서 솔직함의 모범으로 소개되기까지 하는데, 그게 좀 그렇습니다. 그러니까 한국인 가운데 모범이 될 만한 인물도 없냐는 말이 나오는 거지요. 그래서 잠재적 사대주의라는 비판도 있는 것이고.

우리는 외국의 사례를 '긍정적 표본'으로만 사용하고 '부정적 표본'으로는 사용할 줄 몰랐던 것 같아요. 예를 들어 남이 이렇게 하니까 우리도 이렇게 하자는 식만 있었지, 남들이 이렇게 잘못하니까 우리는 그렇게 하지 말자는 식이 별로 없었다는 것이죠. 원래 긍정적 표본과 부정적 표본을 균형 있게 잘 사용해야 교육 효과도 있는데…….

이 선생님 같은 경우에는 대학에서 전공을 하셨으니까 동양학과 동양사상 및 동양의 전통을 아는 거지, 다른 전공을 한 사람들은 잘 몰라요. 이 선생님도 전공하지 않았으면 잘 몰랐을 거예요. 저 같은 경우 동양학을 배워본 적이 거의 없어요. 그런 상태에서 해외에서 오래 있다 들어왔습니다.

제 이야기는 사실 저 같은 사람이 많다는 거죠. 저는 이런 관점에서 한쪽에 쏠려 있는 불균형 상태라 이야기하기 어려운 점이 있어요. 하지만 제 사고와 판단, 그리고 남을 이해하려는 노력에는 균형이 있다고 생각합니다. 이 선생님도 교육은 서양식으로 받으셨으니까 어쨌든 저를 이해해주실 조건이 되어 있지만, 저는 선생님의 전공을 이해할 때 어려운 점이 있다는 것을 미리 솔직히 말해야 할 것 같습니다.

그래서 선생님이 천착해온 주제인 서구 우선주의랄까 중심주의랄까 하는 것에 대한 비판에 대해 저는 많이 들어야 되는 입장이 아닐까 하는 생각이 듭니다.

재구성해야 할 동서양의 지적 자산

이승환 현재 우리 사회가 우리 자신을 믿지 못하고 자기 목소리로 발언하는 걸 꺼리고 외국 사람의 목소리에 기대는, 자아 정체성이 결여된 사회라면 서글픈 이야기죠. 하지만 긍정적인 측면도 있어요. 저는 한국 사람들이 자존심도 다 버리고, 자아 정체성도 다 쓰레기통에 내다버렸기 때문에 이 정도의 근대화가 가능했다고 생각합니다. 이것저것 받아들이다 보니 한국만큼 문화의 용광로가 된 곳도 없습니다. 좋게 말하면 용광로고 나쁘게 말하면 쓰레기통이죠. 또한 좋게 말하면 비빔밥이고 나쁘게 말하면 짬밥통이죠.

지금은 외국 어디를 가나 한국 유학생들이 참 많습니다. 이런 것이 문화 식민지의 결과이고 우리의 뿌리 없음을 드러내는 징표이기도 하지만, 전화위복으로 생각하면 이것도 하나의 잠재적 역량으로 볼 수 있을 것 같습니다. 다양함 속에서 창조력도 나오는 것이니까요.

문제는 '중심'입니다. 수입하느냐 마느냐가 중요한 게 아니라, 무엇을 수입하고 무엇을 거부하며, 어떠한 '관점'과 어떠한 '목적'으로 수입하느냐가 문제인 것이죠. '중심 잡기'만 제대로 전제되어 있다면 꼭 수입이니 모방이니 탓할 것도 없지요. 없는 것은 수입해야 하고, 모자라는 것은 모방해야 하니까요. 다양한 수입 재료들이 뒤섞여 있는 용광로 속에서 미래를 위해 무언가 재구성해내기 위해서는 미래에 대한 전망과 관점이 있어야 합니다. 결국 '중심 잡기'만 제대로 된다면 우리의 현 상황을 꼭 비관적으로 볼 것만은 아니지요.

김용석 좀 냉소적이긴 하지만, 저도 동감할 수 있을 것 같군요. 그렇게 안 하면 비관밖에 안 남으니까. 지금의 상태를 이렇게 표현하면 어떨까요. 각양각색의 비빔밥 재료는 다 있는데, 그것들을 밥상의 적재적소에 차려 제대로 비빌 수 있게 하느냐 하는 과제는 남아 있다고. 문제는 많이 제기되었지만 그만큼의 가능성도 남아 있다는 거죠.

이제 문제는 어떻게 하면 현 상황을 직시하는가 하는 겁니다. 한국에 돌아와서 가장 아쉬웠던 점은 물질적인 것은 빨리 받아들였는데 자기식으로 소화하는 데 필요한 방법론이라든가 정신, 의식 같은

것은 성숙시키지 못했다는 겁니다.
 서양 사람들은 자신들이 만들었기 때문에 물질적 조건들을 좀더 효율적으로 조정할 수 있어요. 그리고 이 선생님도 지적하신 것처럼 서양 사람들이야 이성에 신물이 나니까 자기반성이라는 측면에서 감성의 중요성도 외치고 이성 해체도 들고 나온 것이잖아요. 하지만

우리는 아직 이성의 현실적 활용에도 부족한 점이 있고, 서양 정신에 대한 심도 있는 천착도 부족한데, 사상적으로는 최신 유행만 따라한다는 겁니다.

그래서 서양적인 것을 제대로 알아야 합니다. 그리고 지금은 우리의 일상생활 자체가 서양화되어 있잖아요. 그걸 운영할 수 있는 서양 정신을 똑바로 이해해서 우리 맥락에 맞는 방법을 찾아야 한다고 생각합니다. 그러니까 서양 것을 무조건 수입하는 것은 결사 반대고요, 편식도 안 되고요, 왜곡된 사실로 수입하는 것도 반성해야 합니다. 편식에 대한 개선, 왜곡된 서양에 대한 성찰 등이 필요하겠지요.

물론 어려운 점은 있어요. 우리 의사와 관계없이 지금 국제적 교류가 열려 있어서 말 그대로 몰려 들어오잖아요. 이런 광고 카피도 봤어요. '와! 일본 문화가 몰려온다.' 그렇기 때문에 우리가 더더욱 정신 차리고 성찰하는 자세로 교류를 봐야 한다는 겁니다. 열린 시대일수록 자아가 살아 있어야 한다고 할까요. 그러니까 '열림'이 아니라 '엶'이 되어야겠지요.

이승환 물질의 영역뿐만 아니라 제도의 영역에서도 마찬가지입니다. 민주주의를 흉내내기는 했지만, 그 내용을 들여다보면 연고주의와 지역주의, 패권 다툼일 뿐이지, 토론의 정신이라든지 참여의 정신이 더불어 들어오지는 않았죠. 정치가들도 한국의 미래를 위한 무슨 전망이나 원대한 안목이 있는 것도 아니고, 그저 지역색과 파벌만 등에 업고 정치판을 휘어잡으려고 합니다.

그리고 건전한 비판 정신과 토론 문화를 일구어내야 할 주요 일간지들 역시 지나간 시대의 색깔 논쟁과 지역성을 등에 업고 대중의 판단을 흐려놓고 있습니다. 국회·정당·언론 어디를 둘러보아도 민주주의의 정신을 구현하기 위해 분투하는 사람은 찾아보기 힘들어요.

1960년대부터 지금까지의 40여 년을 모방적 근대화의 시기라고 이야기들 하지 않습니까. 적절한 이야기입니다. '정신'까지 모방하기는 힘들어서 그랬는지 시기가 짧아서 그랬는지 몰라도, 우리는 혼(魂)이 배어 있는 근대화를 이루지는 못했습니다. 모방하는 것도 좋지만, 자신의 경험을 바탕으로 스스로 피땀 흘려서 일구어내려는 자세가 필요합니다.

김용석 그렇죠. 실질적으로 일상에서 사용하는 것이 서양 물질이거든요. 그런데 서양의 문명은 다른 문명보다 '잠재적 폭력성'의 의도가 높아요. 사람들이 이 점을 놓치고 있는 것 같아요.

예를 들어보면서 설명해보죠. 서양의 문물은 각진 것들이 많죠? 그러니까 모서리도 많거든요. 둥근 나무 기둥에 부딪히는 것보다 모난 콘크리트에 부딪히면 훨씬 위험하잖아요. 서양은 각지고 모난 문명적 특징을 가지고 있어요.

그리고 길거리의 자동차를 한번 보십시오. 이동하는 물체의 빠름은 곧 날카로움이고 파고듦이 되지요. 사람들은 잘 모르지만, 높은 속도로 이동하는 것들로 인해 현대 사회의 잠재적 폭력성의 지수가 상승하게 된 겁니다. 비행기는 말할 것도 없고요. 엘리베이터는 각지고 폐쇄된 공간에다 엄청난 속도로 이동합니다. 63빌딩 1층부터 최고층까지 가는 데 40여 초 걸린다고 합니다. 엄청난 속도라니까요. 뭐라도 하나 잘못되면 비행기 추락 이상으로 위험해요. 이런 조건들도 잠재적 폭력지수를 높이는 거지요. 심지어 식사할 때 쓰는

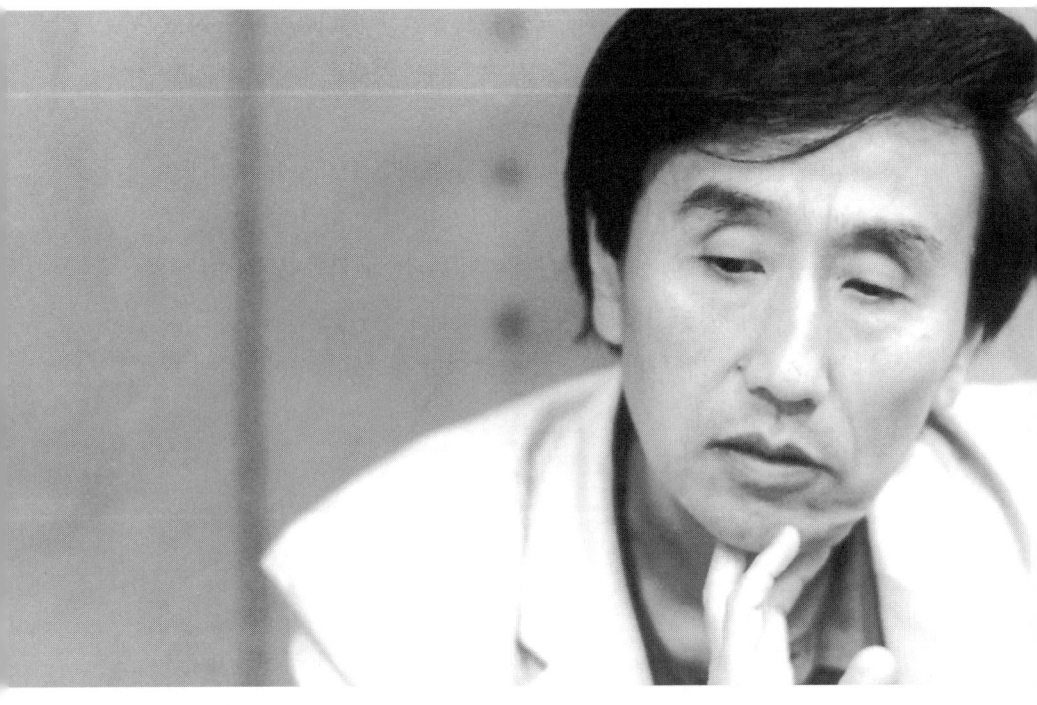

포크와 나이프조차도 자칫하면 위험하죠.

서양 사람들이 이 위험성을 더 잘 알아요. 그들이 매너와 에티켓을 중시하는 것도 이런 맥락에서 이해할 수 있어요. 그들 나름대로 위험의 정도를 줄이고 안전을 추구하는 방식이지요. 서양인들 스스로도 각지고 날카로운 문명을 순화시킬 필요에서 일상 매너를 지속적으로 개발해왔다고 볼 수 있지요. 이제 우리도 우리의 안전을 위해서 그것을 활용해야 합니다. 서양 매너는 서양 문물을 사용하는 사람에게 안전도를 높여주기 때문입니다.

예를 들면, 현실적으로 자동차 운행 매너도 안전을 위해 서양식이 필요하다는 뜻이지요. 서양 사람들의 매너가 혹 '느끼하게' 여겨질 경우도 있어요. 하지만 서양식 매너에 대한 인식과 그것의 실용화는 단순히 '폼잡기' 위한 것도 아니고, 사대주의적 발상에 의한 것도 아닙니다. 그것은 '식탁 위의 무기'와 '거리의 무기', 즉 '일상의 무기' 등이 지니는 잠재적 폭력성이 일상생활에서 발현되지 않도록 하기 위해서―아니면 최소화하기 위해―필요한 겁니다.

그것은 안전에 관한 문제입니다. 동양인들은 지금까지 이 점을 놓치고 있었어요. 우리가 자동차를 몰 때, 자동차라는 물체의 특성과 그것을 운용하는 기술과 그 자동차가 다른 자동차와 갖는 관계―그것은 곧바로 운전자 간의 인적 관계로 되지요―등을 잘 알아야 합니다. 그런데 이 점에서는 그 문명의 이기(利器)를 발명하고 우리보다 훨씬 오랜 기간에 걸쳐 일상화한 서양인들이 더 많은 노하우를 가지고 있다는 겁니다. 서양에서는 도로를 연구할 때도 사람 위주로 해요. 그런데 우리는 자동차 위주로 하죠. 물론 좁은 땅이기 때문에 그럴 수도 있지만. 일단 하루하루 생활하기 위한 해결책을 거부할 수는 없지만, 그러면서도 장기적인 대책이 동시에 나와야 한다는 겁니다.

토착화라는 거, 서서히 섞여 들어가야 하죠. 우리의 안전과 목숨을 위해 배워야지요. 여기에는 서구 중심주의와 사대주의에 대한 비판이 끼여들 새가 없어요. 조지 워싱턴의 일화를 교과서에 싣는 것과 다른 문제입니다. 제가 지금은 이해를 돕기 위해 식탁과 거리의 잠재적 폭력성을 예로 들었는데, 그런 구체적 예들은 우리 생활 곳곳에 산재해 있습니다. 그런데도 우리나라는 유난히 안전 사각 지대가 많아요.

그렇기 때문에 서양에 대해 연구할 필요가 있는 거예요. 잠재적 폭력성과 안전의 화두야말로 사회적, 문화적, 그리고 무엇보다도 철학적 주제가 되는 거지요. 21세기가 진행되는 과정에서는 더 말할 나위도 없습니다. '안전 철학'이라는 강좌를 개설할까도 해요. 저는 오래 전부터 이 점을 주장해왔지만, 특히 요즘 국제적으로도 안전만큼 부상한 화두가 어디 있습니까. 안전은 정말로 매우 다양한 차원에서 우리 생활에 영향을 주는 것입니다.

그리고 지식이란 차원에서도, 서구인들이 지금까지 어떻게 안전 문제를 해결해왔고 어떻게 실패해왔는지를 다각적으로 심층 연구하면 그들의 정신과 일상 심리와 정보 지식을 대하는 자세를 연구할 수 있습니다.

이승환 잠재적 폭력성…… '안전 철학'이라…… 꽤 호기심이 가는 주제네요. 근대 서구 문물에 내재된 잠재적 폭력성은 환경 파괴와 인간성의 파괴로 현실화되고 있지요. 선생님께서는 서구 문물에 내재된 폭력성을 인식해야 하므로, 그러한 문물을 만들어낸 정신을 제대로 이해해야 한다고 강조하시는 것 같습니다.

하지만 이런 생각을 해봅시다. 예컨대 권총이라는 게 있다고 합시다. 이러한 물건을 제 자신의 안위를 지키기 위해 받아들였다고 합시다. 선생님 말씀대로라면, 권총이라는 게 잠재적 폭력성을 갖고 있는 건데, 그걸 부정적으로 사용하지 않기 위해 그 애초의 정신을 알아야 한다는 거지요.

미국에서의 총기 문제 있잖아요. 거긴 땅들이 크고 넓어서 낯선 사람을 보면 겁이 나지요. 따라서 미국에서는 누가 내 땅(사유지)에 발을 들여놓으면 그 사람에게 총을 쏴도 정당방위로 여깁니다. 그러한 총기 사용의 정신이라는 건 하늘에서 뚝 떨어진 것도 아니고 보편적인 무슨 이념이 들어 있는 것도 아니지요. 남의 땅을 빼앗으면서 원주민과 싸우게 되었고, 인디언을 죽이고 자기를 방어하기 위해 총기 사용이 일상화된 것이지요. 여기에 강한 소유권적 개인주의와 배타적인 자아의식이 겹쳐서 이러한 총기 사용의 정신이 일반화된 건데, 지금 그 사람들의 그러한 정신까지 배운다고 해서 지금의 우리 문제가 해결될 수 있는지는 의문입니다.

그 사람들의 배타적인 경계심을 우리도 열심히 배워서, 누가 내 집에 들어오면 우리도 권총을 쏘아야 한다, 이 말입니까? 이건 아니라고 봅니다. 권총 사용법은 우리의 실정 속에서 우리의 가치관과 문화적 정서에 맞게 우리 나름의 규칙을 만들어내야 하는 것 아니겠어요? 물질이 지닌 잠재적 폭력성을 방어하기 위해서 그 배후에 있는 정신을 조사한다는 것이 하나의 방법이 될 수도 있지만, 그게 전부는 아니라는 생각이 듭니다.

김용석 아, 이 선생님이 이야기를 시작할 때, 제가 개입했어야 하는데……. 제 이야기의 핵심을 잘못 이해하신 것 같군요. 제 말을 나름대로 환원해서 답하시는 것 같습니다. 그리고 논지 전개를 잘못 하면 철학적 주제로서 '안전'이라는 것의 의미를 없애버릴 수도 있고요. 제가 공들여 개발한 아이디어인데, 하하하……. 더구나 우리 모두의 생명과 복된 삶을 위해서 제가 다시 설명하죠.

아마 폭력의 예를 들다 보니까 총까지 나온 것이겠지만, 총은 '잠재적 폭력성'이 아니라 '노골적 폭력성'입니다. 그리고 일상적인 것은 아니에요. 지금까지 여러 차례 이 선생님과 이야기를 하다 보니 이 선생님은 맥락을 상당히 중요하게 여기시는 것 같은데, 총기 상시 휴대는 우리나라처럼 그야말로 컨텍스트가 다른 곳에서는 더구나 비일상적인 것이에요. 그러니까 이 선생님이 지금 한 말은 제가 새롭게 제시한 철학적·문화적 화두로서 잠재적 폭력성 및 안전의 주제와는 관련이 없는 겁니다.

이건 차이가 있는 정도가 아니라 완전히 다른 문제라고 할 수 있어요. 그리고 잠재적 폭력성에 대한 연구가 전부라는 말은 하지도 않았어요. 좀더 창조적인 토론을 하려고 '하나'의 제안을 한 것이지요. 그러나 중요한 제안이지요. 그리고 반복하지만 잠재적 폭력성과 노골적 폭력성을 혼동하는 것은 주제 접근에 큰 오류입니다. 아마 학문으로서의 철학이라는 입장에서는 제 말이 좀 생소했던 것인지도 모르겠네요. 하나의 아이디어나 화두 제시라고 생각하고 관심을 가져보시죠.

그리고 옆길로 좀, 아니 많이 샜지만, 이왕 미국인들의 노골적 폭력성 이야기가 나왔으니까 이 선생님 말에 맞장구를 치는 의미에서 한마디 하죠. 좀 과장해서 말하면 적지 않은 미국인들이 늘 총을 가지고 살지만—서부 시대의 전통인가?—유럽은 많이 다르죠. 동어반복 같지만 미국을 알려면 유럽과 다른 미국적인 것을 이해해야 합니다.

예를 들어보죠. 프랑스나 독일처럼 유럽 국가에는 미국 같은 '퍼스트 레이디' 개념이 없어요. 우리가 미국 대통령 부인은 다 아는데, 프랑스 대통령 부인이 누군지, 독일 수상 부인이 누군지는 잘 모르잖아요. 공식석상에도 동반하지 않는 경우가 많아요. 왜 그런가 생각해보면, 미국 개척(정복) 시대에는 부인들도 남편과 같이 일하고, 급하면 같이 나가서 싸우기도 했을 거라는 거죠. 부부의 결속력이 그런 필요에 의해서 강화되었던 것이죠. 그래서 미국에는 유럽과는 매우 다른 가족주의가 있어요. 그게 2, 3백 년 이어져 현대 사회

에서 정치적으로 고급스럽게 변형된 게 퍼스트 레이디가 아닐까 합니다.

영국과 미국의 문화적 유사성을 많이 이야기합니다. 하긴 영국의 식민 정책으로 생긴 나라가 미국이니까요. 하지만 지금 영국의 언론에서 수상인 토니 블레어의 부인을 퍼스트 레이디처럼 만들려고 하는데도 잘 안 되잖아요. 자기 관습이 아니니까 그래요. 그러니 대륙 쪽 유럽은 더 차이가 있지요. 그래서 미국의 총기 문제는 같은 서구에서도 보편적인 사례가 되기 힘들죠. 극단적인 예는 될 수 있지만.

근대의 외부에서 근대를 사유

이승환 스웨덴의 여성 인류학자 노르베르 호지(H. Norberg-Hodge)라는 분이 인도 북부 티베트 접경인 라다크라는 곳에서 지내면서 쓴 《오래된 미래》라는 책이 있습니다. 그 책에서 그분이 뭐라고 했냐 하면, 처음에 갔을 때 보니까 거기 사람들이 너무 인간적으로 순박했으며, 불교적 전통 속에서 공동체 생활을 하고 있더라 이겁니다. 이방인을 따뜻하게 손님으로 맞이하고, 버려지는 것 하나, 낭비하는 것 하나 없이 자연과 일체가 되는 삶을 살고 있고……. 우리도 옛날에 그러지 않았습니까?

그런데 이 학자가 라다크를 떠났다가 10여 년 후에 다시 갔더니 사정이 달라졌더라 이겁니다. 개발 열풍이 불어서 그 청정했던 땅에는 공장 굴뚝에서 시커먼 연기가 쏟아져 나오고, 아이들은 오토바이를 타고 청바지를 입고 할리우드 영화나 보러 쏘다니고, 여인네들은 싸구려 관광상품 만들어서 서로 자기 것 팔아먹느라 싸우고 다투고……. 그렇게 순박하던 공동체가 순식간에 무너져가는 것을 보면서, 이 학자는 물질 문명과 자본주의적 근대화가 이렇게 사람들의 영혼을 썩게 만드는구나 하고 한탄을 했지요. 그러나 그녀는 그곳에 계속 머물렀어요. 시멘트와 화석 연료에 의존하지 않고, 천연의 기후와 지형을 이용해 태양열을 최대한 이용하면서 '토착적인 방식'으로 삶의 질을 개선할 방도를 찾기 시작한 것이지요.

노르베르 호지의 경험을 보면서 느낀 게, 우리가 물질적 근대화의 대안을 찾기 위해서 또다시 서양에게 배우자는 이야기는 그렇게 설득력이 없는 것 같아요. 병도 배웠으니 치료약까지 배우자? 글쎄 이게 하나의 방법이 될 수 있을지는 모르겠지만, 거기에 대처하는 방법을 노르베르 호지는 문화적 전통과 역사적 경험 속에서 우러나온 '토착적 근대화'의 길에서 찾고 있어요.

저 역시 이렇게 생각해요. 근대성이 가져온 폐단이 있다면 근대성을 만들어낸 장본인에게 그것을 극복하는 대안을 배워올 수도 있지만, 근대가 아닌 시기의 다양한 지적 자원에서 배워올 수도 있다는 겁니다. 그렇기 때문에 태양만 바라보는 해바라기처럼 서양이라는 한 곳만 우러러볼 것이 아니라, 다양한 문명의 지적 자원으로 관심을 돌려보자 이겁니다. 이런 의미에서 저는 근대가 아닌 시기의 지적 자원에 주목하고자 하는 것입니다. 토착적이고 자생적인 대처 능력을 기르지 않고 무슨 허황된 보편 이념만을 추구하다가는 영원한 노예로 전락해버릴 우려가 있습니다.

김용석 제가 우스갯소리 하나 할까요? 방금 이 선생님도 서양의 생각을 배워서 자신의 입장을 말한 것 아닙니까? 노르베르 호지는 서양 사람이거든요. (웃음) 제가 왜 이런 말을 하나 하면요, 우리의 해결책을 제시하는 사상도 서구 사람들 것을 많이 든다는 것이지요.

그게 지금의 현실이에요. 우스갯소리지만 좀 생각해보아야 할 점도 있고요…….

각설하고, 저는 좀 심층적으로 이야기하고 싶습니다. 우리가 해결책을 찾을 때, 인간의 행태를 잘 봐야 한다는 거죠. 인간은 생명체입니다. 하루하루를 살아야 하는, 계속 움직이는 생명체지요. 따라서 하루하루의 해결을 필요로 합니다. 이론을 제시하는 학자들이 실수하는 것 가운데 하나가, 인간의 삶을 정지된 상태의 것으로 보는 거죠. 이건 동서양 막론하고 많이 있어 왔어요.

제 말은 지금의 생활 조건과 그 조건의 역동적 상태를 보란 말이죠. 소위 궁극적 해결을 위한 기획과 함께, 일상적 해결의 방책을 동시에 실행해야 한다는 겁니다. 때론 어떤 것이 궁극적 기획과 맞지 않더라도 일상적 해결책으로 택해야 될 때가 많아요. 이런 맥락에서 보면 제가 말한 안전의 문제에도 더 쉽게 접근할 수 있지요. 그게 바로 한국인을 위한 것이고, 그 생명체가 잘 살아가는 데 도움이 되는 거란 말이죠.

그리고 일부를 가지고 전체라고 주장하지는 않는다는 것을 전제해야 해요. 그것은 서로의 신뢰입니다. 저는 그 점을 처음부터 전제하고 제 논지를 전개한 거죠. 서양에서 모든 치료약을 가져와야 된다는 게 말이나 됩니까? 저는 그런 말을 한 적도 없어요. 선생님도 그 효율적인 방법이란 게 결국은 서구의 바깥 혹은 근대의 외부에서도 찾을 수 있다는 뜻으로 말한 것 아닙니까? 여기서 '……도'가 중요한 것이죠. '……만'이 아니란 말이죠.

이승환 그렇습니다. 그렇다고 그것만 주장하는 것은 아닙니다. 선생님께서 말씀하신 것처럼 서구 안에서도 그런 가능성을 찾아야 하지만, 우리는 우리 나름대로 서구의 외부에서 가능성을 찾아봐야 한다는 뜻입니다. 근대성이 가져온 폐단이 있다면 그것을 극복하는 대안은 근대성을 만들어낸 장본인에게서 올 수도 있지만, 근대가 아닌 다양한 지적 자원에서 올 수도 있습니다. 그렇기 때문에 다양한 곳에 관심을 돌려보자는 겁니다. 이제 자본주의적 근대성에 내재된 한계를 극복하기 위해서 서양 바깥의, 동양의 지적 문명에도 눈을 돌려보자, 이런 말이지요.

김용석 우리 '……도' 자를 많이 붙이도록 합시다. (웃음) 그리고 근대화 문제는 이 선생님의 지적에 공감하기도 하지만, 근대화를 이야기할 때 균형 감각을 유지할 필요가 있다는 점은 강조하고 싶습니다. 오해의 가능성이 있으니까요. 여기서는 정말 중용이라는 지혜가 필요해요. 이 선생님도 인정하는 대목이지만, 저로서는 조금 더 신중하게 천착해야 할 문제라고 생각합니다. 근대화의 피해와 함께 근대화의 이점이 같이 이야기되어야 하거든요.

그리고 근대화의 피해와 혜택이 좀더 세밀하게 분석되어야 합니다. 즉, 일괄적 평가를 경계해야 한다는 거죠. 근대화 이전에도 폐해와 함께 혜택이 있었던 것처럼 말입니다. 근대화 이전의 폐해로는, 정치가 사회를 억압하던 시절, 즉 정치적 공권력의 폐해를 생각해볼 수 있죠. 오죽하면 지방 관리가 남의 여자를 빼앗아가려 합니까. 〈춘향전〉에도 나오잖아요. 또 하나는 가부장적 사회의 문제점을 들 수 있습니다. 물론 서양도 가부장제였습니다만—농본 사회의 특성과 관련이 있겠죠—어쨌든 가부장제가 적지 않은 사람에게 억압적이었죠. 인권의 문제이기도 하고요.

인권의 문제는 엄청나죠. 아닌 말로 우리가 근대에 오면서 고문

이 많이 없어졌죠. 섣불리 사형을 못 시키는 것도 그렇고. 관에 가서 곤장 수십 대를 맞고 오다가 쓰러진 남편 붙들고 우는 아낙네의 일화도 있잖아요. 서양 사람들은 피부를 벗긴다거나 하는 야만적 방법으로 사람을 사형시켰고. 나쁜 사람들이죠. 남녀 불평등도 근대 이전과 근대의 차이고. 민주주의가 궁극적인 가치라고는 하기 어렵지만, 민주주의도 그 혜택의 하나로 들 수 있겠죠.

  이런 사례들을 종합하면 저는 근대화가 가져온 가장 소중한 것이 몸에 대한 물리적 폭력이 줄었다는 것이라고 봅니다. 사람들이 잘 느끼지 못하는데 정말 중요한 것이지요. 몸의 가치를 인식하게 되었다는 점이고, 몸에 행사되는 완력이 더 이상 문제 해결책이 되지 못한다는 점이죠. 그동안 근대화의 피해에 대해서 말씀을 많이 하셨기

서양과 동양이 127일간 e-mail을 주고받다

때문에 제가 균형을 맞추느라고 몇몇 예를 들어본 겁니다.

그리고 이건 미묘한 문제인데요, 만약 근대화가 되지 않았다면 문명 교류도 없었을 겁니다. 서구가 근대화되면서 각 나라로 확산되었는데, 제국주의라는 부정적이고 폭력적 침범도 있었지만, 서양이 확장을 안 했다면 억압적 봉건주의 사회가 자체적으로 유지되었을 경우와 지금의 경우 가운데 어느 쪽이 더 나은 것인지도 곰곰이 생각해보아야 할 것 같고……. 물론 이걸 단순히 해방의 전도사가 왔다고 생각하면 안 되지만. 아니면 16세기 이전처럼 서로 별 교류 없이 사는 것이 더 나은 것이지도 모르고요.

결국 지구가 문명을 교류하면서 더 나아졌는가 나빠졌는가에 대

해 대답하기는 쉽진 않겠죠. 어느 한쪽의 입장에서만 이야기할 수 없는 문제고요. 더 나아가 '지구인의 정체성'의 문제로도 이어집니다. 궁극적인 해답을 얻기는 힘들지만 그 문제를 따져보는 과정에서 우리 사유가 풍부해질 겁니다. 우리 입장에서는 받아들이는 근대화였는데 그 속에서 폐해와 이점을 균형 있게 바라볼 필요가 있다는 겁니다.

그리고 지금의 상황을 비관적으로만 보는 것도 경계해야 합니다. 여기서도 '……만'이 문제입니다. 그건 너무 무거워요. 하긴 상황을 비관적인 것으로 전제하면 지성인들이 비판의 칼날을 세우기가 편해지지요. 정신없이 세태를 따라간다고 여겨지는 대중을 훈계하기도 좋아지고…….

이승환 그야 물론입니다. 우리가 전통의 중요성에 대해 말할 때, 우리가 말하는 전통은 '옛날 그대로의 전통'이 아닙니다. 근대라는 시기를 거치면서 새롭게 복원된 전통을 말합니다. 한복을 보세요. 같은 '한복'이라고 하지만, 조선 시대의 한복, 일제 시대의 한복, 그리고 60~70년대의 한복과 지금의 한복은 옷감이나 형태상 아주 미묘한 차이가 있어요. 각 시대의 한복은 각 시대의 미적 감각과 시대정신에 조응하면서 매번 새로운 모습으로 복원되는 것이지요.

마찬가지로 제가 전통을 말할 때 연좌제를 복원하자는 말도 아니고, 칠거지악을 복원하자는 이야기도 아닙니다. 제가 말하는 전통은 근대라는 시기의 검증을 거쳐, 철저하게 비판받고 정련된 문화의 정수를 가리킵니다. 우리가 서구라고 통칭하는 서구 문화권을 봐요. 독일의 음악과 미국의 음악이 똑같습니까? 프랑스의 그림과 미국의 그림이 똑같습니까? 아니에요. 그들은 비록 서구라고 통칭되지만,

각기 나름대로의 독특한 전통과 경험을 간직한 개별성의 문화들입니다.

김 선생님께서는 우리가 서양의 정신을 배워야 한다고 자꾸 강조하시는데, 그건 미국의 정신입니까, 독일의 정신입니까? 영국이나 프랑스, 혹은 이탈리아의 정신입니까? 아니면 모두 다입니까? 우리의 문화와 전통 다 버리고 미국 사람처럼 되는 것만이 우리가 살길입니까?

김용석 그건 아닙니다. 제가 미리 전제했는데요, 언어 사용의 편의상 제가 서양이라고 하고 이 선생님이 동양이라고 하는 거죠. 그 안에 포함된 걸 다 나열하면 말이 길어지니까 이미 전제한 것 아닙니까. 제가 의도했던 것은 우리의 생활양식에서 서양적 습관이 필요하고, 우리 삶에 이득이 되면 가져와야 한다는 겁니다. 이득이 안 되면 당연히 거부해야죠. 그리고 우리가 서양적인 것이라고 생각하는 많은 부분들이 사실은 서양적인 게 아닐 가능성도 높습니다.

대담을 시작하기 전에 환담하면서, 이 선생님이 대학생들이 교정에서 하는 행동들을 보고 한탄하시면서 하와이에 유학할 때도 그런 것은 못 봤다고 하셨는데, 바로 그런 거죠. 저는 우리나라 대학 교정을 거닐 기회가 없어서 요즘 분위기를 모릅니다만, 지금 젊은이들의 행동이 꼭 서구의 부정적 영향을 받은 것이 아닐 수 있다는 거죠. 그게 수용자의 문제라는 거죠. 왜곡해서 수입했을 수도 있으니 서양을 제대로 알자는 말이 나오는 거죠.

우리가 서양을 볼 때도 제대로 봐야 한다는 거죠. 제가 그레고리안 대학에 있을 때 접견실에서—수백 년 된 전통인데, 그레고리안 대학에는 상담과 토론을 위한 다양한 형태의 접견실들이 있습니다

— 한 학생을 만난 적이 있습니다. 학생 면담 신청이 들어왔는데, 약속을 한 후 몇 호실에서 만나자 하고 내려갔을 때 그 학생이 문 앞에서 담배를 피우고 있었어요. 제가 내려가니까 갑자기 담뱃불을 끄려다 그만 손을 데더군요. 내가 계속 피우라고 하니까 괜찮다면서, 교수님이 담배를 피우시는지 아닌지 모르니까 상대를 배려해서 끈다는 말까지 붙이더군요. 이런 것을 꼭 동양적이라고 생각할 수 있을까요? 서양에도 그런 것이 있다는 겁니다. 그래서 올바른 서양 양식을 배우자는 겁니다. 올바른 서양 생활양식이 우리에게 도움이 된다면 배워야 한다는 것이죠.

우리가 사용하는 '철학'이라는 말도 이런 맥락에서 이야기해볼 수 있다고 봐요. 사실 철학은 '필로소피아'의 번역어지요. 그런데 서양에서 이 말을 가져올 때 그냥 객관적인 술어로 수용했다기보다는 거기에 상당한 가치를 부여한 듯해요. 제가 서양 사람들한테 섬뜩하게 느꼈던 게 이놈들은 사랑할 게 오죽 없어서 지(知)를 사랑하냐 하는 거지요. 죽도록 사랑한단 말이에요. 서양은 애당초 고대 자연철학에서든 소크라테스 때부터든 애지(愛知)였어요. 그러니까 서양에 있을 때 동료들에게 반 농담 반 진담으로 철학은 악성 바이러스일지도 모른다, 그러니 너무 사랑하지 말라 그랬어요. 하지만 우리는 이 용어를 지나친 가치 개념으로 수용한 탓에 문제가 생길 수 있지요. 가치 판단이 일단 유보된 상태에서 수용된 것이 아니라 은연중에 '좋은 것' '옳은 것'이라 전제하고 있었는지도 모르지요. 단순하게 넘어갈 게 아니라는 생각이 들어요.

이승환 동의합니다. 그건 그리 단순하지 않은 문제예요. 물론 우리의 일상생활 구석구석과 뇌리 구석구석은 이미 서구 문명의 영향으로 짙게 물들어 있는 상태입니다. 현대를 사는 우리는—문화적 순수성의 측면에서 본다면—한국인도 아니고 서양인도 아닌 '잡종 (hybrid)'이지요. 삽살개도 아니고 셰퍼드도 아닌 잡종 개처럼 말입니다.

문화는 어차피 흘러가고 흘러들며 뒤섞이는 것이니 이런 잡종 상태는 불가피한 것이라고 볼 수도 있겠지요. 그러나 문제는 이렇게 뒤섞이는 과정에서 우리는 얼마나 '주체적'이었는가, 얼마나 '중심'을 바로잡고 수용해왔던가 하는 물음을 묻지 않을 수 없습니다. 주체적인 판단 과정 없이 '이미 현실'이 된 서구적인 생활양식을 '주어진 상태 그대로' 수락하기에 앞서, 그 수용 자세에 대해 성찰해보자는 뜻입니다.

김 선생님께서는 '올바른 서양 생활양식'을 받아들이자고 하셨지만, 그때의 '올바름'이라는 판단조차 이미 주어진 현실 조건을 일단 인정한 상태에서 밀어닥치는 '올바름'일 가능성이 많습니다. '올바름'의 근거는 무엇인가? '올바름'을 선포하는 주체는 누구인가? '올바름'을 받아들이지 않을 때 닥쳐오는 불이익은 무엇인가? 그 '올바름'이란 누구의 입장에서 보았을 때의 올바름인가? 이런 지식/권력의 메커니즘에 대해서 진지하게 생각해볼 필요가 있지 않을까요?

저는 고등학교 때 오이디푸스 콤플렉스라는 개념을 배웠고 대학에 와서 심리학 개론 등을 들었는데 이상했어요. 심리학을 가르치시는 교수님들은 인간의 잠재의식·무의식을 설명하는 데 오이디푸스 콤플렉스가 보편적인 이론틀인 것처럼 계속 이야기하셨거든요. 그런데 얼마 전 그리스를 여행할 기회가 있어 그쪽을 한 달 동안 가보았어요. 그리스에서도 그 신화가 나오는 독특한 배경이 있고 현장이 있고 삶의 맥락들이 있었습니다. 그런 독특한 배경에서 나온 신화적인 이야기들이 문화적 각색을 거치면서 서양인들의 삶 속에 녹아들어 자신들의 잠재의식이나 무의식을 설명하는 중요한 개념이 된 것이죠.

그런데 여기서 의심이 생깁니다. 우리 문화 속에 아들이 아버지를 연적으로 생각하고 어머니를 섹스 파트너로 생각하는 그런 무의식이 있었던가? 우리의 잠재의식·무의식을 설명할 때 과연 오이디푸스 콤플렉스란 개념이 타당한 개념인가 의심하지 않을 수 없었습니다. 작년에야 비로소 동양심리학회가 창립되었는데, 지금까지는 서양심리학이, 그 가운데서도 실험심리학으로 대표되는 미국식 심리학이 계속 '보편'이란 이름으로 학계를 주도해왔어요. 저는 동양심리학회에 참석해서 질문을 던졌지요. 과연 오이디푸스 콤플렉스가 우리의 무의식을 설명해줄 수 있는 효과적인 혹은 적실한 이론틀이냐고요?

사람들은 질문 던지기를 두려워해요. 서양의 학문이라면 무조건 보편적인 것이라고 믿어버리지, 그것이 나에게 적실한지 아닌지 물어보기를 두려워해요. 조그만 의심이라도 품으면 이단으로 화형에 처해질까 두려워하던 중세인들처럼……. 저는 계속 되물을 수밖에 없어요. 과연 보편이 뭘까? 보편이라고 말할 수 있는 이론이 있다면 그 근거는 무엇일까?

사람들은 데카르트와 칸트를 보편적인 철학으로 이야기하지만, 저는 그 안에서 너무도 기독교적인, 그리고 너무도 서양적인 특징들을 발견합니다. 물론 칸트 사상 안에도 "인간을 수단으로 대하지 말고 목적 그 자체로 대하라."라는 말처럼 보편적으로 받아들일 만한 것들이 있습니다. 그러나 칸트가 '요청(postulat)' 했던 '신' '자유의

지 '불멸하는 영혼'은 너무도 기독교적인 것들입니다. 만약 칸트가 비기독교적인 문명권에서 철학을 했더라도 같은 이야기를 했을 것 같습니까? 저는 아니라고 봅니다.

열린 보편성

김용석 그 문제에 대해서는 약간 시각을 달리 해서 볼 필요도 있어요. 이 선생님은 맥락이라는 걸 봐야 한다는 점을 강조하시는 것 같습니다. 쉽게 말하면 조건이고요. 어떤 조건에서 완전히 이탈된 사람의 삶이란 게 있겠어요? 그래서 고대철학에서도 '비조건자', 즉 조건의 영향을 받지 않는 자를 절대자로 본 것이죠. 그래서 인간 삶을 다룰 때는 조건을 잘 봐야 합니다.

그런데 우리나라에서 칸트 철학을 보편 철학으로, 더 나아가 보편적 진리라고 이야기한다는 말씀을 제가 어떻게 믿어야 할지 모르겠습니다. 이게 바로 맥락주의의 문제이기도 한데요, 어떤 때는 극단적인 예를 맥락으로 보는 앞에서 그 맥락을 확인하러 가기 위해 논지 전개를 잠시 중단해야 할 판이란 말이죠.

저는 한국 대학을 잘 몰라요. 그렇기 때문에 극단적인 예일 수 있다는 생각이 들면 어떻게 대답해야 될지를 모르겠거든요. 제가 잘 모르니까 선생님 말을 물론 믿고 싶습니다. 그런데 정말 한국의 교수들이 칸트 철학을 보편적 진리라고 주장한다면, 이건 다른 차원의 문제입니다. 이 점에 대해서는 제가 말을 아껴야겠네요. 다만 이 선생님이 말한 대로 일정 부분 보편성의 가능성을 탐색하는 것은 어느 사상에 대해서도 마찬가지겠지요.

그리고 맥락이 중요하지만, 우리가 인간에 대해서 믿는 것은 그 맥락에 지나치게 영향받지 않을 수 있는 길을 모색하는 것도 있다는 것이고, 그러는 사이에 각각 다른 맥락에 있는 입장끼리도 자기 주장만 하고 자기 입장 구성에만 골똘하지 않고, 서로 만날 수 있는 가능성을 위해 노력하는 것이 있다는 겁니다. 저는 사람들 사이에 이런 믿음이 없다면 내일 아침부터 잠자리에서 일어날 기운이 없어질 것 같아요. 차라리 꿈속의 삶으로 다시 돌아가고 싶어질 것 같아요.

이승환 만약 보편적이라는 개념이 '객관적이고자 노력하는 행위 자체'라고 한다면, 서구 사상만이 아니라 인류의 대부분 사상들도 다 보편적이라고 봐야죠. 상대주의자, 회의주의자, 신비주의자를 빼고는, 나머지 거의 모든 사상가들은 누구나 객관적이고자 노력해왔어요. 세상에 객관적이지 않고자 하는 사상가도 있나요? 객관적이기를 포기하는 사상 체계라면 어떻게 사람들 앞에 내놓고 동의 받기를 기대하겠어요?

김용석 제가 맥락과 조건의 이야기도 했고, 보편적 진리가 아니라 '보편의 가능성'이라는 말도 했잖습니까. 앞에서도 밝혔듯이 그게 '어떤 보편'이냐는 게 중요하다는 말씀이지요. '열린 보편성'이라는 개념을 제시한 게 그 때문이에요. 칸트 철학이 곧 보편이고 서구가 곧 보편이라는 입장을 동양에서 혹은 한국 지식인이 그대로 반복한다면 그건 잘못이지요. 저는 정말 이 선생님 말대로 한국 학자들이 그랬으리라고는 믿고 싶지 않을 정도예요.

그건 보편에 대한 개념적 사유가 탄력적이지 못했기 때문이기도 하지만, 무엇보다 서양의 지적 자산이 제대로 수입되지 못한 탓이 더 크다고 봐요. 서양의 지적 전통에 존재하는 다양한 가능성을 잘 파악하지 못하고 있어요. 서양의 철학사가 흘러오면서 그 내용이나 시각이 변모하는 대목을 여러 측면에서 볼 수 있는데 그 하나가 보편성의 문제입니다.

강한 보편성 주장은 사실 서양철학 일반에서보다는 크리스차니즘에서 보입니다. 물론 중세 때처럼 그것이 철학 논쟁의 큰 주류를 이룬 때도 있었지요. 이런 것이 인식론이나 정치철학, 형이상학, 결국 서양철학 전체를 대변하는 것으로 인식될 때가 허다하다고 하는데 꼭 그렇지는 않다는 겁니다. 실질적으로 서양 사상가 가운데서도 크리스차니즘에서 나온 균질성·보편성에 대해 반란하고 탈주하려 한 사람이 많았어요.

16세기 말에 화형당한 이탈리아 철학자 조르다노 브루노(Giordano Bruno)를 한번 보십시오. 저는 브루노의 동상이 서 있는 로마의 유명한 광장— '꽃들의 광장' 이라고 하죠—에 있는 선술집에 가끔 가곤 했어요. 그곳에서 많은 것을 생각했죠. 물론 몇백 년 전 예입니다만 보편성 추구의 전통은 크리스차니즘에 더 강하게 나타난다는 것이죠.

이승환 김 선생님 용어로 하자면, '열린 보편성' 이 아닌 '독단적 보편성' 의 문제는 기독교적 사유와 깊은 관련이 있다는 말씀인가요? 이 문제와 관련해서는 저도 대단히 관심을 가지고 있는 주제라서 좀더 구체적으로 듣고 싶네요. 사실 저도 배타적 진리를 주장하는 기독교의 전통과 철학적 절대주의의 관계에 대해, 물증은 없지만 심증은 가지고 있는 상태이거든요. 절대주의·정복주의·배타성 등의 특징은 유일신 전통의 사고 구조에서나 가능한 것 아니겠어요?

김용석 '독단적'이란 형용사를 붙여 제 말을 자꾸 변형 강화시키시는데……. 어쨌거나 저로서는 크리스차니즘의 특징을 세 가지로 이야기할 수 있어요. 보편성과도 관계 있는 문제인데, 절대-유일-보편, 이 세 개가 그대로 연결되어 있는 점을 주목해야 합니다. 다른 서양철학 사상 모두에 이것이 들어 있는 것은 아니죠. 단순히 '크리스차니즘=서구'라는 등식은 성립하기 어렵습니다.

크리스차니즘에서는 절대-유일-보편이 연결되어 있기 때문에 무척 강렬하고 균질적으로 보입니다. 그들이 16세기 때 신대륙을 개발하고—그들의 입장에서는 신대륙이지만 원주민은 그렇지 않았죠—거기서 강압적으로 나올 수 있었던 것이 그 탓이죠. 바로 이 점을 구분해야 한다고 생각해요. 이런 발언은 어쩌면 크리스차니즘에 대한 강한 비판이 될 수도 있어요.

저는 절대·유일과 연결되는 보편성을 우리의 해결책으로 생각해 보지 않았어요. 하지만 다른 의미의 보편성에 대해서는 귀를 기울여야 해요. 칸트 이야기를 하면서 잠시 언급했지만, 공통분모를 찾아간다는 점에서 보편이라는 말을 쓸 수 있어요. 공동체 속에서 공통점을 찾지 못한다면 유지하기가 힘들게 되는 거니까요. 보편은 과정 속에서 발견되는 것이지 실체로서 주어지는 것은 아니라고 봐요. 그래서 필연성이 아니고 가능성이라는 것이지요.

총체적인 것을 제시하면서 보편성을 주장하는 것보다 열린 보편성을 가지라고 말하고 싶어요. 나의 진리만 유일하고 절대적이고 그것이 보편에 연결되는 것이라고 주장함으로써 자연스러운 소통이 아닌 강요가 발생한다면 문제가 된다는 것이지요.

이승환 선생님의 논리에서는 '절대' '유일' 과 밀접하게 연결되는 총체성과 보편성 사이의 관계가 무척 중요하다는 생각이 드네요. 저로서도 여간 흥미롭지 않군요. 가능하시다면 총체성과 보편성의 관계라는 주제를 가지고 서양사상의 흐름을 설명해주셨으면 합니다. 그 과정에서 저와 만나는 지점이 발견될 수도 있지 않을까 하는 기대가 생기니까요.

김용석 다소 부담스럽군요. 아무래도 거시적으로 이야기하다 보면 단순화·도식화가 생겨날 수밖에 없으니까요. 그래도 대체적인 설명은 시도해볼 수 있을 듯하네요. 유럽에서는 1980년대 초반에 밀레니엄 논쟁이 본격적으로 진행되었습니다. 제가 그곳에 있을 때죠. 조지 오웰의《1984년》덕분이기도 했습니다. 당시 이미 디지털, 유전공학 문제들, 복제인간에 대해 토론을 했습니다. 찰리 채플린이나 히틀러의 복제인간에 대한 풍자 만화들이 나오곤 했지요. 그리고 문명 교류라는 점에서 보편성에 대한 토론이 있었습니다. 그러다 보니 새로운 개념을 찾아야 할 필요성이 제기됐죠. 더 활발하게 불붙기 시작한 것이 80년대 후반, 90년대 초반입니다.
　인류 역사라는 점에서 살펴보면, 고대에는 총체성이 주된 관심사였어요. 굳이 표현하자면 보편 없는 총체성이라고 할까요? 그리스의 폴리스도 하나의 코스모스처럼 하모니가 있는 총체성의 개념으로 받아들여졌어요. 보편성보다는 총체성에 관심이 집중됐던 것이고, 어떤 의미에서 닫힘의 세계입니다. 폴리스를 보더라도 그렇죠. 동양으로 보면 고대 사회와 흡사하죠. 자기 사회 안에서 일정한 조화를 이룬다는 의미입니다.
　그 다음에 총체적 보편성이 제기됩니다. 근대가 되면서 총체성이 보편이란 이름 아래 열림을 제기한 것이지요. 이때의 열림이란 확장

입니다. 그러나 동양이나 비서구에서는 수동태로서의 열림이지요. '엶'이 아니라 '열림', 즉 일방적인 것이었죠. 그러다 보니까 강요와 억압으로 나타나는 것이죠.

반면 오늘날 추구해야 하는 것은 총체성 없는 보편성이라고 할 수 있어요. 자유로운 만남의 시대, 즉 '엶'이 중요한 것입니다. 내가 열겠다는 것이지요. 열림과 닫힘의 차원에서 이야기한다면, 처음에는 닫힘이었고, 두 번째는 확장으로서의 열림이었고, 세 번째는 주체적인 엶이라는 것입니다.

이러한 구분은 매체의 변동 과정과도 긴밀하게 연결되어 있다고 봐요. 플라톤은 구두 문화에서 문자 문화로 가는 분기점에 서 있었습니다. 구두 문화란 화자(話者)의 맥락이 바로 드러나는 것이지요. 직접 보고 말하는 것이니까요.

문자 문화로 들어서면서는 보편적인 것을 문자로 남겨야 했고, 그것이 진리가 되어야 했습니다. 경전이 그랬죠. 멀리 떨어진 곳에도 전해야 했으니까요. 시공에 관계없이, 맥락과 떨어져 있더라도 진리를 문자로 남긴다는 점에서 총체적 보편과 관련이 있다고 볼 수 있어요. 이상(理想)의 문제, 그리고 자유라든가 인권 등을 보편적인 것으로 설정합니다. 다시 말해 문자 문화가 확실히 자리잡는 과정이 총체적 보편과 관련이 있다는 겁니다.

세 번째 시기는 구술 문화가 회복되는 과정이에요. 물론 고대의 것과 다른 형태로 회복되지만요. 라디오나 텔레비전, 그리고 인터넷 시대에 들어서면서 구술 문화와 문자 문화가 혼합됩니다. 인터넷 채팅에서도 확연히 드러나죠. 구술 문화와 문자 문화가 혼합되는 지점을 열린 보편성으로 볼 수 있어요. 짧게 이야기해서 충분한 설명이 되지 못했지만, 대개 이렇게 살펴볼 수 있어요.

이승환 김 선생님 말씀을 이어받으면서 약간 방향을 전환시켜볼 수도 있을 듯합니다. 선생님은 서구사상을 기준으로 보편성이라는 개념에 대해 거시적으로 조망해주셨습니다. 저는 그 기준이 지니고 있는 '중심성'에 대해 생각해보고 싶어요. 가령 서구 중심의 보편성이라는 게 동양이나 비서구 사회에는 억압이나 강제의 형태로 체험되는 것입니다.

선생님의 '확장으로서의 열림'이라고 하신 설명이 제 입장에서는 '억압과 강제로서의 열림'으로 보입니다. 그 과정에서 우리는 엄청난 상처와 고통 혹은 자기상실을 체험하게 된 거죠. 자아상실의 문제는 인간의 존재 이유와 관련되는 문제이기 때문에 중요합니다. 인간이 연필과 다른 점은 자기만의 독특한 기억과 역사, 그리고 지향과 목적을 지니고 있다는 점 때문이지요. 우리는 연필에게 이름을 붙여주지 않아요. 그저 연필 1, 연필 2…… 하면 그만이지요. 그러나 인간에게는 보통명사가 아닌 고유명사가 붙습니다. 이름이 그것이지요. 이름을 상실한다면 그건 인간 1, 인간 2와 마찬가지로 보통명사로 불리게 됩니다. 정체성 없는 인간은 '사물'이지 '인간'이 아닙니다.

김용석 확장이니까 강요가 되겠지요. 이 선생님의 입장은 이미 제 말에 포함되어 있었습니다. 제 입장에서 조금 더 논의를 진행해보면 정체성의 문제와도 관련지을 수 있습니다.

앞서 말한 세 번째 단계 이전까지는 정체성의 기준이 주로 나라나 민족에 있었습니다. 정체성의 최소 단위가 국가, 민족이라고 할 때 가족이나 개인의 정체성은 크게 부각되지 않았어요. 정체성의 문제와 관련해서 국가와 민족이라는 준거틀은 중요합니다. 국가를 설명하는 시각은 다양하지만, 저에게 국가의 특징은 '집단적 이기주의가 허용되는 최소 단위'라는 데 있어요. 제 이론입니다만. 그 이하의 사회에서는 집단 이기주의라고 비판당합니다. 예를 들면, 어떤 시나 군에서 화장장 설치를 반대하면 국가 전체의 입장에서는 집단 이기주의라고 비판합니다. 하지만 국가 단위에서는 국민에 이익이 되는, 즉 이기성을 충족시켜주는 일을 하면 박수를 받죠.

변방을 침략해서 국토를 넓히면 역사 속에 영웅과 위인으로 남습니다. 좀 잘 사는 나라에서 그렇지 못한 나라에 핵폐기물을 팔아먹거나, 오래된 농산물을 원조라는 이름으로 지원하는 것 등은 약과이고요. 그보다 더 한 것, 전쟁 같은 것을 일으켜도 대다수 국민에게 지원을 받을 수 있습니다. 그러니까 국가나 민족은 현재 집단 이기주의가 허용되는 최소 단위라는 말이죠. 그런데 전 지구화되면서도 그러한 국가 단위의 집단 이기주의가 얼마나 유지될 수 있는가는 의심해봐야 합니다.

총체성 없는 보편성에서는 정체성의 기본 단위가 하강한다는 것을 목격할 수 있어요. 따라서 정체성의 기본 단위가 다시 설정된다는 것인데, 이제는 지역 공동체라든가 가족, 성(性), 동호회, 그리고 사이버 커뮤니티 등도 정체성 구성의 단위가 된다는 것입니다. 정체성의 기본 단위가 다양화된다는 것은, 정체성이 이미 주어진 것이 아니라 구성의 문제, 즉 앞으로 만들어가야 할 문제가 된다는 것이에요. 그리고 궁극적으로 개인적 정체성에까지 이릅니다.

완전히 열린 보편성에서는 정체성의 이론적 최소 단위인 각 개인들이 어떻게 만나서 서로를 네트워킹 해가느냐가 중요해집니다. 한편으로는 개인들의 이합집산 속에서도 어느 정도 규모를 가진, 나라까지는 아니더라도 소규모의 총체적 보편성을 찾는 집단들이 지속적으로 구성과 해체를 반복할 것이라고 봅니다. 결국 인간 사회에서 총체적 보편성이 없어진다는 의미라기보다는 이전과 배치가 달라진다는 것이죠.

세 번째 단계와 관련해서 전 '탈지구'를 생각합니다. 그 이야기는 지금 자세히 할 수 없지만, 일단 환경이 곧 지구의 환경이라는 인식은 지구 집착적 사고라고 말할 수 있는데, 그러한 집착에서 벗어나 우주로 눈을 돌리는 태도가 필요합니다. 서구 쪽에서는 탈지구라는 표현은 쓰지 않지만—그 말과 개념을 제가 개발했으니까요—우주로 진출하기 위한 구체적인 작업들을 하고 있어요. 나노테크놀로지도 그런 작업의 일환이 되는 기술 개발이고, 시간의 정복도 필요하고……. 지금 그렇게 움직이고 있어요.

우리가 결정할 것은 근대 이전으로 돌아가든가 선도적으로 탈지구로 나갈 것인가란 말이죠. 현대에 와서 열림을 당연한 가치로 받아들이는데, 열림이란 것이 근대의 가치라는 걸 분명히 인식해야 합니다. 포퍼(K. R. Popper)의 '열린 사회'론도 그렇고. 우리가 열림이 가져온 폐해로 인해 근대 이전으로 돌아갈 것인가 아니면 근대를 넘어선 새로운 지평으로 나갈 것인가 오늘의 선택이자 과제입니다.

인류가 위기 의식을 느낄 때마다 '자연으로 돌아가자'라고 외쳐 왔듯, 근대 이전으로 돌아가자고 할 수 있습니다. 하지만 그러려면 피맺히는 고통을 즈려밟고 가야 할 겁니다. 상상을 초월하는 출혈이 필요하겠죠. 그리고 그것이 가능한가 하는 문제도 제기되죠. 그렇지 않다면 무언가 절충적인 방법이 필요하죠. 다음 세대의 문제도 있으니까.

지금의 10대만 해도 어쩌면 앞으로 1세기를 더 살지도 모릅니다. 그리고 더 흥미로운 것은 지금 30~40대인 그 부모들은 평균 수명

이 길어지면서 그 아이가 50이 돼도 자신들 역시 활동적일 수 있는 나이라는 것이지요. 우리는 2040년에 무슨 일이 일어날지 확실히 모릅니다. 그러나 그리 멀지 않은 시기의 일이지요. 이러한 상황에서 자라나는 세대와 그 부모들에게 세계의 전망을 축소해서 보여줄 것인가 아니면 확장해줄 것인가 하는 선택이 우리 앞에 있습니다. 보편성의 문제는 이처럼 여러 가지의 주제와 관련됩니다. 물론 도식성의 위험은 있지만 기본 시각을 드러내 보이는 데는 도움이 되리라 생각합니다.

내면화된 오리엔탈리즘

이승환 김 선생님의 사유가 많은 것을 생각하게 하는 것 같습니다. 앞으로의 연구를 기대해보겠습니다.

저는 우리 사회에 만연한 오리엔탈리즘에 대해 이야기를 좀더 나눠보고 싶군요. 제국주의 시기 서양인들이 서양·동양을 둘로 나누고 '서양=문명' '동양=야만'이라고 주장해왔던 것처럼, 한국의 많은 지식인들 스스로가 제국주의자들의 관점을 내면화해서 스스로의 문화와 사상을 미신·비합리·비과학·미개·야만적인 것으로 생각들 하지요.

이들 오리엔탈리스트들은 조상에 대한 숭배나 불상에 대한 경배도 우상 숭배나 미신으로 여기지만, 동양철학을 공부하고 연구하는 일도 미신적이고 비합리적인 것으로 여기는 경향이 많지요.

김용석 그런 분들은 아마도 이론화 작업을 하겠네요. 서양철학적인 방법론과 도구를 가지고 말입니다.

이승환 그들은 불상에 대한 경배나 조상에 대한 제사를 우상 숭배로 여기지만, 그렇다고 해서 서양 종교는 순수히 '이성적'이고 '합리적'인 것입니까? 성당에서 미사 드리는 모습을 보세요. 마술과 기적이 팽배했던 전통 시대의 의례와 관습을 많이 간직하고 있잖아요. 향을 피우고 물을 뿌리고 하는 일들도 원래는 주술적인 관습들이 종교적으로 의례화된 것 아니겠어요? 그런 것들이 고등 종교로 발전하면서 세련되고 멋있게 보이는 거지요. 이런 행위만이 '문명적'인 것이고, 절에서 향 피우고 불상에 절하는 일은 '미개'하거나 '야만'

적인 우상숭배라고 할 수 있어요?

제국주의 시기의 서양인들은 자원 착취와 시장의 확보라는 두 가지 목적에서 해외로 진출할 수밖에 없었죠. 그 과정에서 역사·문화·지리·사상 등과 관련된 해외 원주민에 대한 정보를 얻어야 했습니다. 이런 식으로 제국주의 시기 서양인들에 의해 만들어진 동양에 관한 지식의 체계가 '오리엔탈 스터디' 곧 '동양학' 입니다.

서구인이 서구 이외의 바깥을 바라보는 시각은 '극도의 폄하' 와 '극도의 예찬' 이라는 두 가지 길을 걷습니다. '극도의 폄하' 는 정복을 위한 것으로, '너희들 문화와 사상은 별 볼일 없다. 나의 상품을 받아들여라' 라는 크리스천들의 논리에 의해 시작된 것이고, 제국주의 시기를 통해 물적 지배의 형식을 띄고 진행됩니다. 동양의 것은 미신이고 비과학적이고 비합리적·비이성적인 것으로 치부되죠.

반면 정반대의 각도에서 동양의 것은 성스럽고 우아하고 신비롭고 고상하고…… 이런 용어들로 채색되는 것을 볼 수 있어요. 근대화를 통해 이룩한 과학기술과 도구적 이성이 팽배하게 되면서 사람들은 메마름과 삭막함을 느끼게 된 것이죠. 따라서 과학적 이성, 도구적 합리성으로 파악될 수 없는 '성스러움에 대한 동경' '잊혀진 향수' 를 추구하기 위해 과학적 이성에 물들지 않은 동양의 종교나 사상을 예찬하고 동경하게 되는 것이죠.

김용석 선생님 말씀을 들으니 오히려 가장 큰 문제는 그러한 오리엔탈리즘을 우리 자신이 내면화했다는 데 있는 것 같습니다.

이승환 예, 바로 그게 가장 큰 문제입니다. 그렇지만 그런 내면화는 자발적으로 이루어진 게 아닙니다. 서구에 의해 강제적으로 포섭

되는 과정에서 진행된 거죠. 여기엔 힘의 논리, 강자의 억압이라는 엄연한 역사적 현실이 작용했습니다. 오리엔탈리즘은 지배자의 시각에서 재구성된 피지배자로서의 타자에 대한 인식인 탓에, 특정한 입장과 시각에 의한 왜곡과 편견이 뒤따를 수밖에 없지요.

우리는 근대화를 거치면서 서구를 모방하는 일에 치중하다 보니까 이러한 오리엔탈리즘적 시각마저도 무의식적으로 내면화하고, 그것에 근거해 우리 스스로의 정체성을 구성하게 된 것입니다. 뭐랄까요, 우리가 생각하는 '우리'의 모습은 진정한 '우리'의 모습이 아니라, 서구에 의해 재구성된 '우리'의 모습을 우리가 받아들이고 내면화한 것입니다.

김용석 《오리엔탈리즘》의 저자 에드워드 사이드는 크리스차니즘에 대한 자기 입장 표명을 했나요?

이승환 크리스차니즘에 대한 본격적인 언급은 없어요. 문학작품, 역사, 예술적 텍스트 분석을 중심으로 했고, 종교 분석은 하지 않았습니다. 종교 분석을 할 경우 문제가 너무 복잡하게 전개될 것 같다는 생각이었는지도 모릅니다. 아마 사이드 자신이 아랍계 출신이라서 훨씬 제약이 많았을 것이라는 생각도 들고요. 그렇기는 하지만 다양한 문학·예술에 관한 텍스트 분석을 통해서 오리엔탈리즘에 내재된 권력의 의지를 잘 드러냈습니다.

예를 들면 베르디의 〈아이다〉의 경우가 대표적인데, 한국에서는 오페라 하면 일단 아름답고 고상하고 멋있는 것으로 생각들 하죠. 선생님께서 잘 아시겠지만 〈아이다〉는 이집트를 정복하는 이야기입니다. 푸치니의 〈나비부인〉, 에즈라 파운드(Ezra Pound), 어네스트

페놀로사(Ernest Fenollosa)의 시 작품 등에는 '동양=여성' '서양=남성' 이라는 이분법이 자명한 상식처럼 자리잡고 있지요. 이건 강자·지배자의 자리에 서 있는 서양의 권력 의지가 암묵적으로 작용한 결과입니다.

우리는 영어 시간에 선생님들에게 에즈라 파운드의 시 한 수쯤은 외워야 한다고 강요받지만, 정작 에즈라 파운드의 시에 들어 있는 오리엔탈리즘적 요소에 대해서는 강의를 듣지 못하지요. 우리는 베르디의 〈아이다〉도 모르면 무식하고 교양 없는 사람이라는 평을 듣지만, 그 오페라 속의 이야기가 어떤 내용을 담고 있는지에 대해서는 다들 관심이 없어요. 이 곡을 모르면 교양 없는 놈이라니까 그저 듣는 거지요. 우리가 너무도 성찰하지 않고 서구문화를 받아들이는 건 아닌지 반성할 대목입니다. 심지어 오리엔탈리즘적 편견까지도 그대로 받아들여 내면화하고 있다는 점은 심각한 문제라고 생각합니다.

김용석 선생님께 그 예를 들라고 하면 무수히 많겠다는 생각이 드네요. 제가 특이하게 본 것은 사이드가 종교 부분에 대해 구체적으로 깊이 있게 언급하지 않았다는 점입니다. 저 같은 경우는 총체적 보편의 위험성이 크리스차니즘과 긴밀하게 연관된다고 보니까요.

이승환 기독교적 사유 구조에 담긴 배타성과 정복주의에 대해 이야기하는 일은 조금 겁이 납니다. 종교계의 문제를 파헤치다가 칼 맞고 돌아가신 종교 문제 연구자의 예가 있잖아요? 그런 이야기는 될 수 있으면 이 자리에서는 피했으면 좋겠습니다. 무척 민감한 이야기여서……

김용석 물론 상호 영역에서 존중할 것은 존중해야겠죠. 제가 종교 문제를 배제하지 못하는 이유 가운데 하나는, 단순 비판이 아니라 서양을 논할 때 이론적인 요소에서 기독교 사상을 뺄 수는 없기 때문이에요. 서양사상을 이해하는 데 핵심이 되는 문제죠.

그러면 화제를 좀 돌려볼까요. 편향적 서구 중심주의와 연관이 있을 것 같아서, 제가 한국에 돌아와서 느낀 점 한 가지를 말씀드리겠습니다. 서양 학자 가운데는 자국에서보다 한국에서 더 유명한 학자가 다수 있습니다. 예를 들면 역사에서 E. H. 카는 과대평가되어 있어요. 유럽에서 카의 저작은 필독서가 아닙니다. 이탈리아 학자만 하더라도 움베르토 에코 역시 '뻥튀기' 되어 있다고 생각해요. 이탈리아 사람들에게 물어보는 것보다 한국 사람들에게 물어보면 더 잘 알아요. 세계적인 학자이지만 말이죠.

우리의 경우 에코는 대학생들이 많이 알죠. 그래서 그 사람 책은 읽지 않았지만 읽은 것처럼 느끼게 되죠. 그런데 서양 사람들이 그렇게 해달라고 뇌물 준 것도 아니잖아요. 저도 귀국하자마자 에코의 책들 번역과 그에 대한 해설서 집필 부탁을 여러 번 받았어요. 물론 필요한 점이 있고, 저도 언젠가 집필할 수 있지만, 유행처럼 하는 건 문제죠. 저는 "외국 학자 데려다 스타 만들 생각은 하지 말자."라고 주장했습니다만, 우리의 성향 자체에서 그런 기분을 많이 느꼈어요. 그것은 서양을 제대로 공부하는 것과 다른 문제지요.

서양 학문과 사상을 수입하는 데 편식이 있다는 판단을 귀국 1년 만에 했습니다. 그것도 우상화하면서 편식한다는 데 대해서 학자들이 깊이 반성해야 할 문제라고 생각합니다. 이 문제는 꼭 오리엔탈리즘의 문제가 아니라도 깊이 생각해봐야 할 겁니다.

HIT No. 6 　자아 정체성과 근대 사이의 불화

> 한국, 한국인의 정체성을 이야기할 때 '이것이다'라고
> 말할 수 있는 건 무엇일까? 두 철학자는 정체성이라는 화두를 놓고
> 한국인과 근대가 만나는 공간 속으로 들어갔다.

김용석 문제는 서양의 올바른 지적 자산을 제대로 모른다는 점에 있는 것 같습니다. 마찬가지로 동양의 지적 자산도 우리는 잘 모르고 있죠. 우리의 자아 정체성을 구성하는, 우리에게 피가 되고 살이 되는 동양의 지적 자산, 생활양식, 서양의 지적 자산, 생활양식을 제대로 알아야 합니다. 오리엔탈리즘의 내면화 문제 역시 우리의 정체성 문제에 직결되기 때문에 중요한 문제라고 생각합니다. 이 문제는 아무래도 이 선생님께서 설명해주셔야 될 것 같습니다. 한국인의 정체성과 동양사상의 관련성에 대해서 말입니다.

이승환 정체성에 대해서 무슨 특별한 정의가 있는 것은 아니니, 아주 일반적인 차원에서 말할 수밖에 없죠. 나를 구성하는 게 뭐냐,

시간의 흐름 속에서 과거의 나와 현재의 나를 동일한 것으로 말할 수 있는 동일성—물론 정도의 문제인데—을 구성하는 요소가 뭐냐 하는 문제이죠.

저는 정체성을 구성하는 요소 가운데 가장 중요한 것이 '기억'이라고 봅니다. 내가 누구와 어울리면서 살았고, 누구와 부딪히면서 살았으며, 내가 누구에게 받은 영향은 무엇이고, 나의 지향성과 목적을 형성하게 된 과정은 무엇이고, 따라서 나는 이런 사람이다라고 스스로 규정을 내리고……. 기억은 일종의 '내러티브(narrative)'라고 할 수 있겠죠. 그게 없으면 자아가 있을 수 없지요. 기억 상실증, 망각증 환자는 자신이 누구인지 모르죠. 자아 정체성이 없는 사람이라고 할 수 있지요.

한 개인이 그럴진대 그러한 개인이 모인 민족 공동체·문화 공동체는 어떻겠습니까. 다 마찬가지죠. 자신의 역사와 기억과 경험을 다 쓰레기통에 처박고 남의 흉내만 내려고 하는 공동체는 기억 상실증에 걸린 인간이나 마찬가지지요. 혼이 없는 인간, 자아 정체성이 결여된 인간을 온전한 인간이라고 할 수 없듯이, 기억과 역사가 상실된 공동체는 온전한 공동체라고 할 수 없지요.

하나의 공동체가 문화 공동체가 되려면 혼이 있는 공동체, 역사를 기억하는 공동체가 되어야 합니다. 슬펐던 기억과 기뻤던 기억, 힘들었던 기억과 찬란했던 기억…… 이 모든 기억들을 간직하면서, 이러한 기억의 바탕 위에서 새롭게 나아갈 길을 모색하고 창조하는, 그런 혼이 있는 공동체가 되어야 문화 공동체라고 부를 수 있는 거죠.

김용석 자아 정체성 형성에 기억이 공통 자원으로 중요한 것이라면, 그 기억의 의미를 동양사상, 아니면 한국사상의 영역에서 다시 살펴볼 수 있을까요? 제 생각엔 망각된 기억의 복원에 가까워 보이는데요.

'동양'이라는 것의 정체성

이승환 그런데 동양사상에 비추어본 우리의 자기 정체성이라는 질문은 너무 고정화된 대답이 나올 수밖에 없는 질문이라는 생각이 듭니다. 사실, 동양이라는 것 자체가 하나의 구성된 개념이기 때문이죠. 유럽인들이 자기 문화 정체성을 수립하기 위한 전략적인 시각 아래서 자기 이외의 다른 문명권에 대해서 '동양'이라고 틀을 지워 놓은 거예요.

동양 안에는 굉장히 다양한 언어와 민족과 역사가 있는데, 그 안에서 '정체성'이라고 부를 만한 특성이 뭐가 있을까? 저는 이러한 질문에는 문제가 많다고 생각해요. 정체성과 관련해서, 동양적인 정체성이 뭐냐고 자꾸 묻는데, "동양이 어떻게 발명되었는가?"라는 문제부터 풀어야 한다고 생각해요. 바로 그런 이유에서 정체성의 문제는 또다시 서구를 배제하고 다루기는 힘듭니다.

김용석 그렇다면 현재 자신의 정체성이라고 오해하고 있는 부분을 해체·재구성하는 작업이 선행되어야 한다는 뜻이 되겠지요. 그리고 부언하면 우리나라에서 정체성이라고 하는 것은 '동양인의 정체성'을 묻는 것은 아니죠. 한국인의 정체성이죠.

이승환 그렇습니다. 담론 분석과 해체의 작업이 필수적이지요. 그

런 점에서 저는 담론이 생산·작용하는 담론적 맥락에 대한 이해가 중요하다고 봅니다.

우리가 흔히 정체성과 연관시켜 사용하는 '전통'이라는 용어만 하더라도 마찬가지입니다. 전통은 주어진 기득권을 유지하려는 지배 세력의 보수적인 지배 담론으로 기능할 수도 있고, 때론 근대성에 대한 대항 담론으로서, 또는 탈식민지 담론으로서 효력을 발할 수도 있습니다.

그러므로 전통의 좋고 나쁜 점을 가려내는 작업이 필요한 한편, '전통'을 입에 올림으로써 파급되는 사회적 영향력과 효력에 대해서도 긴장의 끈을 놓쳐서는 안 된다고 봅니다. 수용하는 주체 없이 전통이 존재할 수는 없고, 말하는 담론 주체 없이 전통은 존재하지 않는 법입니다.

김용석 현재 동양학의 입장에서는 나의 언어로 나의 세계를 설명할 필요성이 있다고 봅니다. 우리가 동양의 사상을 설명하면서도 서양적 언어를 써야만 하는 모순성이 이미 동양학자들한테 개재되어 있고, 그게 자신의 고민일 수도 있다고 봅니다. 그렇기 때문에 동양적인 것을 동양적인 방법론 또는 언어로 표현하기 위해 노력해야 한다고 생각합니다.

여기서 한 가지 의문이 듭니다. 제 생각에 이 선생님은 담론의 기능과 효과에 주목함으로써 그 담론의 배경과 맥락을 강조하십니다. 이와 함께 저는 철학적 사유의 기초로서 형식논리학이 중요하다고 생각합니다. 근자에 우리나라에서 맥락(의존)주의가 가치를 지니는 것으로 부각되는 것 같은데—우리 상황을 잘 모르지만—이는 마르크스 사상의 영향을 받은 영미 쪽 문화연구(Cultural Studies)의 영향이 큰 것 아닌가 하는 생각이 듭니다. 윌리엄스(R. Williams), 호거트(R. Hoggart), 그로스버그(L. Grossberg) 같은 학자들은 문화 연구에서 맥락과 정치를 아주 중요하게 봅니다.

맥락을 잘 보는 것은 물론 중요합니다. 그러나 궁극적으로 맥락을 확인하는 데 모든 것이 귀결된다는 것은 문제라고 생각합니다. 이 선생님이 다양한 예들을 제시하시는데, 그 사례의 맥락과 의미를 모르면 그냥 받아들이지요. 그렇지만 그게 이 선생님의 맥락일 뿐이라고 할 수도 있거든요. 그럴 경우 난 다른 사람들도 그러한 맥락, 상황에 동의하는가 하고 확인할 수밖에 없게 되죠. 결국 담론이 맥락 확인의 문제로 떨어진다는 것이거든요. 자칫하면 대화가 불가능한 상황이 될 수도 있습니다. 대화가 논리정합성이 아니라 논리 밖의 상황, 맥락을 확인하는 것으로 전락하지 않겠는가 하는 문제지요. 그러니까 논쟁을 하다가 맥락을 확인하러 나가야 하는 상황이 일어날 수도 있다는 것이지요.

제가 볼 때, 그로스버그 등이 주장하는 맥락주의는 콩트식의 실증주의와 똑같은 취약점을 가지고 있습니다. 결국 실증으로 모든 것이 귀결되기 때문에, 실증주의에서는 실증 확인이 최종적 심판관이 되고, 맥락주의에서는 맥락 확인이 최종적 심판관이 되지요. 그러나 그 확인 작업조차 결론에 이르지 못하게 되거든요. 맥락은 무척 중요합니다. 하지만 맥락의존주의는 무척 공허할 수 있습니다. 인간 인식과 상황 판단력의 발달은 형식논리학을 기반으로 합니다. 그것은 결국 사유를 중심으로 하는 철학에서 결코 버릴 수 없는 것이죠.

이승환 물론 '텍스트(text)'에 대한 인식론적 분석도 중요하기는 하지만, '맥락(context)'에 대한 이해가 결여된다면 이러한 텍스트 분석은 관념론적 독백으로 흘러버릴 위험이 있습니다. 미국에서의 분석철학이 탈맥락화, 탈정치화함으로써 구체적인 현실을 외면하고 말았다는 마르쿠제*의 지적을 잊어서는 안 된다고 봅니다. 철학이 탁상공론이나 철학자들만의 공상이 아니기 위해서는, 이론이 생성되고 유포되고 재생산되는 맥락적 현실에 대한 이해가 필수적이라고 봅니다. 철학을 구체적인 현장, 그리고 사회적 맥락에서 이해해야만 자폐증적인 관념론에서 벗어날 수 있는 가능성이 열린다고 봅니다.

김용석 분석철학이나 언어철학이 맥락을 분리시킨 취약점은 있지만, 우리가 취해야 할 것은 맥락과 논리적인 전개가 변증적으로 섞여야 한다는 겁니다. 문화 연구의 맥락주의가 앞서 말한 약점에 노출되어 있다는 이야기기도 합니다. 대학원에서 마르크스 철학을 전공한 저도 맥락주의와 정치주의를 바탕으로 한 문화 연구에 천착하게 되었지요. 그러나 80년대 후반 저의 연구 과제는 그러한 문화 연구의 맥락주의적 한계를 극복하기 위한 작업이었습니다. 이것이야말로 철학의 과제라고도 할 수 있습니다.

이승환 저도 두 가지 모두 필요하다고 생각합니다. 좌우간 제가 '맥락'을 중시하는 이유는 '나의 언어를 회복하는 일' '내 목소리로 사유하는 일'이 필요하다고 보기 때문입니다.

마르쿠제(Herbert Marcuse, 1898~1979) : 베를린 출생. 독일 출신의 미국의 철학자・사회사상가. 프랑크푸르트학파의 사상가로서 T. W. 아도르노, M. 호르크하이머와 병칭(竝稱)된다.

김용석 저도 앞에서 지적한 점입니다. 그러면 자기 언어를 회복하기 위해서 동양사상 안에서 어떤 요소가 지적 원천으로 발굴될 수 있을까요?

이승환 지적 원천이라면 여러 차원이 있겠죠. 개인적인 차원이 있고 사회적인 차원이 있고. 나눠서 이야기를 해보죠.

우선 동양에서의 사회적 이상은 대동사회라고 할 수 있습니다. 자본주의의 소유권적 개인주의와는 대비되는, 공존(共存)과 공생(共生), 그리고 공영(共榮)과 공화(共和)의 사회 이상이지요. 이러한 이상에서는 배타적인 권리도 중요하지만, 조화와 균형이 더 중요합니다. 마르크스도 말했지만, 사실 권리라는 것은 부르주아의 자기 이익을 위한 변호이며, 인간과 인간의 분리를 전제로 하는 것이죠. 이러한 사회 이상을 실천해나갈 수만 있다면, 세계화니 지구화니 하는 요물스런 태풍 속에서도 우리의 문화적 이상인 '인간의 완성'을 성취할 수 있다고 봅니다.

개인적인 차원에서 말한다면, 동양사상에서 정말로 소중하게 추구한 것은 '사람됨'입니다. 동양사상에서는 '인간다운 무게(human dignity)'가 없으면 훌륭한 인간이 아니라고 보았어요. '타존재에 대한 연민', 품위와 예의, 그리고 교양이 없으면 짐승과 다름없는 존재라고 보는 거죠. 지금 자유주의·자본주의 사회에서 일반화된 인간형은 이러한 짐승 같은 존재들입니다. 예의도 없고 염치도 없고 연민이나 자비심도 없이, 오직 '내 몫'만 따지는 탐욕스런 돼지들이지요. '권리의 주체'라고 말은 근사하게 하지만, 책임도 없고 의무도 모른 채 오직 권리만을 외치는 권리광들의 집합소지요.

이런 점에서 저는 동양의 전통에서 강조해온 '수양'을 중요하게

생각합니다. 서양의 윤리학에서는 '수양'에 대해 언급하는 것을 본 적이 없어요—물론 베네딕트 수도원의 규약 같은 것만 봐도 알 수 있듯이 서양 기독교 전통에도 절제와 수양이 있었습니다만—동양에서는 수양을 굉장히 중요하게 생각해왔습니다. 지행(知行)의 합일도 바로 수양의 문제와 직결되는 것이지요. 유자(儒者)가 된다는 건 몸단속부터 잘해야 하는 거였어요. 그러나 한번 서양 철학자들을 봐요. 푸코는 에이즈로 죽었고, 들뢰즈는 자살했고, 니체는 매독에 걸려 죽었잖아요. 그렇지만 전통 시대의 유학자는 1차적으로 교육자, 즉 가르침을 베풀어야 하는 사람이었고, 나아가서는 정치와 사회 비판의 주체였고, 그렇기 때문에 항상 실천과의 연계 속에서 이론적 작업을 병행해야 했어요.

조선 시대 때 진유(眞儒)와 속유(俗儒), 부유(腐儒)를 구분하는 기준은 바로 실천의 문제였습니다. 아무리 이론이 없어도 실천이 뛰어나면 유자로 인정했지만, 그 반대는 그렇지 않았습니다. 이런 소중한 측면들이 지금도 유용하고 가치 있는 것이라면 새롭게 재구성해서 우리의 정체성으로 삼아야 하지 않을까요.

헤겔은 '시민'에게서 부르주아의 속성을 지닌 탐욕스런 사익 추구자의 길과 공적 덕성을 실현할 수 있는 두 가지 가능성을 보았는데, 마르크스는 탐욕스런 부르주아의 길만 보았던 거죠. 공적 덕성을 추구할 수 있는 주체로 시민의 정체성을 새롭게 구성하는 일은 우리 전통의 선비상과 결코 무관하지 않습니다.

김용석 그렇다면 결국 이 선생님이 하시는 작업은 근대 자본주의 사회를 어떻게 극복할 것인가의 문제로 귀결되는 것 아닙니까?

자유주의 사상의 한계

　이승환　자본주의의 극복은 제가 가진 중요한 문제 의식 가운데 하나입니다. 우선 자본주의라는 경제 체제를 추동시켜주는 이념적 바탕인 자유주의에 대해서 이야기해보겠습니다.
　영리 추구의 자유를 인정한다는 것은 결국 이념적인 측면에서 자본주의가 자유주의의 문제와 연결되어 있다는 사실을 뜻합니다. 경제적 자유주의가 지니고 있는 문제는 너무도 명백하죠. 빈부의 격차가 심화되어 10 : 90으로 변해가고, 물신화가 심화되어 인간과 인간의 관계마저도 화폐의 가치에 의해 매개되고……. 특히 우리나라에는 독특한 천민 자본주의적인 폐단들이 많은데, 예를 들면 예술작품을 평가하는 데 호당으로 값을 매긴다는 것은 정말 우스꽝스러운 발상이거든요.
　이렇게 모든 걸 양적으로 계산하는 자본주의적 합리성은 대학의 학부제 개혁에서도 그대로 드러납니다. 학부제는 매우 천박한 경제 지상주의적 발상에서 나온 것입니다. 이런 구도 속에서는 돈 안 되는 학문은 다 도태되어야 하거든요. 돈 안 되는 인간이 기업에서 퇴출 당하는 것과 똑같은 논리죠. 이대로 가다가는 집에서도 돈 안 되는 가장은 퇴출시켜버리는 법령을 만들까 봐 저는 전전긍긍하고 있습니다.
　과잉 생산과 과잉 소비는 현대 자본주의를 특징짓는 두 축입니다. 제가 일전에 1시 30분에 시작하는 결혼식에 간 적이 있는데, 결혼식 시간을 기다리다가 너무 배가 고파서 미리 친구하고 분식점에 가서 점심을 했어요. 그런데 이 친구가 결혼식이 끝나자 뷔페 피로연장에서 음식을 산더미같이 접시에 담아 오는 거예요. 이유를 물으니, 축의금을 냈으니 자기 몫을 챙겨야 한다고 그래요. 결국 5분의 1도 못 먹고 쓰레기통에 처박아버리더군요. 남한에서 1년 동안 남는 음식 쓰레기면 북한 인구 전체를 몇 달 먹여 살릴 수 있다고 하던데, 이게 우리 현실이에요. 과잉 생산과 과잉 소비. 자본주의는 인간의 탐욕을 추동력으로 해서 굴러가지요. 소비를 부추기고, 이윤을 창출해서 다시 생산에 투여하고……. 과잉 소비와 과잉 생산으로 남는 건, 탐욕의 질주와 인간성의 황폐화, 자원의 고갈과 환경의 파괴 아니겠어요?

저는 자유주의·자본주의에서 말하는 자유에 모순의 계기가 잠재되어 있다고 봐요. 얼마든지 자유롭게 탐욕을 추구해서 영리활동을 해서 부를 쌓아도 좋다는 것이죠. 그런데 자유가 가져오는 불평등, 자유가 가져오는 물신화, 자유가 가져오는 환경 파괴에 대해서는 자유주의가 책임지려 하지 않는 것 같아요. 무한 경쟁과 약육강식을 축으로 삼는 신자유주의는 정말 야수적 자본주의지요. 자유주의·자본주의의 취약점을 바꿀 수 있는 새로운 패러다임이 나오지 않는 한 근대 문명이 낳은 비참한 현실은 극복될 수 없으리라 보는 거죠.

김용석 그 새로운 패러다임이란 게 동양사상을 중요한 원천으로 할 때 실현 가능성이 높다는 말씀이겠죠?

이승환 꼭 동양사상이어야만 한다는 건 아니지요. 저는 다양한 인류의 지적 자원에서 모색해야 한다고 생각합니다. 다만 그동안 그 잠재적 가능성에도 불구하고 일방적으로 외면되어온 동양사상의 전통에도 주목해야 한다는 뜻입니다.

예를 들면 불교의 연기설(緣起說) 같은 것은 문명의 위기를 극복하기 위한 아주 훌륭한 지적 자원이라고 생각해요. 연기설의 관점에서 보면 이 세상에 있는 모든 존재들은 아무것도 고립적으로, 자체적으로 존재하는 게 없습니다. 항상 주위와의 연관 관계 속에서 존재하는 것이죠. 이것을 불교에서는 인드라망의 비유라고 합니다. 이 세계는 그물처럼 짜여 있다는 거예요. 여기에 있는 하나의 존재는 그물 속의 하나의 코에 불과하다는 거죠. 이 코가 이루고 있는 그물이 무너지면 이 코도 존재하지 않아요.

그런데 자유주의는 철저하게 고립적이고 개체적인 자아를 이야기하지요. 양도 불가능한 권리의 소유자로서의 개인 말입니다. 물론 권리의 항목 가운데 어떤 권리들은 대단히 소중하기는 합니다. 그러나 '사적 소유권'이라는 권리에는 동전의 양면처럼 부정적인 계기가 너무도 강하고 위험스럽게 도사리고 있어요. 저는 "이 세상에서 과연 진정으로 내 것이라고 할 만한 게 있을까?" 하는 의구심을 가집니다. 불교의 연기설에 의하면 모든 것들이 연관되어 있기 때문에 배타적으로 내 것이라고 주장할 수 있는 것이 아무 것도 없습니다.

김용석 결국 근대를 극복하기 위한 한 방법으로 근대 바깥의 지적 전통에서도 시작해야 한다는 말씀이신데요, 좋습니다. 이미 제 이야기에도 전제되어 있었죠.

다만 여기에 대해서 덧붙이고 싶은 게 있습니다. 제가 지적하고 싶은 점은 근대화를 비판하는 태도의 문제입니다. 저의 주관일 수는 있는데, 특히 그 비판 태도는 세 가지의 준거틀을 갖고 있는 듯해요. 첫 번째는 비관주의입니다. 거의 극단적으로 가면 말세주의가 되고요. 두 번째는 국가와 민족입니다. 세 번째는 환경이나 자연을 지구 환경, 지구 자연과 동일시한다는 것입니다. 우리나라에서는 이 세

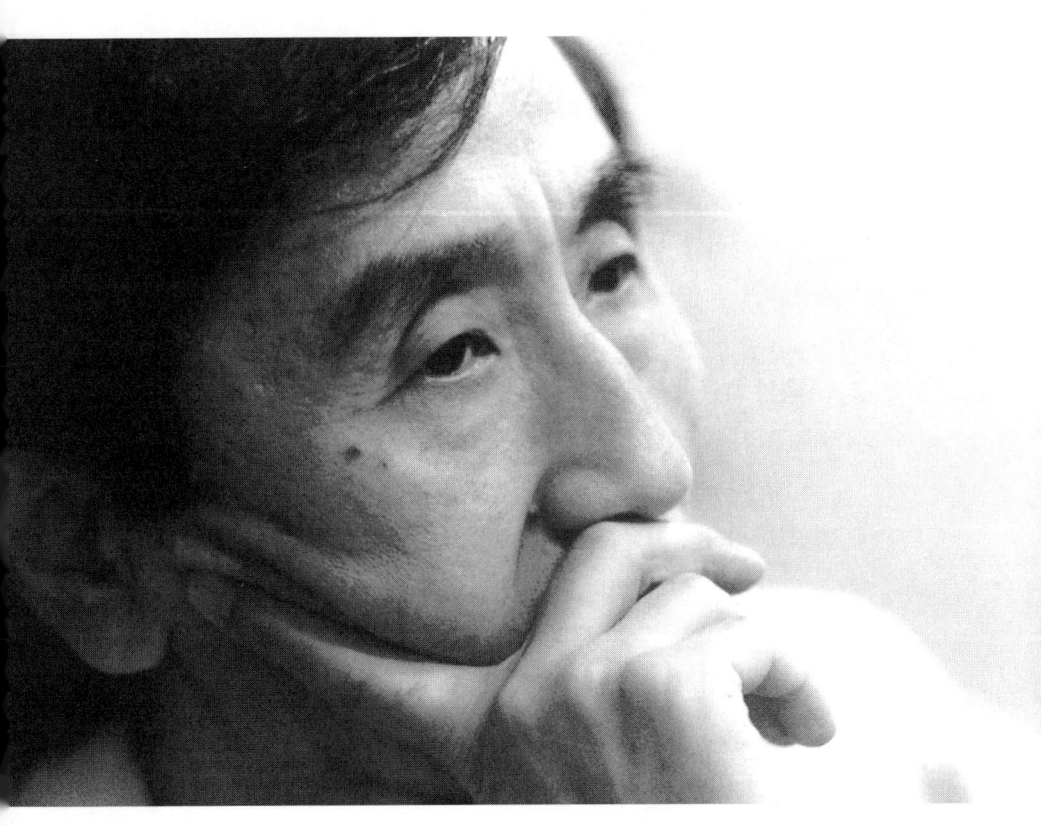

가지의 준거틀이 거의 절대적으로 작용하고 있어요. 특히 세 번째는 그 강도가 셉니다.

무슨 이야기냐 하면 현재 우리의 삶이 그렇게 비관적이지 않을 수 있다고 왜 생각하지 못하느냐는 것이지요. 의식이 편향되어 있는 것은 아닌가요? 현재의 삶이 19세기의 삶보다 나을 수 있잖아요? 못할 수도 있지만. 그런데 어떤 사람은 근대를 비판하면서 마치 지금의 우리가 말세를 맞은 것처럼 말하거든요. 갑자기 인류가 금방 어떻게 될 것처럼 주장한다는 말이죠. 그리고 민족주의의 변형된 틀은 여러 가지 현상으로 나타나고요. 끝으로 자연을 지구 자연과 동

서양과 동양이 127일간 e-mail을 주고받다

일시하는 사람들은 당연히 환경 변화와 말세주의를 은근히 결합합니다.

한편으론 비관주의가 비판을 하기 위한 전제가 아닌가 하는 의심을 갖게 해요. 발터 벤야민이던가요, 근대가 되면서 지성인들이 위기를 자꾸 만들어내는데, 그게 진짜 위기인지는 따져봐야 한다고 했죠. 지성인이 자신의 일거리와 권력을 확보하기 위해서 자꾸 위기론을 이야기하는 것인지도 모른다는 겁니다. 지성인은 비판적일 뿐 아니라 생산적인 측면도 지녀야 합니다. 그런 점에서 지성인의 자기성찰이 필요해요.

하나 더 첨부할까요. 이 선생님 말씀대로라면 자칫 잘못하면 자유라는 개념이 가지고 있는 긍정적인 면까지도 배제할 수 있게 됩니다. 서양에서 자유라는 개념을 제일 체계화시킨 것은 기독교인데, 그 자유라는 개념 속에는 자유가 공동체 속에서 갖는 의미도 모두 들어 있었다고 봅니다. 서양에서 자유는 매우 중요한 개념 가운데 하나지요. 다른 문명권에서도 그런 것 같아요. 그것이 다른 언어 표현을 가지고 있겠지만.

여러 문명권을 다 엮을 수 있는 개념 가운데 빼놓을 수 없는 것으로 저는 자유를 꼽습니다. 공동체라는 것은 나의 자유와 너의 자유, 그/그녀의 자유, 공동체를 구성하고자 하는 자유가 서로 만날 때 문제가 되는 겁니다. 이때 잊지 말아야 할 점은 각자의 자유를 보장해 주면서 공동체를 최적의 상태로 만들어가야 한다는 거죠. 물론 그것이 정치 이론이나 법 이론과 섞여 들어와 문제가 된다는 것은 인정하지만. 근대화 비판에서 자칫하다가는 자유의 가치를 폄하할 수 있어요.

그리고 자유의 문제와 연관되는 수입된 권리와 의무 개념의 문제에도 수용자의 문제가 개입한다고 봅니다. 왜냐하면 우리뿐 아니라 중남미 등 상당수의 나라가 근대화와 그 구체적 형태로 자본주의를 받아들이는데, 그때 정신 똑바로 차려야 한다는 겁니다. 그에 연관된 사회 문화적 변동이 거세게 일어나니까요.

이승환 제가 자유의 탄생이 가져온 긍정적인 측면까지도 모조리 부정하는 것은 아닙니다. 자유가 소중하지 않다는 것도 아닙니다. 다만 자유를 어떻게 사용하는가에 대해서는 말할 수 없도록 족쇄를 채워둔 것이 자유주의라는 거예요. 왜냐하면 자유를 어떤 식으로 사용해야 한다고 강제하는 것 자체가 자유에 위배되므로, 거기에 대해서 말할 수 없도록 이미 한계를 지워버렸다는 거예요.

자유주의가 가진 그런 한계는 서구철학의 전통 자체에서 발생한 것이라고 생각합니다. 서구의 지적 전통에서는 굉장히 강한 자아 중심성을 상정하지요. 특히 기독교적인 전통에서 그 점이 두드러지지만, 하나의 불멸하는 영혼으로서의 자아를 불변의 실체로 보는 거예요. 이러한 지적 전통이 근대 들어서 소유권의 주체로 새롭게 부각이 되고, 이런 소유의 주체는 어느 누구도 침해할 수 없고……. 서구적 자아는 너무도 강한 고립적이고 개체적이고 원자적인 배타성을 가지고 있단 말이에요. 이러한 자아가 근대적 이성, 도구적 이성과 만날 때 무제한 자기의 자유를 추구하게 되고, 자기 밖의 인간과 세계는 홀대 당할 수밖에 없는 거죠.

그래서 저는 좀더 깊이 거슬러 올라가고 싶어요. 자유주의의 문제가 어디서부터 발생하는가? 너무도 강한 자아 중심성이 아닐까? 이렇게 강한 자아 중심성은 동양에서는 찾아볼 수 없습니다. 불교의 연기설에서는 개개의 그물코가 흩어져버리면 그물도 존재할 수 없다고 봅니다. "내가 있기 때문에 너도 있고, 네가 있기 때문에 나도 있다."는 이야기입니다. 상호 의존성, 상호 관련성은 근대인들이 받아들이지 않으면 안 되는 진리입니다. 도가 전통에서도 항상 자신을 버릴 것을 이야기해요. 유가 전통에서도 역시 욕망의 주체로서 자아는 언제나 극복의 대상이에요. 그런데 욕망의 주체로서의 자아를 확고부동한 진리로 상정하고 이를 강력하게 추구해온 데서 자본주의적 근대성의 비극이 시작되는 것 아닐까요?

김용석 서양에서 자아 중심성이 다른 문명권에 비해서 유난히 부각되는 시점이 언제냐의 문제에 대해서는 쉽게 단정을 내리기 어렵다고 생각합니다. 그렇다고 현대 서양에서의 경향을 확장 해석하는 것도 위험합니다. 이 선생님은 이가비교라는 명목 아래 등가비교가 필요할 때도 등가비교를 안 하고 계신 것 같아요. 우리 시대의 문제를 공자 시대의 것하고 직접 비교하면 동등비교가 될 수 없습니다. 사실 근대가 되기 전의 서양은 동양하고 유사점도 많습니다. 아니면 적어도 유가 전통이 아니라, '오늘의 유가사상'의 의미를 설득력 있게 설정하는 것이 전제되어야 할 것 같아요.

그리고 크리스차니즘의 문제는 상당히 예민한 겁니다. 크리스차니즘의 자아 정체성이라는 것은 양면성을 갖는다고 봐요. 그 자아라는 것이 타인의 자아와 연관되어 있다는 점도 고려해야 합니다. 특히 그리스·로마 사상에서는 타인의 자아와 연관된 자아의 개념이 부각됐어요.

그리고 우리가 개인주의 비판을 많이 하잖아요. 원래 고대·중세 철학에서부터 개인주의(individualism)라는 건 '더 이상 자를 수 없는 존재'를 인정한다는 겁니다. 개인주의의 어원 자체가 그런 뜻이에요. 개인을 자르면 죽게 되잖아요. (웃음) 그것은 결국 나와 함께 타자를 인정한다는 거죠. 둘로 나누어질 수 없는 모든 개인을 인정한다는 것, 그것을 제대로 받아들였다면 별 문제가 없었으리라 생각합니다.

그리고 개인주의와 이기주의는 다릅니다. 이기주의는 나만 인정한다는 거지만, 개인주의는 모든 개인을 인정한다는 거예요. 이런 차이는 사실 말의 개념을 보면 금방 알 수 있어요. 개인주의(individualism)는 말 그대로 개인(individual)을 중시하는 입장이고, 반면에 이기주의(egoism)는 나(ego)를 중시하는 입장이지요. 전자의 경우 개인은 여럿이므로 모든 개인을 생각하고 행동하는 것이고, 반면 후자의 경우 '나'라는 자기는 하나뿐이므로, 결국 자기 '만'을 생각하고 행동하는 것을 의미하게 됩니다.

개인주의에서는 말 뜻 그대로 개인이면 누구든 중요하게 생각하지요. '나'라는 개인만 중시하는 것이 아니라, 나, 너, 그, 그녀 등 모든 개인을 중요시합니다. 즉, 이 세상에 사는 모든 사람의 가치와 존엄, 그리고 권리를 전제하는 것입니다. 따라서 타인에 대한 이해와 타인을 수용하는 자세는 개인주의의 본질입니다. 개인주의가 제대로 발달하면 타인에 대한 배려와 '타자 수용성'이 향상되므로 공동체의 조화를 이룰 수 있는 조건이 형성되는 것이라고 할 수 있습니다.

그래서 자아 정체성 문제를 재조명할 때는 그와 연관된 이런 여러 개념들에 대한 천착도 필요하다는 생각이 듭니다.

4

혼합의 시대, 변화와 욕망의 길 찾기에 나서다

HIT No. **7** 자연과 인간 사이의 새로운 짝짓기
HIT No. **8** 섞임의 시대를 여는 다섯 가지 개념들
HIT No. **9** 변화에 대한 철학적 성찰

HIT No. 7 자연과 인간 사이의 새로운 짝짓기

> 숨이 가쁠 정도로 빠르게 변하는 세상이다. 또한 바쁜 세상 속에는
> 수없이 다양한 섞임, 혼합, 잡종의 문화가 얽혀 있다.
> 어떻게 사는 것이 지혜로운 삶일까?
> 이 물음에 대해 두 철학자가 길 찾기에 나섰다.

김용석 인간 삶의 조건으로서 자연, 지구, 환경……. 이런 문제들은 한국에서 90년대 이후에 본격적으로 제기된 커다란 문제인 듯합니다. 나아가 이미 세계 전체의 문제인 것처럼 이야기되고 있습니다. 서양에서도 생태주의에 대해서 많은 이야기가 있었지만, 특히 동양철학을 하시는 분들이 적극적인 발언이나 개입을 할 수 있는 가능성에 대해서 많은 말씀들을 해왔다는 생각인데요. 아무래도 이 선생님께서 먼저 전통 사회에서의 자연 인식과 환경 문제가 떠오를 수밖에 없었던 원인들에 대해 시작하시는 게 좋지 않을까요?

이승환 그러지요. 먼저, 전통 사회가 근대로 넘어오면서 자연을 바라보는 태도가 어떻게 달라졌으며, 인간의 욕망에 대한 관점은 어

떻게 변했는지에 대한 이야기부터 시작해보죠.

전통 동양 사회에서 자연을 바라보는 태도에 대해 먼저 말하지요. 동양사상이라면 크게 유·불·도의 세 조류로 이해할 수 있겠는데, 먼저 유가 사상부터 살펴보겠습니다. 유학에서는 '자연(自然)'이라는 말 대신 '천지(天地)'라는 개념을 많이 썼죠. '하늘〔天〕'과 '땅〔地〕' 사이에 '사람〔人〕'이 있어서, '천·지·인(天地人)'을 합하여 '삼재'라고 했어요. 천·지·인 삼재가 모여서 하나의 조화로운 전체를 이룬다는 뜻이죠.

이러한 우주관 속에서는 인간이 '하늘'과 '땅'의 밖으로 뛰쳐나와서 정복자나 지배자가 된다는 건 꿈도 꿀 수 없는 일이었고, 인간은 '하늘'과 '땅'의 길, 즉 천지자연의 도(道)에 순응해서 조화롭게 사는 길이 행복한 길이라고 생각했지요. 즉, 인간의 길(人道)은 자연의 길(天道)과 합치하는 것이라고 생각해온 것이지요.

김용석 자연과 인간을 총체적으로 인식하는 것이겠군요.

자연과 인간은 하나다

이승환 그렇죠. 자연과 인간을 대립적으로 분별하지 않고 총체적으로 인식했다고 봐야겠죠.

그럼 유가에서 바라보는 자연에 대해 말씀드리기로 하지요. 유가

삼재(三才): 중국의 고대사상에서 우주의 세 가지 근원을 뜻하는 말. 《역(易)》의 〈계사전(繫辭傳)〉에 괘(卦)에 6개의 효(爻)가 있는 이유를 설명하여 "천도(天道)가 있고, 지도(地道)가 있고, 인도(人道)가 있으며, 삼재(三才)를 겸하여 이를 둘로 한다. 그래서 6개의 효가 있는 것이다."라고 하였다.

의 자연관이 잘 드러나 있는 대표적 경전으로 《주역계사전(周易繫辭傳)》과 《중용》을 들 수 있는데, 《주역》에서는 자연에 '생의(生意)', 즉 생명 의지가 깃들어 있다고 보았어요. '천도'는 우주에 내재된 생명력의 자기표현이라는 거죠. 《주역》에서 말하는 생명력은 생물학적인 생명력뿐 아니라 도덕적인 생명력을 의미합니다.

우주는 만물에게 생명을 부여해줍니다. 하늘은 만물을 감싸주고 땅은 아래서 받쳐주며 하늘은 햇볕으로 따뜻하게 하고 비로써 적셔주고 땅은 양분과 수분으로 자양분을 제공해주는……. 이러한 '아버지〔天〕'와 '어머니〔地〕' 같은 천지·자연을 생명력을 부여해주고 자라나게 하는 도덕적 원리로 파악한 거예요. 유가적 우주관에서 'cosmic order(우주적 질서)'는 곧 'moral order(도덕적 질서)'로 인식됩니다. 천도는 곧 인도라는 겁니다. 그렇기 때문에 천지 자연의 길을 본받아 사는 것이 '인간의 길'이라고 보는 거지요. 나를 낳아주고 길러주신 부모님의 '사랑'을 본받아 나도 그대로 실천하는 일은 당연한 것 아니겠어요?

《중용》에서는 우주의 생명력을 도덕적 관점에서 바라보면서 "지극히 성실한 것이 자연의 길이다(誠者天之道)."라고 했습니다. 자연은 사시사철 운행할 때 인간을 속인 적이 없잖아요? 때가 되면 어김없이 봄·여름·가을·겨울이 갈마들잖아요? 지극히 성실한 운행의 질서, 만물에게 생명력을 부여해주고 보살펴주는 일, 그리고 만물을 조화롭고 질서 있게 유지하는 일, 이러한 천지 자연의 특성을 《중용》에서는 '성(誠)'이라고 파악한 것이지요.

《주역》과 《중용》의 이러한 자연 이해 방식은 목적론적이라고 할 수 있습니다. 유가에서는 만물에 생명력을 부여해주고 북돋워주는 것을 자연계의 목적이라 본 거죠. 그런데 인간은 자연계 안에서 어

떤 지위를 부여받느냐 하면, 천지의 길을 이어받아서 인간 이외의 다른 만물들까지 생육하도록 도와주는 임무, 즉 '참찬화육(參贊化育)'과 '개물성무(開物成務)'의 임무를 맡은 존재라고 보았어요. 인간은 만물을 낳고 키워주는 천지를 도와서, 자신을 완성시키고 나

서양과 동양이 127일간 e-mail을 주고받다

아가서 타존재까지도 완성되도록 도와주는 조역자(助役者)라고 보는 겁니다.

김용석 하지만 그런 사상에도 인간과 자연이 완전히 합일된 존재는 아니라는 입장이 깔려 있지 않을까요. 아까 '우주적 질서'가 곧 '도덕적 질서'라고 설명하셨는데, 여기에는 아무래도 봉합하기 어려운 간극이 있지 않을까요? 천도가 곧 인도라고 하면, 인간을 그냥 자연 상태 그대로 긍정해야만 하니까 어떤 인위적인 분별 혹은 문화적인 의미를 부여해야 할 듯도 싶은데요. 어떻습니까?

이승환 맞습니다. 불교나 도가에 비하면, 유가에서는 인간에게 타 존재에 비해 비교적 높은 지위를 부여했다고 볼 수 있어요. 그렇다고 해서 근대 서양에서 부여한 인간의 지위에 비하면 결코 인간 중심주의라고는 말할 수 없죠. 유가에서 바라보는 인간의 지위는 비록 타존재에 비해 우월하지만 여전히 천지를 본받아야 하는 '하늘'과 '땅'의 자식, 즉 우주 내적 존재이기 때문입니다.

그러면 도가에서는 어떠했는가? 도가에서는 유가에서 인정하는 이러한 인간의 지위마저 부정합니다. 인간은 자연 안에서 타존재와 평등하다는 겁니다. 물아일체(物我一體), 즉 모든 존재와 나는 한 몸이라는 거죠. 인간은 꽃과 나무, 새나 들짐승과 한가지로 평등한 존재라는 것이지요.

우주가 한 몸이라는 것을 한의학에서는 '기'로 설명하죠. 내가 살아가려면 뭘 먹어야 하는데, 나는 스스로 먹는 걸 창조하지 못하지요. 그건 밖에서 들어오는 겁니다. 인간은 숨만 쉬지 않으면 곧 시체인데, 숨이라는 것도 내가 만드는 것은 아니지요. 나의 존재는 이렇게 내 주위로부터 도움을 받는 것이죠. 내가 있기 위해서는 이렇게 끊임없이 밖의 도움을 받고 살아야 하는데, 어떻게 어떤 물건들을 내 것이라고 할 수 있는가? 어떻게 내가 다른 존재에 독립해서 존재하는 자기 충족적인 존재라고 할 수 있는가?

도가에서 바라보는 '나'는 우주 안의 모든 존재와 역동적인 상호작용의 관계 속에 놓여 있습니다. 장자는 독립적으로 존재한다고 믿어지는 '자아'를 해체해서 대자연 속으로 용해시켜버리려 합니다. 그의 인간 중심주의에 대한 거부는 다음의 우화에 잘 나타나 있습니다. 아름답기로 유명한 서시(西施)라는 여인이 연못가에 산책을 나가면 동산의 기린이 놀라서 달아나고, 물고기는 물 속으로 숨어버립니다. 인간의 관점에서 볼 때는 아름다운 여인이지만, 자연의 관점에서는 오히려 무섭고 추한 존재일 수 있다는 겁니다. 아름다움/추함이란 인간이 자의적으로 만들어낸 구분일 뿐, 대자연에는 그런 구분이 없다는 이야기예요.

그런 점에서 도가에서는 자연의 길을 따라 순응하는 무위(無爲)의 삶을 강조해요. '안시처순(安時處順).' 때가 되면 오고 갈 때가 되면 가는 순응하는 삶을 살라는 이야기예요. 도가에서는 이렇게 자연의 흐름에 자신을 내맡기면서 인위적 욕망을 추구하지 않는 무위의 삶을 이상적으로 본 겁니다. 도가의 관점은 유가보다 훨씬 자연 중심적이고 생태주의적입니다.

불교로 가면 도가보다 훨씬 정교한 논리로, 그리고 수많은 아름다운 예를 들어서 인간과 자연의 관계를 이야기하죠. 불교에서는 우주 안의 모든 존재들이 '인연생기(因緣生起)'한다고 말해요. '연(緣)'에 따라서 생겨나고 일어난다. 이것을 줄여 '연기'라고 하죠. '연기'란 "이것이 있으므로 저것도 있고, 저것이 있음으로 인해 비로소 이것도 있게 된다."라는 상호 의존성을 말합니다. 의타기성(依他起性)이라고도 합니다. 다른 존재에 의존해서 비로소 나도 존재할 수 있다는 말입니다.

불교의 초기 경전 《수타니파타(Suttanipāta)》에서는 갈대의 비유를 들어요. 우리가 갈대 세 개를 베어서 하나씩 땅에 세우려고 하면 혼자서는 설 수가 없으며, 세 개를 서로 기대어놓아야 비로소 설 수 있다는 거죠. 만물은 혼자서 고립적으로 존재할 수 없습니다. 앞에서 간단히 언급은 했는데 좀 길게 이야기해보죠. 불교의 다른 경전을 보면 인드라망의 비유가 나와요. 하늘의 제석천(帝釋天)이란 곳에는 갖가지 보석으로 장식된 커다란 그물이 있다고 해요. 그물코마다 찬란한 보석들이 달려 있어서 우주를 밝혀준다고 합니다. 그런데 그 그물코에 달린 개개의 보석들이 혼자 독자적으로 빛을 발해서 우주를 밝히는 게 아니라, 다른 보석이 발하는 빛을 자기가 받아서 반사함으로써 다른 보석에게 빛을 던져주고, 이렇게 서로가 빛을 주고받으면서 찬란한 보석그물이 우주를 휘황찬란하게 밝혀준다는 거예요.

그물에는 매듭, 즉 그물코라는 것이 있지요. 코 하나가 풀리면 그물이 다 풀리게 되어 있어요. 따라서 그물에서는 개개의 그물코들이 절대적인 독립적인 존재라고 주장할 아무런 근거도 없게 되는 거예요. 이러한 상호 의존성을 이해한다면 만물이 서로 고립적이지 않다는 사실을 알게 되고, 이를 통해 만물일체의 자비심을 깨닫게 되는 거죠. 열 손가락 가운데 어느 손가락 깨물어도 안 아픈 손가락 없듯이, 우주 안의 모든 존재의 고통을 모두 내 몸의 고통처럼 느끼는 '같은 몸으로 아파하는 커다란 자비심(同體大悲)'을 깨닫게 되는 거죠.

불교에선 길을 갈 때도 땅 위의 미물을 밟지 않도록 살피며 가라고 가르칩니다. 인도의 자이나교에는 생명을 존중하기 위해 이보다 더 엄한 계율이 많아요. 이 계율대로 따르려면 도로공사도 제대로 할 수 없어요. 지렁이 한 마리라도 삽 끝에 잘려나가면 안 되니까요.

동양사상의 세 기둥인 유·불·도에서는 이렇게 우주와 인간의 관계를 공생 관계, 상호 의존 관계로 보는 거죠. 유·불·도를 막론하고 인간은 자연의 일부분이고 이 부분들이 모여 우주라는 전체를 이룬다고 생각하지요. "전체가 있기 때문에 부분이 있고, 부분들이 있기 때문에 전체도 있게 된다."라는 "일즉다다즉일(一卽多多卽一)"이라는 논리가 성립하게 되는 겁니다.

그러면 근대적 우주관의 특징은 무엇인가? 근대라는 시기는 수학적 계산 능력이 고도로 발달한 시기고, 따라서 모든 걸 계산할 수 있다는 계산 가능성 혹은 계량화의 믿음이 확산된 시기입니다. 물리학을 예로 들자면, '속도'와 '질량'을 계산함으로써 물질적 '운동'을 양화할 수 있다고 보는 거죠. 이렇게 해서 인간은 자연을 계산하고 양화해서 자연의 비밀을 파헤칠 수 있다고 생각했습니다.

17세기 계몽 시기의 과학 사상가 베이컨은, 방황하고 있는 자연을 노예로 사로잡아 인간의 이익에 복무하게 해야 한다고 말했어요. 그녀(자연)를 복속케 해야 하며, 과학자의 임무는 고문을 해서라도 그녀의 비밀을 밝혀내는 것이라고 했죠. 자연은 수동적인 존재로, 인간은 능동적인 존재로 파악한 거지요. 자연과 인간의 관계, 그리고 수동과 능동의 대비를 다시 여성과 남성의 관계로 비유하기 시작했지요. 근대적 사유에는 이런 강한 성(性) 차별의 이분법도 숨어 있습니다. 인간/자연의 이분법이기도 하고 여성/남성의 이분법이기도 하다는 겁니다. 그리고 물론 이런 이분법들은 가치론적인 우열 관계뿐 아니라, 역학적인 지배/복종 관계를 내포하는 것이지요.

근대 이전에는 자연이 안식처고 어머니였는데, 이제는 도구적 이성의 발달로 인해 어머니 품안에서 뛰쳐나와서 어머니를 지배하게 되는 겁니다. 이러한 반란의 모티프는 인간의 욕망에서 나오는 거죠. 물질적 풍요와 편리를 도모하기 위해서 자연을 착취하고 이용하고 인간의 발 아래 복속시키게 된 겁니다. 문제는 근대 과학이 인간의 물질적 조건을 풍족하게 해줬지만, 심각한 부작용을 가져다주었다는 점입니다. 'poisoned gift', 그러니까 '독약이 든 선물'을 가져다준 것이지요.

지금은 역으로 자연이 인간에게 복수를 가하기 시작했습니다. 먹을 물도 오염되고, 숨쉬는 공기도 오염되고, 채소도, 과일도, 가축도…… 심지어 인간의 마음도 오염되어가고 있습니다. 인간의 편리함과 욕망을 충족시키기 위해 과학·기술을 발전시켜왔는데, 이것이 이제는 자연을 향한 흉기가 되고 말았습니다. 인간은 자연이 파괴되면 자신도 그 안에서 살 수 없다는 걸 잘 알면서도, 순간의 편리함에 눈이 가려 자연을 돌보려고 하지 않죠. 자본주의 경제 체제의 태생적 한계가 여기에 숨어 있는 겁니다. 근대 과학이 지닌 구체적 문제점들에 대해서 잠시 후 다시 이야기하기로 하죠.

자연은 변했다

김용석 이 선생님이 자세히 설명해주셨는데, 몇 가지 머리를 스치는 게 있네요. 그걸 먼저 말하지요. 우선 도가의 자연관은 상당히 '자연적'이라고 할 수 있네요. 즉, 동어 반복성이 도가의 자연관일 거라는 것이지요. 도가에서 예를 드는 것도 거의 농본 사회 이전의 채집 사회를 배경으로 하는 것 같아요.

그리고 도가든 유가든 '현상 유지'의 자연관인 것 같아요. 있는 것을 유지하자는 것이지요. 그러니까 이것이 사회 정치 질서에 투영되면 보수적인 것이 되겠지요. 여기서 보수성은 좋다 나쁘다를 떠나서 말하는 겁니다. 그리고 예쁜 서시를 보고 동물들이 달아난 것은 그녀가 추해서가 아니라, 동물들은 낯선 것에 대해 일단 방어 본능이 있기 때문에 달아난 것인지도 모르거든요.

제가 이 우스갯소리를 왜 하냐 하면요, 동양 고전에서 드는 예가 그럴듯하지만, 가끔 상당히 작위적이고 현실을 반영하지 않는다는 생각이 들거든요. 즉, 동양사상에서 현실의 예를 든다고는 하는데, 그것이 현실의 예가 아닌 경우를 여러 번 관찰했기 때문입니다.

그리고 근대를 비판하실 때, 성의 이분법을 들어 남성이 여성을 억압한다고 했는데, 여권 신장과 소위 여성 해방은 오히려 근대와 함께 온 것이란 말이지요. 오히려 동양에서, 아니면 우리나라에서 남존여비처럼 남성의 우월, 여성의 억압이 더 있지 않았나 하는 의심을 해봅니다. 아니면 강한 성의 이분법이 서양 근대의 것이고 동양사상에 없었다면 어떻게 이런 사상과 실제의 괴리가 왔냐는 것이지요.

끝으로 근대화를 단순히 물질적인 발달이란 면에서 보는 것은 편협하다는 생각이 듭니다. 근대가 정신적 발달까지는 아니더라도 커다란 정신적 변화를 일으킨 것은 사실이거든요. 그것이 계몽이든 자유민주주의 사상이든 다원주의 지향성이든 그 가치 판단을 차치하고라도 정신적 변화로서 근대를 볼 필요도 있다는 겁니다.

이상 선생님의 입장에 대해 느낀 점을 말하고요, 지금 이 선생님께서는 근대를 기점으로 해서 그 이전과 이후를 말씀하셨는데, 서양에서도 유사한 자연관을 가지고 있었어요. 아까 유·불·도에 차이점이 조금씩 있지만 어차피 인간이란 건 자연의 일부로 봤다고 하셨는데, 그 가운데 제가 특이하게 본 부분은 유교는 어느 정도 인간에게 우월적 지위는 인정해주지만 지배적 지위는 인정하지 않는다는 대목입니다. 도교는 더 깊이 들어간다고 볼 수 있겠죠. 불교는 그 나름대로 특징이 있지만 역시 자연이 전체고 인간이 일부라고 말하죠.

그리스 사상에서의 'physis'라는 것을 지금의 'nature'로 번역하는 데 상당히 문제를 느끼는 사람이 많아요. 그리스 초기부터 피시스는 총체적 의미였습니다. 인간이 보고 있는 존재 전부라는 의미를 가지고 있었죠. 그래서 인간도 피시스의 일부였습니다. 그런 점에서 동양철학과의 유사점이 보이죠. 또 하나 아까 이 선생님께서 결국 '우주적 질서'가 인간 사회 질서라고 말씀하셨는데, 그리스 사상에서도 이런 게 보여요. 정의(正義)의 개념에서도 우주의 질서와 인간 사회의 질서 사이의 상호 호응성을 볼 수 있는데, 그리스에서 정의라는 '디카이오쉬네($\delta\iota\kappa\alpha\iota o\sigma\upsilon\nu\eta$)'는 우주적 질서가 투영된 인간 삶의 질서를 말하는 것이지요.

차이점은 근대로 오면서 생겼는데, 근대에서는 자연의 법칙을 알고 적극 이용하려 했던 거지요. 이런 경향의 씨앗은 고대 그리스에도 있었지만, '적극' 이용하려는 경향은 근대적인 겁니다. 고대 그리스에서도 자연의 법칙을 파헤쳐서 그것으로 세상을 설명하려 했고, 가다머가 말했듯이 자연의 일정한 법칙을 우리가 몸으로도 느끼는데 그걸 논리적 형태로 표현해서 남에게 보여주고 그것을 소통하고자 하는 경향이 강했다는 거죠. 자연의 법칙을 실용적인 면에서 생산을 위해 본격적으로 응용하게 된 것은 물론 18세기 산업 혁명과 그 궤를 같이합니다. 즉, 과학과 기술이 결혼하는 시기라고 할 수 있지요.

그리고 이건 흥미로운 건데, 제가 자연에 대해서 한글사전을 한번 찾아봤어요. 그런데 자연을 정의할 때 꼭 인공을 내세워 정의를 하더란 말이죠. 자연을 '사람의 손에 의하지 않고서 존재하는 것이나 일어나는 현상'이라고 정의하거든요. 그러니까 우선적으로 인공에 대비해서 자연을 정의한단 말이죠. 인공을 먼저 전제하는 거죠. 우리 말의 정의에도 근대성이 반영되고 그 영향 아래 정의가 내려진 건 아닌가 하는 생각이 들었습니다. 그런 의미에서 자연이라는 걸 동양사상이나 서양사상의 입장에서 고대에서부터 다시 조명하는 작업은 의미가 있다고 봐요.

이승환 선생님께서는 기본적으로 서양사상에서 근대 이전과 이후의 자연관을 불연속적으로 파악한다는 말씀이신가요?

김용석 불연속이 아니라 변화라고 보면 되죠. 아니면 급변이라고 볼 수도 있고요. 근대의 자연관에 나타나는 '적극적 의도'를 보자고 이야기하고 싶군요. 그것이 상당한 차이를 줄 수 있거든요.

이제 자연에 대해서 몇 가지 부언을 하죠. 아까 《주역》에 나오는 '생의'에 대해 말씀하셨는데, 서양에서도 자연을 생각하면 항상 생명을 생각했어요. 그래서 생명은 자연 개념에 항상 포함되어 있었죠. 플라톤만 해도 전체를 피시스로 봤기 때문에 전체를 생명으로 봤어요. 심지어 모든 게 생명이라고 했죠. 파르메니데스의 패러독스라는 게 있어요. "죽은 시체는 차갑다. 그러므로 차가운 것을 감지한다."라고. 즉, 시체는 차갑지만 차가운 것으로서 생명이 있다는 말이지요. 그만큼 자연에 참여하는 모든 것들을 총체적으로 인식했다는 거예요. 이런 입장들을 종합해보면 그리스 사상의 4대 핵심어라고 할 수 있는(이것도 작위적이지만), '자연(physis)' '생명(bios)' '원리(arché)' '영혼(psyché)' 등은 상호 호환성을 가지고 이 세상을 총체적으로 반영하는 것이라고 할 수 있지요.

또 하나 우리가 염두에 두어야 할 것은—아마 사회철학을 하시는 이 선생님께서 더 관심이 있을 것 같은데—자연에 대해서 총체적으로 보던 것에서 조금 달리 보는 시점을 제시한 게 소피스트들이라는 거지요. 소피스트는 그대로 있는 피시스와 인간이 만든 노모스(nomos)를 구분했거든요. 정치적인 맥락에서 노모스는 규범이나 법 같은 것을 말해요. 즉, 제가 잠시 언급했던 자연관에 문화적 요소가 적극 개입하기 시작한 것이죠.

피시스와 노모스로 나누는 것은 자연을 보는 이분법적 자세라고 할 수 있는데, 크리스차니즘에 와서 다른 이분법이 등장했거든요. 자연과 초자연을 나누는 겁니다. 그건 그리스 시대의 고유 사상에는 없던 것이죠. 그것은 크리스차니즘이 형성되면서 신에 대한 개념의 영향으로 새롭게 성립된 거죠.

또 하나 특히 근대화와 연관해서 흥미로운 것은, 자연은 항상 유토피아적 성격을 갖는다는 것입니다. 현재 우리가 '과학적'이라는 이름으로 자연의 법칙을 캐내서 그것을 적극 활용해 생활의 발전을 꾀하는데, 그 과정에서 우리가 항상 느끼는 건 자연에 대한 향수예요. 그건 순수한 자연에 대한 유토피아적 경향으로 나타나죠. 문제가 있을 때 자연으로 돌아가고자 하는 것입니다. 그런데 지금 돌아갈 자연은 그렇게 많지 않다는 것이지요. 예전에는 어느 정도 있었는데.

그리고 도가·불가 등 동양사상에서 드러나는 자연관과 서양사상에서 드러나는 자연관을 함께 생각하면서, 제가 오래 전부터 연구하고 있는 어떤 주제를 떠올렸습니다. 지구는 유기적 자생성을 가지고 있다는 거지요. 즉, 지구는 하나의 '유기적 자생 시스템'이라고 할 수 있다는 거죠. 그런데 지구의 다른 생명체와는 달리 인간은 그 시

스템에서 이탈하기 시작했다는 겁니다.

그 이탈 현상은 근대 이전인 농본 사회 때부터 이미 있었다고 봐요. 그전까지는 항상 채취를 해서 섭취를 했고 동물처럼 먹고 싸고 그것이 다시 거름이 돼서 돌아오고 내가 죽으면 미생물이 분해하고 흙으로 돌아오고 그랬죠. 그런데 농경을 하면서부터 인간이 지구의 유기적 자생성에서 빠져나오기 시작한 것이죠. 즉, 경작이라는 문화적 요소가 가미되면서 인간은 그 자생 시스템의 일원으로 행태를 유지하지 않게 된 것입니다. 그래도 농본 사회 때는 이탈의 정도가 약했지요. 지구의 자생성이 무리 없이 소화해냈거든요.

그런데 서양에 근대 산업 사회가 오면서 인간이 이런 유기적 자생성에서 이탈하는 데 가속도가 붙었습니다. 지구 자생 시스템이 감당하기 버겁게 되었다는 것이죠. 물론 어느 정도 버거운지는 잘 파악해봐야 합니다. 그러나 실질적으로 동양도 경작을 하면서 이미 유기적 자생성에서 빠져나온 건 사실이거든요. 그러면 오늘날 인간의 삶과 지구 자생 시스템과 그 시스템으로부터 인간 삶의 이탈적 성격의 관계를 잘 살펴보는 것이 새로운 자연관을 제시하는 길이 아닌가 하는 것입니다. 그러기 위해서 다양한 문화권의 자연관을 다시 재조명하고 제 이론의 타당성을 검증해보려고 합니다.

이승환 김 선생님께서 말씀하신 대로 근대 이전의 동서양 사상에는 많은 유사점이 있는 것이 사실이죠. 하지만 많은 철학 비평가들은 근대라는 사유 구조를 탄생시킨 씨앗이 서구의 지적 전통에 내재되어 있었다고 보는 것 같은데요…….

근대를 표상하는 여러 개념들이 있겠지만 그 가운데 하나가 이분법인데, 인간과 자연을 둘로 나누어 인간에게 절대적 우위를 부여하고, 남성과 여성을 구분해서 남성에게 우위를 부여하고, 문명과 야만을 나누어 문명에게 절대 우위를 부여하고, 개발과 미개를 나누어 개발에게 절대 우위를 부여하고, 서양과 서양 아닌 사회를 구분해서 서양에게 절대 우위 부여하는 식이죠. 특히 중요한 게 정신과 육체를 둘로 나누어 정신에게 우위를 부여하고 이성과 감성을 나누어 이성에게 우위를 부여하는 식의 배타적 이분법은 서구적 사유 구조의 특징이라고 보입니다. 이분법적으로 모든 세계를 분할하고 특정한 한쪽에 권력을 다 몰아준단 말이죠.

그러한 이분법의 전개에 따라 인간과 자연이 분리될 뿐 아니라 인간과 인간도 분리되어 각기 배타적으로 독립적 소유권을 주장하는 고립적 인간관이 나오게 되는 거지요. '근대성'의 특징은 이 같은 끊임없는 분화와 분리로 이어지는데, 이러한 분리의 원초적인 단초가 근대 이전의 서구적 사유 구조에 이미 내재되어 있다는 거죠.

서양에도 물론 유기체적인 견해들이 있긴 있었다고 봐요. 예를 들면 구약 성서에 나오는 호흡·숨, 그리스 철학의 바람·공기·영혼의 개념은 동양의 '기' 개념과 유사한 측면도 있죠. 또 히포크라테스(Hippokrates)의 체액설(體液說)도 인체를 바라보는 관점이 동양 의학과 비슷한 점이 많아요.

하지만 플라톤에서 시작해서 기독교로 이어지면서 강화된 이분법의 전통이 서양사상의 굉장히 중요한 특징을 이룬다고 봅니다. 플라톤은 이데아와 현상 세계를 구분하고, 현상 세계는 이데아의 복사물이기 때문에 진실성이 없고 불확실하다고 보았지요. 그는 진정한 진리의 세계는 현상 세계가 아닌 이데아의 세계라고 했죠. 이러한 이분법이 기독교적 이분법과 어울리면서 천국과 속세라는 배타적이고 초절적(超絶的)인 이분법으로 강화되게 되지요. 물론 한

때는 기독교가 아리스토텔레스의 영향을 받아들이기도 했지만, 결국은 플라톤적인 사유 체계가 기독교와 강력하게 결합이 된 거죠. 기독교의 이분법, 즉 성과 속, 천국과 속세, 내세와 현세, 영혼과 육체 등의 이분법을 통해서 어느 한쪽에 절대적 우위를 몰아주는 식으로 말입니다.

서양의 이분법(dualism)과 달리 동양에서는 이분법이라 이야기하지 않고 상호대대(相互待對)라고 합니다. '대대'라는 건 마주보면서 서로를 기다린다는, 즉 의지한다는 뜻입니다. 음과 양은 이분법이 아니라 상호 대대예요. 자연 속에 '음' 혼자 존재할 수도 없고 양 혼자 존재할 수도 없다는 거예요. 음과 양이 만나야 만물이 생성되고, 남과 여가 만나야 자식이 나오며, 플러스 극과 마이너스 극이 만나야 스파크가 일어나는 것이지요. 서로가 서로를 기다리는 상태에서는 어느 한쪽이 절대적 우위를 차지하지 않아요.

지금 우리나라 태극기를 보면 음과 양이 위와 아래로 나뉘어 있죠. 잘못된 태극입니다. 원래의 태극을 보면 위아래가 아니라 좌우로 나뉘어 있어요. 상하가 아니라 좌우예요. 음과 양은 모든 존재물이 존재하기 위해서 없어서는 안 되는 두 가지 평등한 원리일 따름이에요. 이런 점에서 서양의 이분법적 사유 체계는 동양과는 굉장히 다른 것 같고, 특히 근대 이후에 들어 인간이 자연을 정복할 수 있게 되고 이성이 감성을 억누르게 되고 정신이 육체를 핍박할 수 있게 되는 '위계적 이분법(hierarchical duality)'은 플라톤 이후 기독교를 거치면서 서양에서 주류 전통으로 이어져 내려왔습니다. 우열을 따지는 배타적인 이분법이죠. 근대적 사유의 극복을 위해서는 이러한 위계적이고 배타적인 이분법에 대해 어떤 식으로든 재검토가 이루어져야 한다고 봅니다.

김용석 근대성의 폐해는 저도 인정합니다. 그리고 지금 말씀하신 것은 근대성 비판에서 자주 거론되었던 것인데요, 상대에 대한 효율적인 비판을 위해 상대를 단순화하지 않았나 하는 생각이 들기도 하네요. 이성과 감성의 이분법도 사실 동양에서 감성에 대한 억압이 없었는지 하는 의문에 이르게 합니다. 예를 들어 현대 대중문화의 감성적인 면은 어디에 더 기인하는 건지……

또한 근대화 이전에 동양 사회의 수직적 계급성과 육체에 대한 정신 우위성은 없었는지 살펴볼 일이고요. 예를 들면, 면벽 수도나 수양에서 정신과 육체의 관계는 어떻게 되고, 육체의 욕망과 고통을 참고 감수하는 것을 어떻게 파악해야 하는지 문제는 복합적입니다.

그리고 마지막에 배타적인 이분법이라 하셨는데, 그 말 구조 자체가 자가당착이 돼요. 이분법의 구성 요소가 서로 배타적인 건 아니에요. 배타적이라면 이미 이분법이 상실되기 때문이죠. 다른 한편을 배척하거나 제거하니까 이분법의 구성 요소 하나를 잃게 되고 이분법의 구조가 없어져 버리지요. 이분법의 구성 요소들은 반드시 서로 상대를 필요로 하는 것이지요.

이승환 아닙니다! 기독교적 전통에서 하나님의 나라는 속세가 없어도 혼자서 존재할 수 있는 거예요.

김용석 그렇게 해석하는 기독교파가 있는지 모르겠습니다만, 꼭 그렇지 않죠. 하긴 신자도 아닌 사람이 할 말이 있겠습니까만. 그러나 그렇게 되면 이미 이분법이 아니죠.

이승환 하나님이 자기 의지에 따라 세상을 안 만들 수도 있다는 겁니다. 설마 이걸 부정하는 기독교도 있나요?

김용석 최초에 안 만들었다고 할 수도 있겠지만 하나님은 나를 믿는 사람이 없으면 의미가 없는 거 아닙니까? 그걸 배타성이라 생각하면 아무 의미가 없어지죠.

이승환 하느님이 정말 세상을 만들었느냐 안 만들었느냐 하는 문제가 아니라, 세상을 안 만들고도 하느님 혼자 존재할 수도 있다고 믿는 그런 믿음을 저는 지적하는 겁니다. 즉, 시간적·역사적 의미에서의 배타성이 아니라 논리적 의미에서의 배타성을 말하는 거예요. 기독교적 사유 구조 안에서의 배타적 이분법 말입니다!

김용석 "하나님의 나라는 속세 없이도 혼자 존재한다."가 논리적 관계에서 말한 것이라는 건 좀 이해가 안 가요. 그건 오히려 종교적 믿음에서 나온 단언 같은데요. 논리적 관계라는 관점에선 제가 말했지요. 그리고 우스갯소리지만 논리는 속세의 것이기 때문에 속세가 없으면 논리도 없지요. 아니, 그런데 신자도 아닌 사람들 둘이서 지금 뭐 하고 있는 거지요? (웃음)

그리고 서양사상에서 우열적인 이분법은 확실히 있고, 그 점은 저도 많이 비판했습니다. 하지만 실질적인 삶에서 남성/여성이라든가 계급적 분리라든가 하는 문제는 동서양 구분 없이 존재하지 않았나 생각합니다. 지금까지 이야기한 건 이론적인 것이고, 실제 삶에 대한 자아비판은 양쪽 다 해야 하지 않을까 생각해요.

저는 어떤 이상을 좇고자 하는 이유 때문에 우열적인 이분법이 나오지 않았나 봅니다. 플라톤의 입장에서는 이데아가 머리로 생각하는 상상의 세계가 아니라 실재하는 세계였고, 그것이 투영된 것을 현실이라고 봤어요. 이상을 좇고자 하는 욕구의 발현이죠. 이상이 있어야 현실이 그쪽으로 쫓아가는 거니까.

그런데 플라톤의 입장은 좀 모순적으로 보일 수도 있어요. 플라톤은 항상 코스모스적인 폴리스를 추구했거든요. 그런데도 조화된 폴리스―그것은 동양적 입장에서 말하는 상호 의존적인 조화를 말하는데―그 조화를 이끌어갈 때는 이상이 필요하다고 본 거죠. 시대적인 문제도 있다고 봐요. 플라톤한테는 소크라테스의 죽음이 충격적인 사건이었고, 그리스가 위기에 처한 시대였고, 위기의 시대에 소피스트들이 횡행했고, 극단적 상대주의가 만연했거든요. 극단적 상대주의라는 건 모든 걸 단절시킬 수 있거든요. 즉, 공통분모가 상실되니까 공동체적 이상 추구의 의지가 꺾여버릴 위험이 있다고 본 거지요. 그래서 그것을 어느 정도 해결할 필요성이 있었던 거죠. 그래서 플라톤의 저서는 역사적 배경에 대한 인식을 가지고 초기 작품부터 마지막 작품까지 일괄해서 읽을 필요가 있어요. 그래야만 플라톤의 정치철학적 목적이 이상을 좇고자 하는 입장과의 관계를 파악할 수 있다고 봅니다.

구체적 동양사상은 잘 모르지만 동양에서도 더 나은 것, 더 좋은 것을 추구하는 건 있었다고 봅니다. 그것을 현실적으로 이론적으로 어떻게 해결하려고 했는가 듣고 싶습니다.

이승환 김 선생님은 플라톤을 대단히 우호적인 관점에서 바라보시는 것 같군요?

김용석 아니, 우호적인 게 아니라, 역사적인, 철학적인 분석을 한

거죠. 저 플라톤한테서 뇌물 받은 것 없어요. (웃음)

이승환 그러니까 플라톤이 이상을 좇았기 때문에 이데아와 현상 세계라는 이분법으로 세상을 바라보았다고 옹호해주신 편이고…… 그런데 플라톤에 대한 다른 해석이 많이 있는 걸로 알고 있습니다. 플라톤은 민주정에 반대하고 철인에 의한 독재 정치를 주장한 사람입니다. 오직 철인왕만이 이데아를 알 수 있으며 나머지 우매한 민초들은 이데아를 알 수 없다고 보았잖아요. 거기에 비해 소피스트들은 진리의 상대성을 주장하며 민주주의를 지향한 게 아닌가요?

김용석 앞서 제가 말한 것처럼 플라톤에 대한 제 해석을 내놓은 것이지요. 옹호와 해석은 다른 것이죠. 그런 관점에서 볼 수도 있다는 겁니다. 만일 이 선생님이 순자 해석을 한다고 그를 옹호한다고 말할 수 있을까요. 저는 플라톤 저술의 역사적 맥락을 강조한 겁니다. 이 선생님도 항상 강조하시는 맥락 말입니다. 그리고 플라톤에 대한 해석이 다양했던 것처럼 당연히 소피스트들에 대한 해석도 다양하게 있어왔지요.

노자의 구상

이승환 플라톤적인 이분법에 의거한 이상주의가 독재 정치의 싹을 간직하는 거라면, 유가 전통에서의 정치 이상은 그렇게 독재적이지 않았습니다. 도교나 불교는 정치 사상이라기보다는 좀더 포괄적인 도덕이랄지 종교와 인생에 관한 것이기 때문에, 동양의 현실에 영향을 미친 정치 원리를 이야기하려면 유교가 먼저 거론되어야 할 것 같습니다. 원시 유학과 관련해서 이야기를 드리겠습니다.

김용석 원시 유학 이야기를 하시기 전에 잠깐만…… 장자나 노자 쪽은 정치적인 관점에서 말하는 게 유교보다 많이 약합니까?

이승환 도가철학과 불교철학에도 물론 사회철학·정치철학적 요소가 있지만, 우리의 전통 속에서 강한 정치 원리로 응용된 적이 없기 때문에 잠시 논외로 하려는 것입니다.

김용석 그러니까 실용적인 적용에는 큰 관심이 없었다는 거죠?

이승환 글쎄요, 꼭 그렇지만은 않아요. 도가의 경우, 거대 권력에 대한 분해와 해체, 비판 쪽에 더 관심을 기울였던 것 같습니다. 장자는 특히 그런 측면에 치중했죠. 노자는 장자보다는 현실 정치에 대한 청사진을 확고하게 가지고 있었습니다. 노자는 무정부주의적인 원시 공동체 사회로 돌아가고 싶어했습니다. 그가 살았던 시대에는 수많은 나라들이 전쟁을 통해 통합 제국으로 나아가려는 시대였기 때문에, 거대 권력을 분할시키고 작은 공동체로 만들어 권력과 제도에서 오는 인간의 불행을 피하려는 게 노자의 꿈이었던 거 같아요. 사람들은 도가를 도피적·소극적이라고 이해하지만 절대 그렇지 않습니다. 오히려 대단히 강렬한 비판 의식과 저항 의식이 있었던 거죠.

김용석 일반인들이 알고 있는 도가에 대한 통념이랄까 상식이랄까 하는 게 바뀌어야 한다는 말씀이신 거죠?

이승환 그렇죠. 도가는 사회·정치철학적인 관점에서 다시 읽혀야 합니다. 좌우간 우리의 전통 속에서 정치권력을 구성하고 건립하려고 했던 건 유교였기 때문에, 정치적 이상을 어떻게 실현하려고 했는가에 대해서 말하려면 유교로 가야 될 것 같습니다.

공자와 맹자는 플라톤 같은 우열 관계에 의한 이분법의 바탕 위에서 정치 체제를 구상하지는 않았습니다. 공자는 인과 예를 중시했는데 인을 특히 중시했죠. 인은 사람을 따뜻하게 대하는 거죠. 착취하거나 지배하는 게 아니고.

이런 일화가 하나 있어요. 초나라 사람이 노나라 사람인 공자한테 와서 이런 자랑을 했대요. 자기 마을에 직궁(直躬)이라는 사람이 있는데 이 사람은 자기 아버지가 이웃의 양을 훔치니까 관가에 고발을 했다는 거예요. 자기네 나라에서는 이렇게 법대로 시행한다고 자랑한 거죠. 물론 국가에 대한 충성이냐 아버지에 대한 효냐에 대한 논의와도 관련이 됩니다만, 저는 다른 관점에서 이야기를 드릴게요. 공자의 대답이 재미있어요. 공자는 "오당(吾黨)에서는 그렇게 하지 않는다."라고 대답했어요. '오당'이란 '우리 공동체'라는 말이죠. 우리의 공동체에서는 아버지가 양을 훔치면 아들이 덮어준다는 거였어요—물론 논란이 많습니다. 정실주의가 아니냐고 하는—여기서 저는 '오당'에 주목합니다. '우리 공동체'에서는 그렇게 행동하지 않는다는 거죠. '우리'라는 것은 공동체적인 질서를 이야기해요. 가치의 규범이나 이상이 초월적으로 저 너머에 있는 것이 아니라, 우리의 언어 습관처럼 언어 공동체 안에서 통용되는 자연스러운 문법체계에 따라 규칙이 만들어진다는 겁니다.

이건 굉장히 비트겐슈타인적이에요. 비트겐슈타인은, 언어의 의미는 곧 사용이라고 했어요. 'Meaning is use.' 문법에 무슨 초월적

인 규칙이 있어서 우리가 그걸 좇아서 말을 하는 게 아니라, 말을 하다 보면 규칙이 생기고 질서가 생긴다는 것이죠. 사용 속에 의미가 담겨 있다는 거죠. 마찬가지예요. 나는 비트겐슈타인을 언어공동체주의자라고 말하고 싶어요. 그렇게 말하는 사람은 없습니다만.

김용석 후기 비트겐슈타인에 대해선 의사 소통의 입장에서 보는 경우도 많죠. 그리고 문법과 말의 사용에 관해서는 그 이전에도 그런 관점들이 있어 왔죠.

이승환 《문자(文子)》라는 책을 보면 '법생어의(法生於義)'란 말이 나와요. 법의 원천은 올바름〔義〕에 있다는 거예요. 우리가 전근대 시대를 이해하기로는, 법은 군주의 의지에서 생겨난다고 알고 있죠. 그런데 2,300여 년 전에 동양에서는 법이 의에서 생겨난다고 했어요. 의는 올바름이죠. 그럼 올바름은 어디서 생겨나느냐? 《문자》에서는 '의생어중(義生於衆)'이라고 말합니다. 즉, 많은 사람들의 의견 속에서 '올바름'도 생겨난다는 거예요. 많은 사람의 의견이 올바름이고, 그 올바름에서 법이 나온다는 겁니다. 군주의 의지에서 법이 나오는 게 아니에요. 우리가 동양 정치 사상이라고 하면 굉장히 수직적이고 가부장적이라고만 생각하지만, 그건 후대에 들어 현실 속에서 왜곡되고 현실 권력 속에서 이용되는 측면을 이야기하는 겁니다.

춘추 전국 시대의 사회적 실상을 봐야 그 당시의 정치적 이상이 뭔지 알 수 있습니다. '전국'이라는 말은 '전쟁하는 나라들'이라는 말이에요. 당시의 전쟁은 철기의 발명 때문에 한층 가혹한 양상을 띠게 되었죠. 철기가 발명되자 그것을 사용해서 땅을 깊게 파서 경농에 유리하게 되기는 했지만, 철기를 사용해서 전보다 강력한 무기를 만들 수 있게 된 겁니다. 땅을 깊이 파니까 생산량이 증가하고 농업이 발달하겠죠. 또한 무기를 만들어 남을 지배할 수 있게 되니까 영토욕이 생기고……. 당시 중국에는 172개국이 다투었습니다. 결국 7웅이 남고, 마지막에는 진나라가 천하를 통일하게 되었죠. 2백여 개의 국가가 몰살당하는 과정에서 당시의 희망이 뭐였겠습니까? 당시의 시대 정신이 뭐였겠습니까? 당연히 '평화' 였죠.

우리는 보통 《맹자》를 도덕 교양서로 알지만 저는 《맹자》가 일종의 전쟁 기록서의 의미를 지니고 있다고 봐요. 전쟁을 하느라 사방에 시체가 즐비하고 노약자와 어린이가 굶어죽고 동사해서 뒹굴고……. 이루 말할 수 없이 참혹한 현실을 맹자는 생생하게 기록영화를 찍듯이 기록하고 있습니다. 그런 상황에서 맹자의 이상, 그러니까 당시의 시대 정신이 뭐였겠어요? 평화예요. 제발 자기가 자연에게서 부여받은 생명을 타의에 의해 간섭받지 말았으면 하는 거죠. '종생(終生)' 하게 해달라는 겁니다. 다투지 않고 자기의 자연생명을 끝까지 누리는 게 당시 민초들의 꿈이었어요.

맹자는 평화를 구현하기 위해서 수많은 나라를 찾아다니면서 군주들을 설득했어요. 그렇게 하지 마라, 죽이지 마라, 인정을 행하라……. 평화 사회를 만들고 인정을 행하는 게 맹자의 정치 이상이에요. 이걸 실현하기 위해 어떤 방식으로 추구하느냐? 특히 맹자가 제나라 선왕을 만나 이야기하는 대목이 재미있어요. 제나라는 전국 가운데서도 굉장히 강성한 나라였어요. 어느 날 제나라 선왕이 앉아 있는데 신하가 흔종(釁鐘)이라는 제사 의식에 희생으로 바치려고 소를 끌고 가더래요. 소가 구슬피 우는 소리가 대청마루까지 들리니까 웬일이냐고 물었죠. 슬피 우는 소리가 마치 죄 없는 자가 형장에

끌려가는 것 같다고 선왕이 말했대요. 그러면서 양으로 바꾸라고 했다는 거죠. 이걸 보고 맹자는, 선왕에게 측은지심이 있으니 그걸 잘 발휘하면 나쁜 군주는 안 되겠다고 말했습니다. 측은지심을 가지고 있는 군주를 신하들이 잘 보필하면 백성들이 편안해질 거라는 이야기죠. 측은지심이 없으면 사람이 아니라는 거예요.

포악한 군주를 설득하기 위해서 맹자는 인간의 보편적인 심성에 호소한 거예요. 거기에 입각한 정치, 그리고 그것을 통해 평화를 이루려고 하고……. 맹자의 이런 정치적 이상은 플라톤적인 이분법과 거리가 멉니다. 인간이라면 누구나 가지고 있는 보편적 심성을 잘 계발해서 정치 현실 속에서 발휘하도록 하는 것이지, 어떤 초월적인 이상에 기대면서 강제적으로—혼자 철인왕인 척 잘난 체하면서—관철시키려는 게 아니니까요. 이런 점에서 맹자는 플라톤에 비하면 매우 민주적이라고 할 수 있지 않겠어요?

자연과 인간을 매개하는 문화

김용석 지금 논의가 이상주의에 관한 논란으로까지 확대됐는데, 여기서 논의 방향을 자연 속에서의 인간의 삶에 대한 이야기로 돌려보는 것은 어떨까요. 이 선생님께서 동양에서 인간의 전통 존재양식이 붕괴된 것은 서구적 근대의 수용 과정과 밀접한 관계가 있다고 말씀하셨죠. 이제 삶과 욕망, 인간 관계라는 계열, 그러니까 사회적 차원으로 들어와서 말씀을 나누었으면 합니다.

이승환 이 부분은 근대의 문제와 밀접하게 관련된다고 생각됩니다. 그런 점에서 서양을 배제하고 논의가 진행되기는 어려운 일일 것입니다. 아무래도 김 선생님께서 말씀을 시작하시는 게 적절할 듯한데요?

김용석 그러죠. 저는 먼저 '생활'이라는 개념에서부터 논의를 시작해보겠습니다. 우리가 생활을 생각하게 되면 한편으론 생명을 생각 안 할 수 없죠. 다른 한편으로는 좀더 구체적으로 일상생활이란 걸 생각 안 할 수 없어요. 그건 현대 철학의 주된 화두이기도 하고. 영어로 생명이란 'life'이고 생활은 역동적 개념을 넣어서 'living'이라고 하면 그 뜻을 더 잘 반영합니다. 그리고 그것이 사회적 맥락으로 들어오면 일상생활, 줄여서 흔히 일상이라고 하죠. 그러니까 생활이란 주제를 중심으로 좌우로 '생명-생활-일상' 뭐 이렇게 되겠지요.

말을 풀어가기 위해서—플라톤 이야기만 한 것 같아서—아리스토텔레스를 인용해보죠. 좀 재미있을 것 같아서요. 아리스토텔레스는 신은 부동의 쾌락을 즐기는 존재라고 했어요. 신은 가만히 있어도 즐거운 거고, 인간은 계속 움직여야 즐거워진다는 거죠. 그게 바로 생명의 힘인 것 같아요. 생명이란 뭔가 계속 살아가고자 애쓰는 상태거든요. 인간은 가만히 있을 때는 별로 즐겁지 않고 뭘 해야 돼요. 노래를 부르고 춤을 춘다거나, 스포츠를 즐긴다거나, 맛있는 것을 먹고 술을 마시는 것도 그렇고, 자동차 드라이브하는 것도 그렇죠. 그런 예는 수없이 많죠. 인간의 삶이니까. 에너지를 소모하더라도 인간은 계속 움직여야 되거든요.

그런데 간혹 인간이 일상과 다른 쾌락을 얻고자 할 때 부동을 찾긴 해요. 명상이나 수행 같은 것이 그런 것이지요. 그래서 인간이 신의 쾌락을 흉내내는 순간들이 있다고도 해요. 그런데 사실 명상이나 수행 같은 것도 겉으로는 역동적이지 않아 보이지만, 따지고 보면 내부적으로 굉장히 역동적일 수 있을지 모르죠.

그러니까 우선적으로 생명체로서 계속 역동적인 인간을 인식하는 것이 필요할 것 같습니다. 그리고 인간의 생활과 연관해서 일상을 봅시다. 일상이란 욕망이 분출하고 실현되는 시공간이라고 할 수 있지요. 그럼 욕망이란 주제로 이야기가 나아갈 수 있겠네요. 전 욕망이 상당히 복합적이라고 생각해요. 흔히들 단순히 식욕·수면욕·성욕 같은 원초적 본능을 바로 생각하는데, 그런 것 말고도 다른 욕망들이 굉장히 많거든요. 남에게 잘 보이기 위한 욕망, 명예욕이랄까, 아니면 남을 가르치고자 하는 욕망, 상을 타고자 하는, 아니면 경쟁하고자 하는 욕망들…….

이렇게 인간의 생활을 생각하다 보면 자연을 바라보는 다른 시각을 생각하게 되는군요. 자연을 주제로 이야기할 때는, 인공에 대비되는 자연과 같은 이분법을 많이 생각하죠. 하지만 인간의 생활이라는 차원에서는 삼각구도로 봐야 하지 않나 생각합니다. 자연과 인간 말고 문화란 요소를 집어넣을 필요가 있다는 거죠. 자연이란 주어진 거죠. 문화라는 건 인간이 생활 속에서 해나가는 거예요. 뭔가 이루어가는 가능성의 세계. 그러니까 주어진 것과 가능성 사이에서 인간이 어떻게 균형적인 생활을 영위하는가 하는 문제를 떠올리면 인공/자연이라는 단순한 이분법에서 좀더 폭넓은 지평으로 우리 대화를 이끌어갈 수 있지 않을까 합니다. 이상 두서없이 제시된 주제들을 이리저리 엮어보았습니다. 항상 어려운 시작은 나한테 부탁한단 말야. 하하하…….

이승환 그럼 다음에는 제가 먼저 하죠. 하하하!

환경 문제와 관련해서 우리는 '욕망'의 구조를 다시 들여다봐야 합니다. 사람들은 자동차의 배기 가스가 공해를 일으키고 에어컨 속의 프레온 가스가 오존층에 구멍을 뚫는 건 다 알아요. 다 알면서도 여전히 냉장고나 에어컨을 사용하고, 자동차 몰기를 포기하지 않아요. 지금 당장 편하니까요. 편리를 추구하고 불편함을 싫어하는 건 인간의 욕망이에요. 그런 욕망이 결국 장기적으로는 내 안식처를 빼앗아갈 거라는 사실을 알긴 알지만, 지금 당장 불편하니까 실천을 하지 못해요. 우리 삶 속에서 욕망이 절제되지 않는다는 것이 생태 문제를 일으키는 주요한 원인이죠.

동양사상 속에도 욕망에 관한 숱한 이야기들이 있죠. 근대 이후에는 과학기술을 이용해서 자연을 개발하고 정복해서 무한히 재화를 산출할 수 있다는 생각이 팽배해, 욕망의 무한 추구가 가능하다고 맹신하게 된 거지요. 자본주의의 작동 기제가 그렇습니다. 사람들의 욕망을 자극함으로써 소비를 진작시키고, 거기서 나온 이윤을 다시 생산에 투자하고……. 과잉 생산과 과잉 소비를 이어주는 고리가 바로 욕망입니다. 그리고 이것이 바로 자본주의의 추동력이며 자연과 생태를 파멸시키는 원인입니다. 앞으로 어떤 식으로든 욕망을 절제하지 않으면, 과잉 생산과 과잉 소비라는 악순환의 고리가 끊어지지 않을 거라고 생각합니다.

자연 자원이 유한하다는 인식이 필요해요. 전통 사회에서는 자연 자원이 유한하다는 생각이 일찍부터 있었어요. 인간의 힘으로 아무리 노력해도 생산되는 양이 뻔하니까, 유한성에 대한 절감을 일찍부터 한 거죠. 특히 농업 사회라는 점에서 그랬습니다. 동양 전통에는 이런 이야기가 있어요. '천지생재, 지유차수. 부재하즉재상, 부재차즉재피(天地生財, 只有此數. 不在下則在上, 不在此則在彼).' "하늘이 재물을 생함에 일정한 수량이 있어서, 아래에 있지 않으면 위에 있고, 여기 있지 않으면 저기에 있게 된다." 생산력이 저급한 전근대 사회에서 생산량은 일정하니까 이것으로 나누어 먹고살아야 하는데, 윗사람이 많이 가져가면 아랫사람이 모자라고, 저 사람이 많이 가져가면 나는 굶을 수밖에 없다는 이야깁니다.

그렇게 일정한 재화를 가지고 어떻게 나누어 먹느냐? 이게 동양적 정의관의 출발점인데, 결국 생산량이 일정하니까 힘센 놈이 욕망을 줄이는 수밖에 없어요. 힘센 놈이 더 먹으면 나머지가 굶을 수밖에 없게 되니까요. 그래서 동양 전통에서는 '欲'과 '慾'을 구분합니다. '欲'이 기본 생존에 필요한 필수적 욕구라면, '慾'은 기본 생존의 수요를 뛰어넘는 과잉 욕망이라고 할 수 있죠. 노자와 맹자도 생존에 필요한 기본적 욕구까지 부정하는 건 아니에요. 과잉 욕망을 경계하는 거지요. 즉, '慾'을 부정하는 거지 '欲'을 부정하는 건 아니란 말이죠.

동양의 분배에 관한 관점은 현대에도 유효합니다. 근대 이후 지구의 자원이 '무한'하다고 믿고, '무한 진보'를 주장하며 자연을 착취해왔죠. 그러나 자원이 정말 무한합니까? 석유·석탄 등 화석 연료가 100~150년이면 바닥나고, 그 안에 자연이 공해로 망가질 것이 뻔한데 무슨 '무한 자원'이고 '무한 진보'입니까? 요즘은 신자유주의까지 설쳐대며 '무한 경쟁'을 외쳐대고, 미국은 아프칸에 대하여 '무한 정의'를 외쳐대는데 참 기가 막혀요. 그 사람들은 무슨 '무한'이 그리도 많아요?

이제는 '유한'을 인식해야 합니다. 인간의 오만함을 버리고 스스로의 '유한'함을 깨달아야 합니다. 자본 종주국의 무한한 오만을 버리고 약자의 고통에 대해 생각해봐야 합니다. 선진국들이 과잉 소비하는 에너지만 잘 분배해도, 일년에 10억씩 굶고 있는 사람, 1백만 명씩 죽어가는 어린아이들을 다 먹여 살릴 수 있어요. 가진 자들의 욕망〔慾〕! 이것 때문에 빈익빈 부익부가 생기고, 자연 파괴도 일어나는 거예요. 미국인 한 명이 사용하는 에너지 총량은 에티오피아인의 580배입니다. 우리나라도 점차 미국을 닮아가지요. 꼭 그렇게 따라할 것까지 없는 일마저 따라하려고 한단 말이에요. 가진 자의 욕망을 절제하지 않으면 환경 보전도 이루어질 수 없고 인간과 인간의 관계도 회복될 수 없어요.

근대 사회는 욕망을 승인하는 사회예요. 자본주의에서는 인간이 누구나 자유롭게 자신의 욕망을 추구할 수 있다고 말하지요. 여기서 배타적 소유권이 확립되는 겁니다. 자본주의 사회에서는 소유권자 이외에는 아무도 사적 소유물을 건드릴 수 없어요. 17세기 영국의 법은 포악하기로 유명했죠. 부르주아의 배타적 소유권을 보호하기 위해서 14세 소녀가 손수건 한 장 훔친 죄로 사형을 당하고 16세 소년이 빵 한 조각 훔친 죄로 사형을 당합니다. 《장발장》이라는 소설 아시죠? 빵 한 조각 훔친 죄로 무기징역을 받는 것 말이에요. 이게 소설이지만 실제로 그랬어요. 유럽에서도 영국은 가장 심했어요. 가진 자의 배타적 소유권을 보호해주고 못 가진 자에게는 '너의 능력 부족' 혹은 '게으름의 소산'이라며 '가난한 자의 책임'으로 돌려버렸어요.

인간과 인간의 관계를 이렇게 배타적인 장벽으로 쌓아버리고 약자가 짓밟히고 빈자가 굶어죽는 것을 못 본 체 웃어넘기는 소유권적 개인주의를 진리의 체계라고 믿는 사람들이 있으니 이 얼마나 슬픈 일입니까? 물론 자유주의에도 긍정적인 면이 있지만, 태생적 한계를 안고 있어요. 자유는 소중하지만 자유주의는 위험합니다. 인간과

인간의 분리라는 관계에서 출발하는 근대적 사유는 인간을 물신화로 이끌어가고, 인간과 인간을 분리시키며, 인간과 자연을 이분법으로 나누고, 생태계를 파멸로 몰아갑니다.

우리는 불교의 연기를 다시 봐야 합니다. 모든 미물들까지도 서로 의존하면서 살아간다는 공생·화해의 관계 말입니다. 제가 작년에 안식년을 맞아 지리산의 한 암자에서 몇 달 머무를 때 하숙비 조로 돈을 내려고 하니까 주지 스님 하시는 말씀, "절에 오는 사람은 승이든 속인이든 모두가 객(客)이라! 다 같이 얻어먹는 처지에 무슨 돈을 낸단 말이요?" 그 스님 말이 맞아요! 인드라망의 비유에서 볼 수 있듯이 우리는 상호 의존적 관계입니다. 독자적으로 절대적으로 '내 것'이라는 것은 허위 의식입니다. 자유주의가 상정하는 배타적 소유권은 근거가 없는 것입니다. 우리는 태도를 바꿔야 해요. 이건 이론이 아니라 실천입니다. 작은 불편을 감내하지 않고서는, 작은 이익을 포기하지 않고서는, 자연을 보호할 수 없어요! 인간을 회복할 수도 없구요!

아직은 우리가 여유가 있는 모양이에요. 아직은 환경 보전과 이익 추구 가운데서 하나 고르라면, 이익을 취하려는 사람이 태반이거든요. 하지만 몇십 년 안에 악화될 대로 악화된 자연 환경 속에서는 사람들이 분명 작은 이익이나 편리함을 포기하려 할 것입니다. 그러나 그때는 이미 늦습니다. 버스가 지나간 다음에 손을 드는 격이지요. 악화될 대로 악화된 상태까지 갈 필요가 있습니까? 그래서 근대인은 미련한 지혜인이지요. 자연을 복원하는 데는 파괴하는 데 비해 몇십 배의 노력과 재화가 듭니다. 아직 덜 파괴됐을 때 자신의 삶을 조정하고 욕망을 조절해야 됩니다. 나 자신을 위해, 동료 인간을 위해, 그리고 나의 안식처인 자연을 위해, 나의 욕망〔慾〕을 들여다봐야 한다 이겁니다. 욕망에 대한 절제와 자신에 대한 성찰을 통해서만 '나'를 회복하고 '인간'을 회복하고 '자연'도 회복할 수 있으리라 봅니다.

김용석 아니, 그런데 몇십 년 안에 자연이 꼭 악화될 대로 악화된다고 겁주지 마세요. (웃음) 사실 자연 환경 보호에 힘써야지요. 그건 그렇고 이 선생님 말씀은 애초부터 동양 전통은 관계 중심적으로 사고해왔고 근대 자본주의의 발달과 더불어 가짜 욕망들에 대한 강한 부추김이 일어났다. 이것이 사회 제도 안에서는 배타적 소유권 또는 소유권적 개인주의라는 제도 장치에 의해 뒷받침됨으로써 결국은 관계의 상호 의존성을 파괴했다는 말씀이신가요?

이승환 그렇습니다. 그런 점에서 근대성이 내포하는 사유 구조에 대해 좀더 비판적인 시각으로 짚어보고 싶습니다. 근대성을 특징짓는 것으로는 '배타적 이분법'도 있지만, 과학적 탐구 방식에서 나오는 한계도 있습니다. 이제 과학적 탐구의 자세와 관련해서 근대성의 문제점을 살펴보기로 하겠습니다.

근대에서는 세계를 바라볼 때—거칠게 말해서—두 가지 관점에서 바라봅니다. 하나는 환원론이고 다른 하나는 기계론입니다. 근대 과학은 세계에 존재하는 것들을 입자들의 인과 관계에서 파악하는 입자론·원자론에서 시작합니다. 쪼개고 더 쪼개도 분할될 수 없는 마지막 입자, 이게 세계의 근본 실재라고 보는 거예요. 그리고 세계는 입자들의 기계적 인과 관계에 의해 운동한다는 겁니다. 인간과 인간의 관계도 굉장히 기계론적이에요. 감성이 배제되고 차가운 이성만 남는 거죠. 도구적 이성의 핵심은 '계량화'에 있어요. 그래서 생물학까지 물리학으로 환원시키고, 인간까지도 동물기계로 환원시키죠. 자본주의 경제학도 이런 세계관에서 나온 겁니다. 모든 가치를 화폐적 가치로 환원시켜 설명하려는 거지요.

인간 관계에서도 기계론과 환원론이 적용됩니다. 빵은 내 배타적 소유권이니까 손대면 사형시킨다 이거죠. 배고픈 자가 어떻게 느끼는가에 대해선 아무런 느낌이 없는 거예요. 또 모든 인간의 관계를 '권리'라는 일률적 관계—혹은 화폐라는 가치—로 '환원'시켜 연산합니다. 여기에 비해 동양에서 세계를 보는 관점은 환원론이 아니라 구체적 현상론이라 할 수 있죠. 존재하는 모습들을 있는 그대로의 구체성 속에서 파악하자는 것이죠. 구체성·개별성의 사고입니다. 동양에서 과학이 발달하지 못한 것도 그런 이유 때문입니다. 과학이라는 것은 일반화시키고 간단한 법칙으로 환원시켜서 설명해야 되는데, 그러지 못했다는 것은 약점이면서 장점이라고 할 수 있습니다.

기계론 대신 동양은 생기주의(生氣主義)예요. 유기체적이죠. 동양에서는 만물유정(萬物有情)이라는 말을 합니다. 우리는 인간 간의 세밀한 감정을 얼마나 중시합니까. 조선조 2백 년 동안 이끌어 온 중요한 논쟁 가운데 하나가 4단7정(四端七情) 논쟁이에요. 이건 인간의 감정에 대한 논쟁이죠. 이성만이 아닌 감성까지 동시에 추구하고, 자연을 바라볼 때도 기계론적 관점이 아니라 생기론으로 봤다는 겁니다. 다른 인간을 바라볼 때도 환원론이나 기계론이 아니라, 구체적으로 여기에 살아서 숨쉬고 아파하고 고통스러워하는 타자를 '구체적'으로 바라보려 한 것이죠. 기계론과 환원론으로 대변되는 근대성을 극복하기 위해서는, 그렇지 않았던 동양적인 '생기론적 관계론'을 다시금 조명해야 한다는 생각이 듭니다.

세계관이 나왔으니 이제 앎의 문제로 넘어갑시다. 동양에서는 실천이 따르지 않으면 앎이라고 하지 않았어요. 마르크시즘에서도 진리는 실천을 통해 검증이 된다고 했는데, 동양사상에서도 비슷했어요. 특히 유학에서는 역사적 경험을 통해 진리가 검증된다고 봤어요. 서양에서는 실험실에서의 관찰, 눈앞에 보이는 이익이나 효과에 치중하는 단기간적인 관찰이지만, 동양에서는 장구한 역사 속에서 실천적으로 검증되지 않으면 진리라고 여기질 않아요. 죽어서 관 뚜

서양과 동양이 127일간 e-mail을 주고받다

경을 덮기 전까지는 그 사람을 평하지 말라는 말도 바로 그겁니다. 정권의 정당성, 학문의 진정성에 대한 평가에서도 마찬가지였어요.

근대 서구의 지식 체계에는 '역사적 평가'라는 게 결여되어 있습니다. 역사 전통을 부정한 게 근대성이거든요. 나는 새로 만들 수 있다, 나는 창조자다, 반란자다……. 이것이 근대성의 특징이잖아요. 역사를 통해 전체를 보는 안목을 가지고, 종합적이고 총체적으로, 지구와 우주를 한눈에 바라보면서 학문을 해야 비로소 인간과 자연의 위기를 극복할 수 있는 거지요. 근대성이 지니고 있는 근시안적인 '뱁새 눈'으로는 안 됩니다. '밴댕이 속'으로도 안 됩니다. '좁쌀 영감' 같은 기술전문가적 자세로도 안 됩니다.

선생님께서는 그런 기계론적이고 환원주의적인 사고방식은 한물갔지 않느냐고 반문하실지 모르겠어요. 그러나 그렇지 않습니다. 아무리 상대성 이론이 나오고, 열역학 제2법칙이 나오고, 카오스 이론이 나와도, 그러한 사유 방식은 '관성력'을 가지고 현대 사회의 곳곳을 지배하고 있어요. 지난 학기에 대학원 입학 면접시험에서 한 지원자를 만났는데, 이 학생이 이러한 관성력과 관련된 재미있는 이야기를 하더군요. 그 학생이 미국에서 대학원 다닐 때 농생물학 실험실에서 약품을 개발하게 되었는데, 이게 아무리 봐도 자연 환경에 굉장히 위험한 약품이더라는 거예요. 그래서 지도교수한테 환경에 미치는 위험성에 대해 말했더니 지도교수가 그러더래요. "그건 우리 소관이 아니야, 우리 소관은 개발하는 거라구! 자네 할 일이나 해!" 학문의 기술관료화로 인한 장벽화, 과학의 무책임성, 지식의 탈도덕성, 경제의 무목적성, 광신적 개발주의의 비윤리성……. 이 친구는 너무도 실망을 느낀 나머지 미국에서 하던 대학원 공부를 때려치우고 환경철학을 하러 돌아온 거지요.

이것이 바로 근대적 학문의 특징입니다. 각 분과 안에서는 지극히 전문적이지만 유기적 연관성이 없어서 전체를 보지 못하는 거죠. 전체를 보지 못하는 학문이 근대적 학문의 특징이에요. 저는 지식과 관련해서 두 가지를 강조하고 싶어요. 하나는 "실천으로 이어지는 지식이어야 된다."는 것이고, 둘째는 "역사적이고 우주적인, 거시적인 통찰 속에서 지식을 추구해야 한다."는 겁니다.

김용석 지금까지 네 차례의 토론에서도 그랬고, 지금 이 선생님 말을 들으면서도 이런 걸 느꼈어요. 현실을 직시할 필요가 있다, 그런데 사실 주장만큼 현실 인식이 안 따라갈 수도 있다는 것이죠. 저도 마찬가지구요.

그런 것은 아주 작은 것에서도 발견되는데, 예를 들면 지행합일 같은 것이 그래요. 아마 이 선생님께서도 인식하겠지만 지행합일이라는 것을 실천하는 것이 현실적으로 굉장히 힘들다는 게 문제겠죠. 이건 제 입장입니다만, 그래서 지행합일 같은 덕목은, 말로 자꾸 강조하면 할수록 자기모순이 될 가능성이 높아지니까, 지식층이 몸으로 보여주는 것이 필요하다고 봐요.

제가 우스갯말로, 우리나라에서 몸담론에 대해 많이 논의하는데 몸담론의 진짜는 지행합일에 있다고 말한 적이 있어요. 몸을 가지고 이야기할 수 있는 건 진짜 몸으로 보여주고 그때 나오는 행위가 '아름다울' 때 상당수 젊은 사람에게 자동적으로 가르침이 될 수 있지 않나 생각해요. 몸의 진정한 철학적·도덕적 의미는 여기에 있는 게 아닐까요? 지행합일이 이루어진 어떤 사람의 몸과 삶 속에서 그 몸의 움직임을 보면 미학적인 요소가 있다는 생각이 듭니다. 행동이 아름답다는 느낌이 절로 오지요.

욕망의 복합성

또 절제라는 면에서 삶의 태도를 바꾼다는 것도, 그게 사실은 진짜 어렵거든요. 서양에서도 욕망의 문제는 큰 화두였죠. 스토아 학파와 에피쿠로스의 관계에 대해서 일반적인 오해를 하고 있을 것 같아 이야기하는데, 이 둘이 대립적인 관계는 아닙니다. 이미 서양에서도 16, 17세기에 에피쿠로스를 재평가하기도 했는데요, 에피쿠로스가 무조건 쾌락주의로 가자고 한 건 아니라는 겁니다. 인간한테 욕망이 있다는 것 자체는 인정하자, 그러니까 자연이 있고 생명체가 있고 생명체가 살려는 과정에서 욕망이 나온다는 거죠. 에피쿠로스는 그 욕망이 우리한테 고통을 주는 것을 잘 조정할 수 있는 방법이 뭘까 생각을 해본 겁니다.

욕망을 잘 조절하지 못하면 고통이 오잖아요. 어느 정도는 욕망을 실현해야죠. 욕망과 고통을 연결시켜서 해석했다는 점에서 에피쿠로스는 독창적이에요. 그런데 에피쿠로스가 스토아 학파에 대립되면서 비판되었던 것은 상당수 로마 시대에 와서 이루어진 겁니다. 로마 시대에 스토아 학파가 정치권력과 깊이 관여되어 있었거든요. 더 큰 비판은 크리스차니즘에서 왔지요. 에피쿠로스를 완전히 폄하했으니까요. 단순히 욕망주의자, 자유방임주의자라고요.

하나 더 문제되는 건, 현대에는—제 용어로 말하면— '유도된 욕구'가 너무 많다는 거죠. 텔레비전도 리모컨 없이 잘 보다가 리모컨을 사용하기 시작하면 그거 없으면 못 살아요. 제가 재미있는 이야기를 해드릴까요. 한번은 친구 집에 놀러갔는데, 마침 무슨 야구 결승전을 하니 텔레비전 빨리 켜야 된다고 리모컨을 찾는데, 도저히 못 찾는 거예요. 소파 밑으로 들어갔는지……. 시간은 자꾸 흐르는

데, 그 친구 계속 리모컨을 찾더라니까요. 아니, 그 시간에 텔레비전 앞에 가서 손으로 켜면 되는데……. 그래서 제가 가서 켰지요. 그런데 벌써 1번 타자가 첫 타석 초구 홈런으로 득점했더라구요. 그러자 그 친구는 또 그 장면을 못 봤다고 한탄하더라구요……. 자업자득이죠.

우리 생활의 여러 시스템 자체가 수많은 욕구를 유도하죠. 의지주의, 그러니까 절제해야 된다는 것 하나만으로는 힘들다는 겁니다. "의지 있는 곳에 길이 있다."가 아니라 "길이 의지를 창출한다."니까요. 그래서 한편으로는 물론 애를 쓰라고 가르쳐야 되지만 한편으로는 그것에 대한 구조적인 해결책을 어렵지만 찾아야 돼요. 적어도 사회적인 차원에서 찾으려고 지속적으로 노력해야 해요. 유도된 필요성들이 너무 많기 때문에 그렇습니다. 아까 제가 현대 사회에서 욕망을 바라볼 때 복합적으로 봐야 된다고 한 게 그런 이유에서 이야기한 겁니다.

그리고 욕망과 절제에 대해서 논할 때 또 하나 염두에 두어야 할 것이 있습니다. 우리 사회에는 기초적인 욕망조차도 충족하지 못하는 사람이 많아요. 노동 때문에 수면을 못 채우는 사람도 많죠. 결식아동 문제는 사회적으로 부각되지만, 그날그날 하루의 끼니를 마련하기 위해 고민해야 하는 빈민층들도 아직 꽤 되지요. 어떤 통계를 보니까 지금 시골에 남아 있는 남자들은 30, 40대가 돼도 장가 못 간 사람들이 많다는 거예요. 색싯감이 안 나타나서요. 욕망의 문제는 이렇게 일상에서 많이 발견되거든요.

이 선생님께서 아까 실천이 있는 지식에 대해 말씀하셨는데 당연하죠. 그러려면 일상을 관찰하는 지식이 필요하다고 봐요. 우리가 멀리 있는 것은 오히려 뉴스를 통해서 금방 알잖아요. 국제 뉴스 같

은 것도 그렇고요. 그런데 내 주변에 있는 것들은 일상의 삶 속에서도 잘 못 봐요. 그래서 우리는 진정으로 사회적 유대를 가지려면 일상에서 주변을 잘 봐야 해요. 그리고 기초적인 욕망조차 충족시키지 못하는 사람들한테 역설적으로 절제만 말하면 굉장히 사치라고 느껴질 수 있다는 겁니다.

이승환 그래서 저는 '얼굴 없는 보편성'의 담론으로서 '욕망의 절제'를 이야기한 것이 아니라, '가진 자'의 욕망을 절제해야 된다고 말한 겁니다.

김용석 맞아요. 그러니까 이른바 사회 지도층이 솔선수범하고 지행합일하라는 것 아닙니까.

그리고 논지를 좀더 넓혀서, 우리가 산다는 건 다른 두 가지 개념하고 연관되어 있어요. 죽음과 위험. 어떤 서양 철학자는 모험이라고 하는데 나는 위험이라고 생각해요. 생명이라는 건 어떻게 해서든지 '살고자 애씀'을 추상화시킨 말이라고 할 수 있어요. 그건 우리가 쉽게 설명할 수 없는 거죠. 그 자체를 받아들여야 하죠. 살고자 애쓰는 사람이 기초적 욕망을 충족시키지 못하면 생명이 아니라 죽음으로 가고, 죽음으로 가기 전까지는 수많은 위험이 있고……. 그래서 제가 처음에 대답할 때 안전의 문제도 철학적 화두로 들어올 수 있다고 한 겁니다. 그리고 안전도 복합적인 개념입니다. 개인의 안전, 사회의 안전, 더 나아가면 문화적 성과가 일으키는 것과 연관된 안전 등등……. 그래서 제가 '안전 철학'을 해볼 만하다고 한 것이죠.

일상 속에서 욕망이란 집합적으로 발현되기도 하지만 제어되기도 하거든요. 특히 우리같이 어려운 상태에 있는 상황에서는 미시적 관찰을 해야 한다고 봐요. 철학은 항상 망원경과 현미경을 같이 가지고 있어야 한다고 생각해요.

그리고 욕망과 절제, 방종과 수양 사이에도 역설과 모순이 있다는 걸 알아야 합니다. 82세 되신 어떤 분이 선(禪) 수행을 하시다가, 80세 고령자가 킬리만자로를 등반해 기네스북에 실린 것을 보고 기록을 깨기 위해 도전했다는 거예요. 그리고 신문에까지 나왔어요. 그런데 그게 저한테는 모순으로 보였습니다. 선 수행을 하는 것과 기네스북에 올리기 위해서 하는 것이……. 기네스북도 서양 사람들이 만든 것인데…….

선이 정말로 욕망을 절제하고 카타르시스를 만들어준 것인가, 아니면 궁극적으로는 현대 사회가 만들어놓은 허구적·경쟁적 틀에 들어간 것인가 하는 문제를 잘 봐야죠. 서양에도 수도사의 수행 같은 것이 있었는데……. 역사적으로도 절제를 위한 수도와 선은 소수의 것이었고, 말로는 쉽고 훈계하기는 편해도 현실감이 많이 떨어지는 것이죠. 어쨌든 욕망의 절제라는 것이 소수의 이야기가 될 가능성도 많고, 그것이 허상일 수도 있고 구호성일 수도 있고 그렇거든요. 그래서 절제는 정말 소중한 덕목이지만, 그 실행을 위해서는 올바른 인식 아래서 서로 협조해야지요.

HIT No. 8 섞임의 시대를 여는 다섯 가지 개념들

> 대담은 이제 현실을 넘어 미래로 달려간다.
> 새로운 시대에는 새로운 개념이 필요하다.
> 두 철학자의 얼굴에 피곤한 기색이 역력했지만 혼합의 시대를 여는
> 새로운 인식의 틀을 짜는 일을 뒤로 미루지 않았다.

김용석 우리가 자연을 이야기할 때, 외부의 자연만 이야기하는 경우가 많습니다. 그런데 인간성, 우리가 'human nature'를 인간 본성이라고 번역하거든요. 그러니까 인간 본성도 감안해야 된다는 거죠.

어떤 사람은 인간 본성은 안 변한다고 그러기도 하는데, 사실은 인간 본성도 변할지도 모르지요. 그리고 본성이 안 변한다고 하더라도 본성에 대한 우리의 인식은 변할 수 있어요. 그건 중요한 거죠. 그러니까 본성 자체는 5천 년 전과 똑같다 하더라도 본성에 대한 인식은 변할 수 있다는 것을 간혹 자연을 이야기할 때 빠뜨리는 경우가 있는데, 중요하죠.

이때 밖에 있는 자연은 가시적인 자연이죠. 그러나 인간의 본성은 금방 눈에 보이는 것은 아니죠. 비가시적 자연이기 때문에 철학

적 주제가 될 수 있다고 봐요. 철학이 상당수 비가시적인 것에 대해 ─영혼, 사랑 등─ 이야기하는 것이기 때문이죠.

그것은 앞서 잠깐 언급했듯이, 고대 그리스의 'physis'라는 것, '자연'으로 번역하는 것은 자연과 인간의 구분 없이 어떤 총체성을 이야기하는 거예요. 그리스어 문장들을 보면 '피시스'와 영혼·생명 등을 뜻하는 말들이 서로 상호 호환성을 가지며 쓰일 때도 꽤 있었어요. 그만큼 세상에 대해 어떤 조화로운 생각을 갖게 되기 쉽지 않았나 싶어요. 그러니까 플라톤이나 파르메니데스에서 볼 수 있듯이 세상 자체가 생명이라는 표현이 나오게 된다고 봐요. 별도 생명처럼 산다 이거죠. 다시 말해서 우주 전체를 하나의 생명체로 본 거죠. 이는 바로 우주적 생명체로서 인간 본성에 대한 인식이 내포되어 있다는 뜻이기도 하고요.

가시적 자연과 비가시적 자연

서양 철학사를 보면 자연주의를 바탕에 두고 사상을 전개한 사람이 쇼펜하우어죠. '의지와 표상으로서의 세계'라고 할 때, 여기서 의지는 내 의지가 아니에요. 그건 세계의 의지고, 자연의 의지예요. 그렇다고 해서 쇼펜하우어가 인간의 자유를 완전히 부정하지는 않았어요. 거기서 벗어날 수 있는 것을 '수양'이라고 봤거든요. 욕망을 절제하고 수행의 길로 간다는 것은, 자유를 완전히 결정론에 복속시키지 않았다는 뜻이지요. 그리고 그 후로 후설의 생활 세계에서도 생명관이 들어가 있고, 베르그송은 더 하지요. '생명의 비약(élan vital)'이 그렇듯……. 서양철학에서도 생명과 자연을 연계해서 보는 것이 상당히 있었어요.

이승환 이미 앞에서 이분법에 대해 이야기했지만 서양적 이분법은 초월적 이분법이 주류를 이루어왔다고 생각하는데, 동양에서의 이분법은 대대적 이분법이라고 이야기할 수 있지요. 동양의 이분법은 내재적인 이분법이에요. 동양에서는 자연 바깥에 초월적인 주재자를 상정하지 않았어요. 다시 한 번 강조해두고 싶군요.

김용석 제가 동양철학을 잘 모르지만 어디선가 동양사상의 초월적 요소를 주장한 동양 학자의 글을 본 적이 있는 것 같은데요. 그것이 어떤 성격의 초월인지 한번 살펴봐야겠네요. 동양사상의 초월적 요소에 대해서는 재고해봐야 할 것 같습니다.

자연에 대해서 말을 계속하겠습니다. 외부적 자연과 인간의 삶은 모순적 공존의 사이라고 봐요. 인간은 지구 자연이라는 유기적 자생성에서 이탈하는 행위를 이미 농경을 시작하면서 했단 말이에요. 서양 언어는 '경작하다(cultivate)'라는 말에서 문화(culture)라는 말이 나왔으니까. 그렇기 때문에 자연과 인간의 갈등은 근대 사회에 오기 전부터 있었어요.

그런데 인간과 자연과의 관계의 모순성을 인정하지 않고 갈등으로만 본다면 문제가 심각해져요. 모순은 반드시 공존을 전제해야 되는 것이거든요. '矛(창)'와 '盾(방패)'이 서로 없앨 수 없기 때문에 모순으로서 공존하는 거죠. 어쩔 수 없이 완벽한 공생 관계를 이루어야 하는 모순, 그것이 인간과 자연의 관계라고 생각해요.

제가 자연/인공의 이분적인 관계보다는 인간/문화/자연의 삼각 구도로 보는 이유가 거기 있는 거죠. 인간은 자연 속에 있지만, 자연 조건 속에서 문화 활동을 할 수밖에 없고, 문화 활동을 하는 발현 자체는 인간의 본성이 발현된 것이라고 보기 때문입니다.

이승환 동의합니다. 인간은 동물이면서 동시에 생각하는 존재지요. 즉, 생물학적 존재이면서 동시에 문화적 존재인 셈이지요. 인간과 금수에 대한 맹자의 구분 역시 이러한 기준에 의하고 있고, 성리학의 의리지성(義理之性)과 기질지성(氣質之性)의 구분도 이와 같습니다. 하지만 맹자와 주자는 인간이 동물과 공유하는 '자연성'의 측면보다는, 인간으로서 고유한 측면(문화성)을 더욱 고양시키기를 원했지요. 물론 근대에 와서는 이러한 구분이 역전되기는 했지만 말입니다……. 즉, 근대에 들어서는 '자연성'을 대표하는 '욕망'이 '문화성'으로 대표되는 '본질적 합리성'을 지배하기 시작한 거지요. 그런데 혹시 선생님께서는 인간의 동물적 자연성이 문화적 합리성보다 우위에 놓여야 한다고 생각하시는 겁니까?

일상, 관찰과 성찰의 거리

김용석 그보다는 인간의 자연성과 문화성을 동시에 인정할 수 있는 시야가 필요하다는 사실을 강조하는 겁니다. 그런 점에서 저는 인간의 일상생활의 세계가 무척 중요하다고 생각해요. 일상은 실천적 과업이 행해지는 장소지요. 다른 한편으로는 인간 이해의 지평을 넓힐 수 있는 이론적인 보고라고 봐요.

과거에도 일상을 무시하지는 않았어요. 예를 들어 소크라테스 같은 경우에 일상에서 화두를 가지고 오거든요. 대개 젊은이들이 있는 학교나 체육관에 간다든가, 아니면 시장에 간다든가 해서 일상적인 터전에서 사람들과 대화를 나누었죠. 그런데 일상은 숨어 있는 경우가 많죠. 너무 당연해서 잘 안 보이고 그 중요성이 잘 느껴지지 않거든요. 그래서 일상에 대한 세심한 관찰이 필요해요.

또 하나는 우리가 일상을 이야기할 때 반드시 비일상을 이야기해야 한다는 점입니다. 우리가 일상의 무료함이나 속박에 대해서는 이야기를 많이 하죠. 그래서 사람들은 일상에서 도피하고 싶은 충동이 있어요. 따라서 일상 속에서 비일상적인 가능성을 찾아야 된다는 것이지요. 예를 들어 자기 생활에서 아침에 일어나서 명상을 10분씩 한다면 그건 비일상적인 행위거든요. 그런 비일상적인 행위들이 시간적으로는 짧지만 또한 우리의 일상을 생기 있게 하는 것이거든요.

이승환 일반 사람들이 도가나 유가 등의 동양사상을 대할 때, 일상에서 벗어난 초월적이고 신비적인 삶을 추구했던 사상이라고 받아들이기가 쉬운데, 오히려 동양사상은 '일상'을 출발점으로 합니다.

동양사상에서의 '일상'은 '앎'의 출발점입니다. 일상이라는 건 우리의 지식과 유리되면 결코 안 되는 거죠. 유가적인 학문에서는 특히 그렇죠. 유가에서는 학문을 소학(小學)과 대학(大學)으로 나누는데, 소학(즉, 작은 학문)은 '쇄소응대지절(灑掃應對之節)'이에요. '쇄소응대'라는 것은 물을 뿌리고 빗자루로 쓸고 사람이 오면 응하고 대하는 거죠. '소학(elementary education necessary for everyday life)'은 바로 일상생활의 '도'를 가르치는 것이에요. 일상의 실천을 통해서 인간의 도리가 이거다, 이런 게 바람직한 삶이다, 이건 아니다라고 교육하는 겁니다. 그런 후에 '대학'의 단계로 가면 비로소 '자연의 도'와 '정치의 도' 같은 것들을 가르치는 거죠. 모든 지식의 출발점이 일상에 있어요. 그리고 일상은 자신의 몸 관리에서부터 시작하는 거예요.

《예기》를 보면 '구용(九容)'이 나와요. 아홉 가지 용모라는 뜻이지요. 서 있을 때는 어떤 모습으로 서야 하고, 걸을 때, 앉아 있을 때, 심지어 말할 때는 어떻게 해야 하는가에 대한 언급입니다. 아홉 가지 용모 가운데 가장 미세한 것이 숨이에요. 숨을 쉴 때, 들리지 않는 듯하게 쉬어라. 숨이 거칠다는 것은 그만큼 마음이 안정되어 있지 않다는 뜻이다……. 심지어 숨까지도 조심하라고 말해요. 자신의 몸에 대한 아주 미세한 부분까지도 항상 성찰적으로 깨어 있으라고 말이에요……. 이러한 미세한 몸가짐이 타자와의 관계에서 지니는 의미와 영향에 대해 깨어 있는 의식으로 성찰하라는 거예요.

또 《주역》에 보면 '수사입기성(修辭立其誠)'이라는 말이 있는데, 언사를 닦아서 성실함을 이룬다는 거죠. '말한다'는 게 일상생활에서 굉장히 중요해요. 헛된 말 속에 사람과 사람을 불신으로 몰고 가는 원인이 있다고 보고, 진실된 말을 하도록 가르치는 거죠. 동양철학에서 '일상'이라는 건 모든 사고의 출발이에요. 공자는 이렇게 말했죠. '하학이상달(下學而上達).' 일상 속의 가까운 데서부터 배워나가라는 거지요. 그리고 성리학 저작 가운데 《근사록(近思錄)》이라는 것이 있어요. 가까운 것에서부터 생각해나가라는 의미죠. "Think from the nearest!" 제가 영어로 말하니까 그럴듯하죠? 한국 사람들은 제가 우리말로 말하면 "긴가 민가?" 하다가, 영어로 말하면 "와우! 참 진리네!" 하고 생각하지요.

불교의 《아함경》에는 일상 속의 진리에 대해 더욱 가까이 다가오는 말을 담고 있어요. 한 사람이 산길을 가는데 화살이 날아왔대요. 그 사람이 '이 화살은 어느 각도에서 날아왔을까?' '어떤 종족이 쏜 화살일까?' '무슨 풀에서 뽑은 독약을 묻혔을까?' 생각하는 틈에 독약이 몸에 스며들어 버린다는 거지요. 부다는 이렇게 권합니다. "먼저 네 몸에 꽂힌 독화살을 뽑아라!" 너무도 일상적인 진리 아닙니까? 일상 속에서의 진리는 멀리하고 요원하고 추상적인, 실현 불가능한 관념의 유희만 즐기는 철학자들에 비하면 얼마나 '친근하고' '마음에 와 닿는' 이야기입니까? 동양의 사상은 '초월' 세계를 지향하는 것이 아니라 일상적이고 구체적인 생활 속에서 체험할 수 있는 진리를 이야기합니다. '몸'에 대한 강조와 '수양'에 대한 강조가 특히 그런 거라고 할 수 있지요.

김용석 화살의 예는 전에도 들어봤습니다. 그런데 누구든 그런 가르침이 없어도 몸에 꽂힌 독화살 처리를 먼저 생각할걸요. 그것이 당연한 게 아닐까요. 그리고 영어로 말하니까 더 어색한데요. 우스갯소리가 아니고 제가 지금까지 토론에서 여러 번 느낀 바입니다만, 동양사상을 동양의 방법론과 동양의 언어로 표현하고자 노력하는 것이 필요하다고 봅니다. 이 선생님 말씀처럼 일반인들에게 잘못된 의식이 있다면, 더욱이 그런 노력을 해야겠지요.

개인적인 자기 몸가짐 자체까지 주목하는 일상생활은 동서양을 막론하고 중요한 거죠. 일상생활에서의 몸가짐이나 마음가짐뿐만 아니라 저는 일상에서의 관찰을 강조하는 입장이죠. 우리가 관찰을 함으로써 남과의 관계도 생각하게 되거든요.

더군다나 교육자로서 남을 가르쳐야 하는 입장이라면 더욱 관찰이 중요합니다. 지금은 세상이 많이 변하잖아요. 변화가 적은 시대에는 일상이라고 하더라도 한 달 전에 관찰한 것과 오늘 관찰한 것, 일 년 전에 관찰한 것이 차이가 별로 없는 경우도 있어요. 하지만 지금은 변화가 많잖아요. 그런데 관찰을 소홀하게 한다면 문제가 생기죠. 일반인들은 관찰할 짬이 없을 경우가 많아요. 생활에 쫓기다 보면 관찰이 잘 안 될 가능성이 많죠. 그런 면에서는 관찰 행위가 긴장을 주는 것이라고도 할 수 있어요. 지성인이나 사회 지도층의 입장에서는 더욱 관찰이 필요하다는 거죠.

　이승환　김 선생님께서는 '관찰'이라는 용어를 쓰시고, 저는 '성찰'이라는 용어를 쓰고 있습니다. 영어로 옮겨보면 '관찰'은 'observation'이고 '성찰'은 'reflection'이죠. 동양에서는 세상을 성찰적으로 바라보는 거죠. 똑같이 바라볼 '찰(察)' 자가 들어가지만, '관찰'은 어떤 목적이나 의지가 개입되지 않은 가치 중립적인—과학적인—실증적인 바라봄이지만, '성찰'은 가치와 지향이 분명한 반성적인 바라봄이라고 생각합니다. '관찰'과 '성찰'은 분명히 다릅니다. 성찰은 관찰을 포괄하지만, 관찰이 성찰까지 포괄하는 건 아니지요. 선생님께서는 서양 철학자로서 성찰이란 단어 대신 관찰이란 단어를 애용하시는 특별한 이유라도 있을 법한데…….

　김용석　글쎄요. 좀 이분법적인 것 아닌가요. 아마 서구 사상을 비판하는 것에 익숙해서 그런 것 같은데요. 관찰 그 자체가 목적이 아니지요. 관찰·성찰·반성·전망 제시…… 이런 것들이 다 맞물려 있는 것이지요. 그리고 일상을 관찰만 해서 다 충족되는 건 아니죠. 그와 동시에 개념화 작업을 해야 되는 거죠. 개념화 작업이 그래서 중요한 거예요. 철학을 하는 사람한테는 더더군다나 필요한 것이고. 관찰의 자료로 개념화 작업을 하면 그것으로 일상을 다시 보고 비일상적 가능성도 찾아볼 수 있게 되죠.
　인간 정신의 영역이라는 것은 살다 보면 굉장히 좁아요. 일상생활이라는 게 먹고 자고 일하고…… 뻔하잖아요. 그렇기 때문에 정신수양을 할 수 있는 기회가 적거든요. 관찰과 비일상적인 필요성을 동시에 거론하는 이유는 반성과 성찰이 같이 개입하는 것을 전제로 하는 것이죠.

다만 관찰이 안 돼 있는 사람도 있으니까 거기에 대해서 강조를 하게 된 거죠. 특히 관찰 없이 관념적으로만 남에게 가르침을 주려는 지식인들이 있을 수 있거든요. 생각이 있는 사람이라면 관찰하면서 성찰이 같이 따라올 수밖에 없어요. 보면서 바로 생각을 하거든요. 보는 것과 생각하는 뇌의 작용을 과학적으로 구분하기 힘들지요.

이승환 선생님의 '비일상적 가능성'이 '일상'에 대한 세밀하고 주의 깊은 관찰의 과정을 요하는 것이라면, 이 '비일상적 가능성'이라는 것은 '일상' 속에서 잘 인지되지 않는 '또 다른 일상'을 의미하는 것입니까? 아니면 지금 존재하는 '일상'의 다음, 즉 대안으로 제시하는 것입니까? 이런 식의 사유 구조에는 역시 플라톤식의 초월적 이분법이 깔려 있는 것 같은데……?

김용석 자꾸 뒤짚어씌우려고 하지 마십시오. (웃음) 그건 두 가지 다라고 볼 수 있어요. 금방 눈에 안 보이는 것도 있고, 비일상적인 태도를 가졌다고 하더라도 그것이 일상이 될 수가 있거든요. 예를 들어 하루의 시간 가운데 명상의 시간을 가졌다고 합시다. 의지가 강한 사람이 규칙적으로 매일 자기 전 20분 동안 명상을 한다면 일상화되는 거예요. 좀더 나은 삶을 위한 비일상적 요소가 일상화되는 과정을 포함하는 거죠. 그런 면에서는 다음의 단계로 좀더 나아갈 수 있는 효과도 있는 거죠.

욕망, '欲'과 '慾'을 구별하는 지혜

김용석 현대인의 일상생활에서 중요한 것 가운데 하나가 욕망의 문제지요. 일상은 욕구의 유도와 욕구의 충족이 동시에 일어나는 장소라고 봐요. 저희가 굉장히 많은 유도된 욕구 속에서 살잖아요. 사실은 그게 없어도 되는 건데, 일상은 또 그걸 충족시켜주고 있거든요. 유도된 욕구나 일반적인 욕구가 본능적인 욕구보다 더 문제가 되는 경우가 많지요. 흔히 3대 본능적 욕망이라는 수면욕·성욕·식욕이 엄청나게 우리를 조건화하는 것 같지만, 사실은 다른 특성들이 있어요. 이런 것들은 즉각적이고 단절적이고 비지속적이고 배타적이에요.

예를 들어봅시다. 식욕, 배고프면 진짜 안 먹으면 안 돼요. 그때 먹어야 돼요. 그런데 일단 배가 부른 다음에는 아무리 줘도 안 먹어요. 잔뜩 포만감에 차 있는데 음식을 주면 오히려 음식이 지겨워지죠. 즉각적으로 충족을 시켜줘야 되지만, 비지속적이에요. 그러니까 당연히 단절적이죠. 그리고 그런 욕망이 결여되었을 때는 굉장히 배타적으로 돼요. 배고파서 막 밥을 먹을 때는 뭐도 안 건드린다고 하잖아요. 수면욕도 마찬가지예요. 막 졸릴 때는 자야지요. 굉장히 즉각적으로 충족시켜야 되는데, 그것도 비지속적이고 단절적이에요. 허리 아파서 스무 시간씩은 못 자거든요. 잘 때 건드리면 개도 물잖아요. 배타적이에요. 성욕도 마찬가지예요. 막 하고 싶을 때 못 하면 사람 미치잖아요. 상사병도 걸리고. 그러니까 굉장히 즉각적으로 충동을 받는데, 한 번 하고 나면 일단 충족되고 다음 욕구가 있을 때까지는 단절적이 되지요.

그런데 다른 욕구는 오래 가요. 예를 들어서 친구를 만나 재미있는 개똥철학을 할 때는 밤새고 하잖아요. 술 마시면서……. 인간에게는 토론의 욕구가 굉장하다는 거예요. 또 자연 속의 산길을 자신도 모르게 몇 시간씩 걷잖아요. 그런 것은 지속적인 욕구죠. 또 최근에 아이들이 컴퓨터 게임을 하는 것도 그래요. 어떤 때는 열 시간도 해요. 그놈의 유도된 욕구 때문이죠. 그래서 현대에서는 욕구, 욕망을 복합적으로 볼 필요가 있다고 봐요.

이승환 저의 경우에는 욕망·욕구를 절제와 관련시켜 '어떻게 다스릴 것인가'라고 문제삼는 반면에, 김 선생님께서는 욕망이라는 말이 떠올랐을 때 기본적 욕망이든 간접적으로 유도된 욕구든 그것이 실현되는 일상에 대한 관심이 더 많은 것 같습니다. 김 선생님의 생각은 욕망의 충족을 지상의 목표로 삼는 근대적 사유에 충실하신 것 같은데요……?

김용석 이 선생님께서는 상대적으로 훨씬 더 처방이라거나 의지 등을 강조하신다는 생각입니다. 내 안에 나를 관리하는 나를 두어야 되는 것이기 때문에, 내가 이런 것 없이 하나의 존재로서 어떻게 하면 삶이 행복한가를 고민하는 쪽보다는, '나는 문제가 많고 나는 병자고 나를 치유해야 된다'는 쪽에 가까운 입장이신 듯합니다. 그렇지만 과연 현대 젊은이들에게 선생님의 말씀이 설득력을 가질지 의문입니다.

이승환 자신을 절제하는 것은 물론 힘들죠. 내가 무엇인가를 하고 싶을 때 나 스스로를 억눌러야 되니까 당연히 힘이 들겠지요. 자유주의 사회에서는 내가 남을 해치지 않는 한 무엇이든 할 수 있는 자

유가 헌법상에 보장되어 있는데, "왜 내가 억제하고 절제해야 되지요?" 하고 항변할 수 있다고 봅니다. 연세대 사회학과의 한 교수도 일전에 학회에서 저에게 그런 식으로 항변한 적이 있어요.

자유주의의 한계를 지적하려면 자유주의 밖으로 나와야 됩니다. 안에서는 자기를 제대로 볼 수 없습니다. 불교와 자유주의를 대비해 봅시다. 불교에서는 인간을 다섯 단계로 나눠요. 가장 하층의 단계가 범부(凡夫)의 단계예요. 위로는 보살의 단계 등 깨달음의 차원에 따라 등급이 매겨지죠. 유교에서도 맹자는 인간을 여섯 단계로 나눠요. 가장 윗 단계가 '대이화지지위성(大而化之之謂聖)'이라고 해서 '성인'의 경지―종교적 성인이 아니라―도덕적 인격자를 말합니다. 이렇듯 인간의 저급한 단계에 머물지 말고 위를 향하여 고양시키자는 게 동양사상의 핵심이죠.

동양만 그런 건 아니죠. 근래에 나오는 서양 철학자의 저서에도 이런 것들이 있어요. 《Ethics of aspirations(열망의 윤리)》라든가 《Ethics of Authenticity(진정성의 윤리)》 등의 책 말이에요. '권리의 주장'에만 머무는 윤리는 최소주의(Minimalism)라는 거예요. 그 단계에 머무르고자 한다면―불교식으로 이야기한다면―인간의 최하 단계인 '범부'에 머무르려고 하는 격이에요. 찰스 테일러는 이렇게 말해요―꼭 찰스 테일러가 좋아서 말하는 건 아니지만, 외국 사람이 말했다면 사람들이 신빙성을 가지니까 인용하는 거예요―"왜 거기에 머무르려고만 하냐, 왜 좀더 나아지려고 하지 않느냐?"

자신을 절제하는 게 힘들지만, 문제는 "내가 어떤 사람이 되기를 원하는가?" "어떠한 인격으로 고양되기를 원하는가?" 그 물음만 똑바로 인식하면 그 후에는 자유롭게 선택하면 돼요. 누가 그걸 강요할 수는 없는 거예요. 훌륭한 등산가가 되고 싶으면 담배도 끊고 힘들어도 날마다 암벽 등반도 하고, 아무리 힘들어도 체중을 조절해야 될 거예요. 훌륭한 화가가 되고 싶다면 하루에 스케치를 수십 장씩 한다든지, 훌륭한 음악가가 되려면 피아노를 열다섯 시간씩 친다든지……. 그건 자유예요. 개인이 선택하는 거예요. 훌륭한 인간이 되기 위해서는 절제와 노력, 그리고 이상과 열망이 필요한 법이에요. 이러한 노력을 그만두고 '소극적 자유'에만 머문다면, 그건 '범부'나 '소인'이지 '품위 있는 인간(person with dignity)'은 아니라고 봐요.

김용석 그건 개체의 욕망이고, 선생님께서 지금 강조하고 계시는 것은 보편적으로 합의되는 공통되는 윤리 감각의 문제가 아닌가요? 그렇다면 선생님께서 주장하시는 도덕 윤리의 문제는 선택의 문제가 아니라 누구나 다 원칙적으로는 공유해야 하는, 인간 존재로서의 기본적인 자질이 되는 것 아닐까요? 약간 모순된다는 생각입니다. 그리고 '헌법상 보장된 자유의 문제'와 '어떤 개인이 자신의 욕망을 절제하는 것'은 맥락이 다른 겁니다.

이승환 보편적인 규범의 문제로 가도 마찬가지예요. 남과의 관계에서 난 어떤 사람으로 남고 싶은가? 인색한 수전노? 인간적 품위를 갖춘 군자? 그건 역시 선택의 문제예요. '소유권적 개인주의'에 충실한 자유주의자로서 아무리 무슨 욕을 듣더라도 배타적인 소유권을 주장하면서 이웃이 굶어죽는다 해도 한 푼도 줄 수 없다고 주장하는 사람은 '범부'가 되기를 선택한 사람이에요.

사실 불교의 '범부'보다 더 저질인 사람은 유가에서 말하는 '소인'이에요. 맹자가 말하는 '측은지심'이 결여된 인간이지요. 맹자는 그런 사람을 '인간'으로 취급하기보다 '짐승'으로 분류하고자 했지요. 인간이 되느냐, 짐승이 되느냐? 물론 지금 세상의 대부분의 사람들은 '측은지심'이 결여된 짐승의 길을 걷고 있지만, 그것 역시 선택에 따라 달라질 수 있어요. 내가 택하게 마련이에요. 전적으로 '나'의 문제예요. 사람들은 "나는 어떤 사람이 되고 싶은가?"라고 묻질 않아요.

김용석 배타적 소유권 비판은 여러 번 있었는데, 노직(R. Nozick)의 입장에 대한 비판인 것 같습니다. 그런데 그 사람은 서구에서도 자유지상주의자로 비판받고 있잖아요. 좀 일상적 예를 드는 것이 도움이 될 것 같아요. 그리고 욕망의 절제를 지나치게 강조하면 소수만의 문제가 될 가능성이 많지요. 옛날에도 동서양 불문하고 수행의 길을 걸어간 사람들은 유복한 집안 출신의 사람이었습니다. 예를 들어 노비가 그렇게 하지는 못했거든요. 그럴 짬도 없었지요. 실제 현대에도 그래요. 서민들은 '선(禪)'이라는 게 힘든 거죠. 그게 물론 비일상적인 틈을 마련해준다는 측면에서 추천할 필요는 있지만, 실행은 굉장히 힘들기 때문에 없는 자, 서민의 문제를 감안해서 전달의 방식과 교육의 방식이 마련되어야 하지 않을까요.

이 선생님께서는 개인의 수양이라거나 심성을 많이 강조하시는데, 그런 면에서 긍정적인 개인주의를 인정한다고 봐요. 그것은 생명체로서 인간이 존재한다는 관점을 반영하시는 것 같고, 한 개인을 어떤 공동체에 속한 것으로서만 보지는 않는다는 말씀 같군요.

이승환 그건 이 문제를 어떤 한정적인 대상에 제한해서 말하기 때문이지요. 저로서는 관계 속에서만 이런 문제가 다루어질 수 있다고 봅니다.

새로운 '관계'의 가능성

김용석 서구의 개인주의도 관계를 전제한다고 언급했던 것 같아요. 왜냐하면 개인주의라는 말에는 타자를 인정하고 수용하는 것이 내포되어 있기 때문입니다. 지금 관계의 문제가 중요하게 여겨지는 이유 가운데 하나가, 우리가 문화의 세기를 맞고 있기 때문이라고 봅니다. '문화의 세기'에 '관계의 위기'가 올 수 있기 때문이지요. 문화의 세기에 적절한 관계의 유지가 필요한데, 우리가 사용하는 하드웨어나 소프트웨어가 증대되다 보니까 계속 문제가 생기는 겁니다.

인터넷 때문에 발생한 관계의 위기를 한번 볼까요. 작년에 일어난 일이었죠. 엄마가 파출소장인데, 딸이 엄마의 부정을 인터넷에 올렸잖아요. 그때 제가 쓴 칼럼이 〈얼굴 맞대기〉라는 거였죠. 얼굴 맞대기가 어느 정도 필요한데, 얼굴 맞대기가 아니라 비디오 맞대기만 하니까 문제가 생겼다는 거죠. 그러니까 문화의 세기에 관계의 위기가 굉장히 많이 오는 거죠. 물론 옛날처럼 관계의 결속이 그렇게 강하지 않지만······.

그래서 제가 제시해보는 해결책이 '사이의 철학'이죠. "사이를 봐라." 사람 자체도 보지만, 사이를 봐라. 사이나 틈은 비가시적이라서 잘 안 보이거든요. 지금까지는 '우리'라는 것에 어떤 소속감, 결속력 등 집단주의적인 성향이 강했어요. 그건 서양에서도 근대 이후로도 그랬고, 민주화가 되면서도 그랬죠. 그렇지만 우리 안에서도 개체성·독립성·자율성은 어느 정도 인정해주고, 그와 동시에 상호

성·호혜성 등 함께 나눠야 한다는 주장이 공존해야죠. 그 다음 요즘에 중대한 사회적 문제 가운데 하나인 연대성, 이 여섯 개가 같이 가야 한다는 거죠. 그게 바로 유연하지 못한 '우리'가 아닌, '우리 사이' '사이가 있는 우리'라는 거죠. 사이가 없으면 안 돼요.

이승환 '개체 사이'라는 개념은 A라는 개체와 B라는 개체 사이에 C라는 공간이 존재한다는 뜻입니까? 아니면 A와 B의 관계 자체가 내재화되는 것으로서 사이라는 개념을 설정하시는 것입니까? 외재적인가요, 내재적인가요?

김용석 지금까지의 서구의 개인주의에 대한 하나의 보완책으로서 그걸 생각한 것입니다. 물론 어느 정도 개체에 내재적인 심성이 있어야만 사이를 느끼죠. 그것이 전혀 없는 상태에서 사이를 느낄 수는 없고. 극단적 개인주의에 대한 보완책으로서 사이를 설정하는 것이죠.

사이가 지니고 있는 특징 가운데 하나는 효과를 양쪽으로 준다는 거예요. 하나는 집단주의의 위험성에 대한 경고도 되고, 다른 한편으로는 극단적 개인주의에 대한 경고도 되는 거죠. 그런 것이 비가시적인 사이를 의식하면서 더 빛을 발할 수 있다고 보는 거죠.

이승환 '사이'는 한자로 '사이 간(間)'자죠. '인간'이라는 말은 '사람 사이'라는 말이지요. 사이에는 여러 가지가 있습니다. 아버지와 아들 사이가 있고, 남편과 아내 사이도 있고, 친구와 친구 사이도 있고, 인간과 자연 사이도 있으며, 소비자와 판매자 사이도 있고…… 많은 사이가 있어요. 하나의 자유롭고 싶은 개인과 국가 사이도 있고……. 각 사이에 따라 행해져야 할 구체적인 규범들은 관계에 따라 달라지겠죠. '사이'를 논하려면 이런 구체적인 관계에 대한 고찰이 필수적이라고 보이는데요?

김용석 규범을 많이 강조하시는데, 그건 감성-이성의 문제와도 관계가 있다고 봐요. 현대를 감성의 시대라고 많이 이야기하잖아요. 그런데 저는 원활한 관계를 위해서는 이성적인 것이 꼭 필요하다고 봐요. 특히 사회적 관계에서는 더욱 그렇지요. 물론 감성적인 것도 있지만, 관계의 문제가 덜한 상황이라면 모르겠지만, 관계의 문제를 해결하는 가장 중요한 것은 이해거든요. 오해가 아니고. 이해를 하려면 이성적 사고가 필요한 거죠. 이 선생님도 우리나라가 아직 이성적인 게 불충분하다고 지적하셨지만…….

그리고 반드시 소통성을 가질 필요가 있어요. 이게 굉장히 중요한데, 소통을 하려면 이성적 사고를 바탕으로 해야 해요. 그래서 '커뮤니케이션(communication)'이 되어야만 '커뮤니티(community)', 즉 공동체가 되는 거죠. 어원이 같은 이유가 거기 있거든요. 감성의 시대에 맞는 이성의 필요성이 있다고 봐요.

그리고 서양 말로 하면 매너, 동양 말로 하면 예의인데, 예라는 것도 상당히 생각을 동반하는 거예요. 생각을 동반해야 예가 잘 나와요. 전통적인 예같이 관습적인 것에도 공동체의 역사 속에서 형성된 다양한 사고와 인간 이해의 결과가 스며들어 있는 것이죠. 이해를 바탕으로 한다는 점에서 이성적인 것과 매너는 상당히 밀접한 관련이 있어요.

이승환 김 선생님께서는 사이에 있어서 가장 중요한 것은 이성이라고 말씀하셨는데, 물론 이성만 말씀하시는 것은 아니겠지요? 동양에서는 이성과 감성이—정리원융(情理圓融)이라고 하는데—항상 동시에 있어야 합니다. 어떤 경우에는 정(情)이 더 강하게 되는 사이도 있고, 어떤 경우는 이성(理)이 더 강하게 요구되는 사이도 있고, 또 두 가지가 아주 동등한 비중으로 요구되는 사이도 있을 것이고…….

그런데 나는 그 모든 사이를 어떻게 유지하고 싶은가? 어떤 종류의 사이가 더 바람직하다고 생각하는가? 나는 이 사이에서 상대방에게 어떤 사람으로 남고 싶은가? 내가 유지하고자 하는 사이는 어떤 사이인지? 유가철학에서는 이러한 '사이 만들기의 기획'에 따라 자신을 조절하고 절제해나가는 것을 탐구해왔지요.

지식의 즉각적 실용성과 비즉각적 실용성

김용석 저는 이러한 '관계'의 변화와 그에 대한 재인식이 현실 조건의 변모를 직시하는 과정에서 필요하다고 생각합니다. 현대 사회를 두고 흔히들 '지식 사회'라고 부르는데, 이러한 현실 조건 속에서도 관계의 변화는 생겨납니다. 따라서 현대 사회를 설명하는 '지식'의 의미가 무엇인지 검토해볼 필요가 있다는 생각입니다.

도식적으로 지식이라는 걸 두 가지 측면으로 나눠봅시다. 즉, 지식의 두 극단을 보자는 거지요. 하나는 정보, 또 하나는 지혜라는 게 있다고 봐요. 요즘 지식 정보 사회라는 문제가 대두되면서 우리가 소홀히 하는 것이 지혜라는 것으로 삶의 의미를 풀어가는 것입니다.

정보는 성과를 얻는다는 것과 그것으로 발전을 기한다는 점에서 한자로 하면 '실(實)'에 더 가까운 것 같고, 지혜는 성격상 '덕(德)'

과 더 연관이 있다고 봐요. 효율성보다는 조화, 발전보다는 현재의 유지를 잘하는 것과도 연관이 있고, 변화보다는 안정성과 연관이 있습니다. 전통과 더 많이 연관되는 것 같고요.

그리고 우리는 정보와 함께 반드시 탈정보를 생각해야 하거든요. 이 점도 지혜와 다르지요. 지혜와 함께 탈지혜를 생각하지는 않으니까요. 우리가 현실에서도 알 수 있듯이, 정보화가 될 때 동시에 초정보화가 금방 되어버리니까 탈정보가 반드시 필요한 거거든요. 언제 정보화 시대가 되었나 싶었는데, 벌써 온갖 정보로 넘치잖아요. 초정보화와 탈정보화는 맞물려가는 겁니다. 그러니까 우리는 정보를 얻음과 동시에 정보를 털어내야 하는 겁니다. 요즘에는 오히려 잘 털어내야 잘 얻을 수 있다고 볼 수 있지요.

디지털 사회가 되면서 처음에는 정보 지식 사회라는 표현을 더 많이 썼어요. 그런데 요즘엔 지식 정보 사회라는 표현을 더 많이 쓰는 쪽으로 가지요. 말의 위치가 바뀌었다는 말입니다. 그러니까 중요도도 바뀌고요. 이 말은 정보의 넓이보다는 지식의 깊이가 더 필요하다는 거죠. 이 경우 정보의 축에 가까이 있던 지식은 지혜의 축 쪽으로 어느 정도 이동한다고 봐요. 그 과정에서 지혜라는 개념으로 보완되고, 지식의 조화로운 성격이 다시 회복될 수 있을 거 같아요. 이것은 우리한테는 교육의 방향을 설정하는 데도 염두에 두어야 할 것이지요.

지식과 지혜의 관계도 좀 살펴봅시다. 서양적인 특성으로 '과학적'인 것을 들지요. 독일어의 '비센샤프트(Wissenschaft)'는 보통 학(學)이라고 번역하기도 하고 과학이라고 번역하기도 하는데, 양쪽으로 다 쓰이지요. 그리고 지식이라는 의미를 내포하지요. 그런데 칸트의 《순수이성비판》 마지막 부분을 보면 철학은 결국 모두 지혜에 연관된다고 하면서 '비센샤프트'라는 말을 안 쓰고 지혜를 뜻하는 '바이스하이트(Weisheit)'라는 말을 썼어요. 그러나 지혜에 이르는 과정에서 학(Wissenschaft)의 길, 즉 지식의 길을 거치는 것은 필요하다고 하거든요. 지혜를 목적으로 하지만 지식을 거쳐서 가야 된다고 말하는 걸로 볼 때, 우리의 사고가 정보, 지식, 지혜를 이어가야 되지 않는가 하는 생각을 해봤어요. 이것은 현재의 사회에서 인간이 생존하고, 안전하게 살고, 그리고 잘 살기 위해서 필요한 과정이라고 봐요.

이승환 김 선생님께서는 정보와 지혜라는 두 축으로 근대 이후의 학문이 어떤 식으로 치중되어왔고, 어떤 식의 보완이 필요한가라는 말씀을 해주신 거 같아요. 저도 동일한 맥락에서 근대적 학문의 위기는 어디서 왔는가, 지금까지는 어떠했는가, 앞으로는 어떠해야 하는가에 대해서 말씀드리죠.

저는 경제학이라는 지식 체계를 예로 들어서 말씀드리고 싶어요. 일전에 한 경제학과 교수와 밥을 먹는데, 이런 이야기를 하더군요. "경제학에는 윤리학이 있을 수 없다. 아직도 철학에서는 윤리학을 다루느냐?"라고 묻는 거예요. 철학은 당연히 윤리를 다루는 거고, 경제에 윤리가 없다는 건 처음 듣는 소리라고 대답했죠.

그 경제학 교수 말대로 지금 경제학에는 윤리가 없습니다. 하이에크(F. A. Hayek)가 그렇고 프리드먼(M. Friedman)도 그렇습니다. 경제학의 목적은 결국 어떻게 하면 가장 적은 비용을 투자해서 가장 많은 효용을, 부가가치를 얻어내느냐입니다. 그래서 하이에크 같은 인간은 그래요. "분배? 웃기는 소리 마라. 기업인의 공익에 대한 기여? 웃기는 소리 마라. 사회 정의? 웃기는 소리 마라. 경제 질서는 너무 복잡하기 때문에 인간이 자의적으로 끼여들어서 분배하려는 것은 위험하다. 자생적 질서를 무너뜨린다. 손대서는 안 된다." 하이예크의 생각을 '진화론적 경제학'이라고 그래요. 혹은 '자생적 질서'라고도 부르고요. 약육강식·자연도태라는 사회진화론적 생각을 그럴싸한 경제학 용어로 포장해놓은 거죠. 지금 세계를 휩쓰는 주류 경제학계에는 하이예크 추종자들이 대부분이지요.

경제학에는 윤리가 개입될 여지가 없다는 경제학 교수의 이야기를 들으면서 근대적인 학문의 폐해를 뼈저리게 느꼈어요. 지금의 경제학은 제국주의 시기 사회진화론의 후속타예요. 약육강식·자연도태를 인간 사이의 당연한 관계로 합리화하는 거지요. 윤리가 결여된 학문이란 그래서 무서워요. 탈목적적이고 무책임한 학문이란 위험한 거예요. 객관성과 진리를 표방하면서 세계를 악의 구렁텅이로 몰고갈 수 있어요.

김용석 초기의 경제학자들은 거의 도덕철학 교수들이었기 때문에 애덤 스미스가 '보이지 않는 손' 이야기를 했을 때도 상당히 도덕적인 입장이 깔려 있었지요.

그런데 우리가 알고 있듯이 '경제(economy)'라는 말은 고대 그리스어의 '오이코스(oikos)'와 '네메인(nemein)'의 합성어로, 집 살림을 하는 것, 즉 가사(家事)라는 말에서 나온 용어지요. 가사를 어떻게 잘 이끌어가느냐 하는 것이 국가적인 단위로까지 간 겁니다. 그러니까 인간 사이에서 일어나는 일이기 때문에 도덕규범이 배제될 수는 없다고 봐요.

물론 아리스토텔레스나, 장 자크 루소 등이 보았듯이 소규모 공동체와 국가처럼 대규모 공동체를 단순 비교할 수는 없지만, 본질적으로 도덕규범이 배제된 공동체의 경제는 의미를 상실하지요. 제가 볼 때는 하이에크도 반도덕주의자는 아니라고 봅니다. 다만 이론 전개를 위해 비도덕적 방법론을 추구했다고 보는 것이 맞을 겁니다. 그리고 아마 그 동료 경제학 교수가 이 선생님에게 좀 도발적인 질문을 해보고자 그런 것이겠죠.

이승환 오늘날을 지식 정보화 사회라고 하는데, 지식 정보화라는 말 자체가 바로 근대적인 탈도덕적·탈목적적 학문의 세계와 맞닿아 있어요. 오직 효율성과 부가가치만을 추구하는 '자본의 논리'에 매몰되어 있지요.

DJ 정부가 '신지식인' 구호를 선포했던 것도 같은 맥락에서지요. 구두닦이든 자장면 배달부든 부가가치를 창출하면 바로 그게 지식인이다, 대학교수들이 밤 11시까지 연구실에 처박혀 있지만 아무런 부가가치도 창출하지 못한다, 성과급제에 의해 경쟁시키고 도태시켜라! 이런 얘기 아니겠어요? 그래서 학부제와 대학 구조 조정도 터져 나온 거 아니에요? "부가가치 창출 못 하면 폐과시켜라." "부가가치가 없는 학문은 도태시켜라." 이런 말이죠.

'정신'은 죽어가는데 '경제'만 홀로 살아남을 것 같습니까? 어림 없어요. 미래 사회는 문화 산업이 경제에 중요한 비중을 차지하는데—미국에서는 벌써 문화 산업이 총생산량의 20퍼센트에 달한다죠?—인문학적 상상력 없이 어떻게 문화 산업이 육성될 수 있겠어요? 그리고 인문학적 비판력이 없다면 오폐수처럼 썩어 들어가는 정계·재계·언론계는 누가 다 감시하겠어요?

김용석 지식과 실천의 문제가 나오고 하니까 생각나는데요, 철학

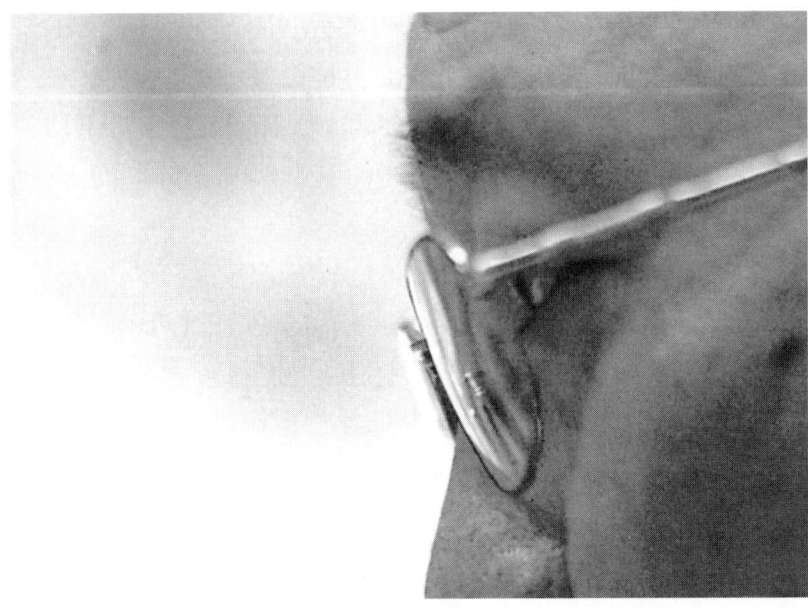

적 개념은 상당수 이상성(理想性)을 포함하기 때문에 일반인들이 볼 때, 어떤 괴리감을 느낄 수는 있어요. 이론과 실천이라는 면에서 볼 때는 어떠한 이론도 현실을 다 포괄하지 못해요. 현실은 어떠한 이론보다도 훨씬 더 복잡한 거죠.

거기서 우리가 알아야 될 것은 지식의 실용성이라는 문제가 있는 거지요. 여기에 일반인들이 많은 오해를 하는데, 필요 없는 지식이 많은 것 같다는 거죠. 더군다나 동양 철학자나 서양 철학자를 비판할 때 모두 별로 쓸데없는 것을 한다는 느낌을 받는 거죠. 플라톤의 저서에도 가끔 나오는데, 그리스 말로 '오펠리모스($\omega\varphi\varepsilon\lambda\iota\mu o\int$)'라는 말이 있어요. 그것을 현대어로 번역하자면 딱 들어맞지는 않지만 'useful'이라고 할 수 있어요. 어떠한 형이상학적인 이야기를 하더라도 그것이 인간한테 유익하다는 뜻이에요. 그게 들어가 있다는 거죠.

그런데 왜 괴리감을 느끼게 되냐 하면 지식의 '즉각적 실용성'과 '비즉각적 실용성' 때문이라고 봐요. 그것이 우리가 놓치고 있는 점인데, 예를 들어서 실용학문에서는 지식이 바로 적용돼요. 경영학이나 통계 지식, 공학적 지식 등은 바로 적용되잖아요. 그것이 즉각적 실용성인데, 철학에서 이야기하는 상당수의 철학적 개념이나 지식은 즉각적이 아닐 때가 많아요. 예를 들면 우리가 덕이라는 것을 한참 설명하다 보면 그게 금방 즉각적으로 실행이 될까요? 이런 지식은 비즉각적 실용성을 항상 가지고 있죠. 그런데 그런 비즉각적 실용성을 대부분 못 보게 되는 거죠. 그러나 이 비즉각적 실용성이 우리 삶 속에서 그 힘을 발휘하면 지속적으로 한없이 실용적이 되는 것이죠.

또 다른 면에서도 비즉각적이죠. 예를 들어 아주 중요한 이론물리학 이론이 개발되는 데는 수년, 수십 년, 아니면 그보다 더 오랜 세월이 걸려요. 하지만 그것이 새로운 패러다임으로 자리잡으면 자연과학과 공학의 전 분야에 영향을 주면서 엄청난 실용성을 발휘하는 것이죠. 만유인력을 비롯해서 상대성 이론, 양자역학 등 그 예는 참 많죠.

이승환 선생님이 말씀하신 즉각적 실용성과 비즉각적 실용성의 구분은 굉장히 중요해요. 오늘날 지식 정보화 사회 속에서 학문은 목적과 윤리를 상실한 채, 오직 자본가의 이익만을 위해 봉사하고 있어요. 학문은 '순수성'과 '객관성'이라는 틀에 갇혀, 그 이익이 누구의 이익인가도 물으려 하지 않습니다.

김용석 즉각적 실용성과 비즉각적 실용성을 하나의 이해 수단으로 가질 필요가 있고, 현대에 와서는 지식의 단편화가 문제됐죠. 그러니까 학제성(學際性) 이야기가 나오는 거죠.

사실 철학은 종합적인 사고를 하려는 지향을 가졌기 때문에 항상 학제성을 가지고 있었다고 봐요. 그런데 그게 미약해졌던 점도 있죠. 예를 들어서 근대 인식론 논쟁이 심화되었을 때, 그리고 언어철학이나 분석철학의 발전 과정에서 그랬던 점이 있다고 봐요. 하지만 이런 이론들의 생성·발전 과정에서 뭔가 놓친 점이 있었더라도, 그 연구 과정이 남긴 인간 인식의 '논리적 구성'의 역사는 우리에게 어떤 형태로든 도움이 되는 것도 사실이에요. 전반적인 맥락을 잊어버렸던 단점도 있지만, 그 단점이 장점이 전혀 없는 단점은 아닌 것 같네요. 그 성과가 다시 학제적 연구의 한 요소로 역할을 할 수도 있거든요. 다만 학제적 네트워킹을 진짜 잘하느냐 못하느냐 하는 것이 문제가 되겠지요.

이승환 전통적으로 동양에서는 '모식(謀食)'과 '모도(謀道)'라는 말을 해왔어요. 모식은 먹을 것을 좇는다는 뜻이고 모도는 사람의 길을 좇는다는 뜻이에요. 먹을 걸 추구하는 학문을 '소지(小知)', 즉 작은 지식이라고 하고, 도를 추구하는 학문을 '대지(大知)'라고 했어요. 혹은 다른 말로, 먹을 것을 추구하는 데 유용한 인간의 능력을 '재(才)'라고 했어요. 그리고 도를 추구해서 얻어지는 인간적 탁월함, 그걸 '덕(德)'이라고 했어요.

재승박덕(才勝薄德)이라는 말도 있죠. 재는 승한데 덕은 박하다. 우리 전통에서는 이런 인간을 좋게 보지 않았어요. '기능'만 강조된, 먹을 것만 추구하는 인간은 소·돼지와 다를 게 없다는 거죠. 인간이 인간다우려면 동물과 다른 점이 있어야 되는데, 먹고사는 건 돼지도 마찬가지고 소도 마찬가지예요. 성찰이 결여되고, 책임이 결여되고, 진정성이 결여된, 그리고 목적과 윤리마저 결여된 재주·기술·학문은 안 된다는 겁니다. 그렇다고 그걸 완전히 무시한 건 아니죠. 재와 덕이 조화를 이뤄야 되고, 혹은 재는 덕에 의해 인도 받아야 된다고 했죠.

그래서 스승도 크게 둘로 나눴어요. 소지를 가르치는 스승이 있고, 대지를 가르치는 스승이 있다는 거죠. 작은 지식을 가르치는 스승, 실용적 지식을 가르치는 일을 언교(言敎)라고 했어요. 말로만 가르치는 지식이라는 거죠. 덕을 가르치고 대지를 가르치는 일을 신교(身敎)라고 했어요. 몸으로 모범을 보이면서 가르친다는 뜻이지요. 소지라는 것이 선생님께서 말씀하시는 정보와 유사한 거고, 대지는 선생님께서 말씀하신 지혜와 유사하다고 할 수 있어요.

소지, 즉 '재'는 실용성·효율성·부가가치·이익 등을 추구하게 되고, 분과학문을 지향합니다. 여기에 비해서 대지, 즉 덕은 도덕성·목적성·방향성·총체성을 지향합니다. 작은 지식들이 분과학문을 이뤄서 전문성을 추구한다면, 큰 지식은 이것들을 유기적으로 연결시켜주고, 방향을 지워주고, 서로를 비판하도록 해서 바른 길로 나가도록 인도해주는 거죠.

김용석 분과학문과 철학 말씀을 하시니까 생각나는데, 몇 달 전에 어떤 기자가 저에게 이런 질문을 했어요. "선생님은 형이상학을 어떻게 하고 계십니까? 이미 버리셨습니까? 아니면 머리에 이고 계시는지요, 아니면 엉덩이에 깔고 계시는지요, 또 아니면 옆에 끼고 계시는지요?" 물론 농담 섞인 질문이지만, 저는 첫눈에 그 기자가 자신도 철학자는 아니지만 굉장한 고민 끝에 한 질문이라는 걸 간파했어요. 나중에 저한테 이렇게 고백하더군요. 사람들이 다 형이상학은 소용없다고 하는데 자기는 철학 전공이 아닌데도 이건 아닌 듯싶다는 거예요. 그 기자의 고민은 참으로 공감이 가요.

형이상학은 동서고금을 막론하고 철학, 아니 학문에서 필요한 거라고 생각해요. 물론 철학자 가운데서도 형이상학을 버린 사람이 있어요. 여기서 형이상학의 개념을 어떻게 보느냐가 먼저 문제가 되겠지만요. 제가 말하는 형이상학은 신학적이고 초월적인 것만 따로 떼어놓은 형이상학이 아닙니다.

저는 형이상학의 특성을 크게 두 가지로 봐요. 하나는 종합적이고 학제적인 것에 대한 지향성이고, 또 하나는 비가시적인 것에 대한 관심입니다. 왜냐하면 분과학문에서는 가시적인 대상을 많이 따지잖아요. 이상의 두 요소가 형이상학을 구성한다면 형이상학은 철학을 비롯한 학문에서 중요한 것이지요. 특히 거기다 하나를 더하면 —그게 동양사상과 좀 다른 점인데— 형이상학과 인식론이 서로 상호 관계를 가지면서 철학이라는 학문 세계의 좌우 대문의 수문장 역할을 한다고 할 수도 있어요. 서양에서는 인식론의 발달이 좀 강했던 거 같아요. 그래서 결국 대상에 대한 지식인 일반분과 학문과는 달리, 앎이 제대로 된 앎이냐를 묻는 거지요. 다시 말해 앎에 대한 2차적 성찰, 지식에 대한 재성찰이랄 수 있지요. 그런데 앞서 인식론과 형이상학으로 대표되는 좌우 대문은 지식적 소통이 원활한 열린 대문이라는 것이죠.

제 설명을 듣더니 그 기자가 이렇게 말하더군요. "선생님께서는 형이상학을 옆에 끼고 계시는군요." 그러고는 "저는 옆에 낄 줄 모르니 선생님이 옆에 끼고 가실 때, 가끔 같이 들어드려도 되지요?"라고.

이승환 오늘날의 학문이 가지고 있는, 혹은 근대적 학문이 가지고 있는 탈도덕성·탈목적성·무책임성·성찰의 결여, 진정성의 결여를 극복하기 위해서는 학문이 다시 '대지'의 성격을 회복해야 된다고 봅니다. 이를 위해서는 2차적 성찰과 더불어 형이상학적 성찰도 필요하겠지요. 제가 사회철학에 관심이 있다고 해서 형이상학을 거부하는 것은 아닙니다. 심지어 과학에도 형이상학이 깃들어 있다고 봅니다. 아무리 과학이 객관성의 신화를 주장한다고 해도, 과학에는 형이상학도 들어 있고 가치관도 들어 있고 신화도 들어 있는 거지요.

김용석 학문의 대지를 회복하려면 지식의 증가에 따른 지식의 신뢰성이 있어야 되지요. 거기에 따라서 또한 지식의 투명성도 문제가 됩니다. 일반 대중은 지식이 자신에게 어떤 형태로든 도움이 되지 않는다면 신뢰하지 않아요. 물론 진정한 도움이라는 걸 전제해야지요. 그리고 지식이 생산되는 과정과 적용 과정에 투명성이 있어야 사람들이 지식의 발전에 호응하는 겁니다.

이는 특히 오늘날 지식 분야의 최고 권력이라고 할 수 있는 과학 지식일 경우 특히 중요하지요. 현재는 과학적 지식이 상당히 우월적 자리를 차지하고 있기 때문에 특히 중요하다는 말입니다. 이학과 공학분야 말고도 경제학도 과학적으로 하자, 사회학도 과학적으로 하자고 이야기하죠. 어떤 지식도 과학적이라고 하면 다 믿으려고 해요. 그래서 내가 어떤 글에서 과학과 마법은 유사성도 있으니까 조심하라는 이야기도 했죠. 마법이든 과학이든 모두 자연현상을 상징적 언어로 제어하려고 하니까요. 마법은 주문으로, 과학은 수식으로 말입니다.

현재의 입장에서 중요한 것은 과학이 지배적인 지식이기 때문에 비판의 자세가 필요하다는 것입니다. 그렇다고 제가 과학을 부정하는 것은 아닙니다. 저는 과학의 발전을 희망을 갖고 기대해요. 하지만 제대로 발전해야 한다는 것이지요. 이 '제대로'라는 방향성과 윤리성으로 인해 과학도 다른 학문과 학제 연구 네트워크 안에 참여해야 하는 것입니다.

이승환 오늘날 지식 정보화 사회다 문화 산업의 시대다 말들 하지만, 인문학에 대한 진흥책 없이는 지식·정보·문화의 시대를 살아갈 수 없습니다. 아무리 인터넷 고속도로를 뚫어놓아도, 채울 내용(contents)이 없다면 속 빈 깡통이나 마찬가지지요. 차는 한 대도 없는데 고속도로만 닦아놓으면 뭐합니까? 과학·기술만 진작시키고 인문학은 고사시키는 현대의 상황이 이와 같습니다. 〈쥬라기 공원〉 영화 한 편에서 창출되는 부가가치가 현대 차 150만 대 팔아서 남는 돈과 같다고 하잖아요.

과학·기술과 인문·예술은 한 수레의 두 바퀴입니다. 인문학 다 죽이고 문화 산업의 시대에 생존할 수 있습니까? 어림도 없지요. 인문학적 상상력과 비판력은 정치·사회·경제·문화를 윤택하게 하는 사회적 자산입니다. 이런 식으로 인문학이 고사해간다면 우리는 영원한 모방의 길을 걸어야 하고, 종속된 청부업자로 남을 수밖에 없습니다. 인문학과 문화·예술이 죽고서는 경제적으로도 결코 성공할 수 없다고 생각합니다.

김용석 우리의 문제는 좀 심한 편입니다. 미국처럼 효용성이나 실용성을 중요하게 여기는 나라에서도 기초 학문, 특히 인문학에 투자를 무척 많이 하거든요. 세계의 유명한 최고경영자들이 예술사도 했고 철학을 전공했다잖아요. 기초 학문을 바라보는 시각 자체가 우리와는 다르죠. 그리고 학생 시절부터 어느 전공을 하든 기초적인 것에 대한 관심, 치밀성, 그리고 성실성을 키워가면 사회의 어떤 분야에 진출하든 성공할 수 있다고 생각합니다.

재미있는 이야기를 하나 해드릴게요. 제가 로마에 있을 때인데, 학부의 인문학 분야에는 구술시험이 많았어요. 제가 학생에게 질문했죠. "애덤 스미스가 지은 책 제목이 뭐냐?" 너무 쉬운 질문이죠. 어떤 학생은 선뜻 "《The Wealth of Nations》입니다."라고 하죠. 그런데 이렇게 대답하면 그 학생은 점수를 잃어요. 정답은 "《An Inquiry into the Nature and Causes of the Wealth of Nations》입니다."라고 해야죠. '제 국민의 부의 성질과 원인에 관한 연구'라고 답해야 합니다.

왜 이걸 강조하냐 하면, 애덤 스미스의 국부론의 핵심 가운데 하나는 그 방법론과 목적론이라는 것이죠. 스미스는 국부의 연구에 구조론보다 원인론과 본질론을 방법으로 택했다는 겁니다. 이것은 그 이론의 특성이자 한계인 것이죠. 인류 역사에—스미스 자신은 그렇게까지 예측하지 못했겠지만—지대한 영향을 끼친 책의 특성과 한계를 잘 알아야 한다는 것이죠. 그게 바로 기초예요. 그래서 기초적인 질문은 별 것 아닌 것 같지만, 치명적인 것이 되죠. 그래서—모든 책이 다 그렇지는 않지만—이 책에 관한 한 제목을 다 알아야 한다는 것이에요. 단순히 '국부론'이 아니라 '국부에 관한 본질적인 본성과 원인이 뭔가에 대한 연구'라는 점을 알아야 한다는 뜻이죠.

그리고 이 선생님이 말씀하신 지식의 탈목적성이라는 말은 엄밀히 따지자면 제한된 목적만을 갖는다는 뜻이겠지요. 편협한 목적, 다른 것과 연계되지 않는 목적, 어떻게 보면 넓은 의미의 인간 문화에 포섭되지 않는 목적이기 때문에 문제가 된다는 말이죠. 과학도 넓은 의미의 인간 문화에 포섭되어야 하고 경제학도 마찬가지죠. 그래야 앞으로의 우리 문제를 제대로 인식하고 해결해나갈 수 있다고 생각합니다.

HIT No. **9** 　　　　　변화에 대한 철학적 성찰

> 서양과 동양, 127일간의 만남을 마무리할 때이다.
> 생존의 화두로 등장한 '변화', 세상과 인간이 어떻게 만나 변화해야 하는가?
> 그리고 '철학자인 나는 어떻게 변할 것인가'에 대해 성찰하면서
> 둘은 다시 악수를 나눈다.

김용석 제가 이 선생님을 처음 봤을 때 개인적으로 질문한 적이 있는 것 같은데, 동양사상에서 발전과 진보의 개념이 아닌 것으로서 변화를 어떻게 보았는지에 대한 이야기를 들어봤으면 좋겠습니다. 솔직히 고백하는데 이건 무척 어려운 문제예요. 문제점을 인식하고 찾아가는 입장입니다.

대화를 트기 위해 먼저 제가 최근 쓴 글 가운데 '변화와 새로움'을 주제로 한 글이 있는데, 그걸 잠깐 소개하죠. 전 변화를 일으키는 데 중요한 건 새로움이라고 봤어요. 뭔가 새로움이 있어야 변화가 가능하다고 본 거죠. 그래서 변화의 흐름은 새로움의 연속으로 구성된다고 할 수 있죠. 그리고 인위적 변화의 기획은 새로움의 제시를 내포한다고 할 수 있고, 21세기에는 이러한 경향이 가속화하고 있습

니다. 우리나라에서도 최근 2, 3년 동안 '변화'라는 화두가 무척 강하게 등장했습니다. 생존의 문제로까지 이야기되더군요.

저는 과거와 현재의 전반적인 현상을 한번 짚어보고 싶습니다. 여러 차례 이야기를 주고받으며 든 생각이 있습니다. 서양과 동양이 문명적인 교류를 하기 전에 커다란 물질적 변화는 별로 없었다고 생각합니다. 물질적인 변혁이 옴으로써 순환적인 자연관이 깨지기 시작했습니다. 농본 사회에서는 계절의 변화에 따라 순환적으로 맞춰가면서 경작하죠. 이런 생산 체제는 한편으론 지구 환경의 유기적 자생성에서 이탈하는 것이긴 했지만 그렇게 큰 문제를 불러오지는 않았습니다. 그런데 선형적 역사관과 함께 물질적인 변혁이 오면서 발전 개념이 등장합니다.

동양에서의 변화는 오히려 인간과 개인의 변화라고 봅니다. 즉, 일정한 물질적 조건이 비슷한 농본 사회에서는 공동체 사회를 잘 이끌어가기 위해 개인이 변화해야 하지요. 성장하면서 성숙해지고 도덕이나 규범에의 적응이라는 점에서도 개인에게 변화가 오는 것이죠. 육체적으로 어른이 되는 것과 더불어 인성이란 면에서 성장해야 하고, 그러니까 상당히 교육적인 변화가 있었던 거지요. 서양의 농본 사회에서도 마찬가지로 개인의 변화가 있었죠. 실질적으로 그 자체의 시스템으로서 변화가 거의 없는 공동체에서 살려면, 개인이 사회적 적응력을 갖도록 변화해야 했던 것이죠. 그래서 사람되기 위한 가르침과 수용이라는 교육적인 변화도 농본 사회의 변화의 특성이 아닌가 합니다.

그런데 근대화의 물질적 변화를 말하면서 세상이 변했다고 하죠. 근대 산업 혁명이 일어나고 물질적인 변화가 오면서 사회 전체가 변화해야 하는 상황이 온 거죠. 그래서 세상이 변한다는 말이 설득력 있게 다가온 겁니다. 그리고 발전 논리가 도입되면서, 인간 삶이 지구의 유기적 자생성에서 훨씬 많이 이탈하기 시작합니다. 그러다 보니 환경의 문제, 자연의 문제가 등장하죠. 그래서 결국은 여러 차원에서 변화해야 하는 상황을 맞게 되는 겁니다.

변화의 역설

그런데 인간은 농본 사회에서의 자연적인 변화 속에서도 인공적인 불변을 시도합니다. 역설적이죠. 예를 들어, 채취 시대에는 있는 것을 그냥 따먹었지만, 경작을 시작하면서 보존하는 일이 생겨나기 시작합니다. 음식이 썩지 않고 신선하게 유지되도록 석빙고를 만들거나 현대처럼 전기 냉장고를 만들어서 인공적 불변을 시도한 것이죠. 여기서 변화와 불변의 양면성을 잘 봐야 합니다. 오늘날에는 여러 분야에서 인공적 불변을 시도합니다. 예를 들어, 계속 젊은 상태로 있기 위해서 현대인들은 애를 씁니다. 그런데 재미있는 것은 그런 신체의 인공적 불변을 추구하려면, 생활의 여러 면에서는 변화가 촉발된다는 겁니다. 변화와 인공적 불변 시도가 얽히고 설킨 시대, 그것이 변화라는 거울에 비추어본 오늘날 현대인의 자화상인지도 모릅니다. 이제 제가 궁금한 건 동양사상 속에 담긴 변화의 개념들과 변화라는 주제를 어떻게 풀어갔는지입니다.

이승환 동양에서의 변화라? 참 답하기 어려운 질문입니다. 《주역》이나 여러 경전에서 '변(變)'과 '화(化)'를 구분해서 쓰기도 하는데, 너무 설도 많고 해석이 분분해서 이러한 개념에 대해서는 가급적이면 이 자리에서 언급하고 싶지 않았지만…….

전근대의 동양에서는 일반적으로 인공적인 문명에 의한 역사의 진보를 이야기하지 않은 대신, 역사는 나선형식으로 순환하면서 나아간다고 보았지요. 근대의 시간관이 선형적이라면 전근대의 시간관은 나선형적이라고 할 수 있어요.

이러한 '변화관'은 농업 사회의 생산력을 일정 정도 반영하고 있습니다. 앞에서도 말씀드린 "하늘이 재물을 생함에 다만 정해진 수량이 있다. 아래에 없으면 위에 있고, 이곳에 없으면 저곳에 있게 된다."라는 말은 일정한 생산력의 수준에서 재화의 유한성에 대한 인식에서 나온 것입니다. 한정된 생산력의 단계에서 산출되는 생산량은 해마다 엇비슷하기 때문에, 한 계급이 과도하게 소유하면 다른 계급이 고통받게 됩니다. 그래서 개인의 욕망을 조절해야 사회 전체에 균형과 조화가 찾아오게 됩니다. 욕망의 조절은 사회의 조화를 산출할 뿐 아니라 개인의 인격을 더 높은 상태로 고양시켜줍니다.

인간의 욕망을 어떻게 조절하느냐? 이건 '변화'의 문제입니다. 성리학자들이 추구했던 문제도 바로 '기질을 변화시키는 문제(變化氣質)'였습니다. 유가에서는 성인·군자의 단계, 도가에서는 진인(眞人)의 경지, 그리고 불가에서는 보살과 부처의 단계를 인간성이 최고로 고양된 상태라고 보지요. 물론 유·불·도의 이상인격에 간직된 종교적 이상은 조금씩 다를 수 있겠습니다. 하지만 공통점은 인격의 고양을 통해 관계의 조화가 성취된다는 점입니다. 인간과 인간의 관계에서 화(和)를 성취하고, 인간과 자연의 관계에서도 역시 화(和)를 성취하게 되지요. 이렇게 전체의 '조화'를 위해 자기 변혁이 강조되어온 것입니다.

근대에 들어오면서 생산력이 발전하자 세계관의 변화가 생겨났지요. 무한진보에 대한 신념이 생긴 겁니다. 과학기술의 발전으로 인해 자연을 정복해 얼마든지 욕망을 충족시킬 수 있다는 '단선적 진보'에 대한 신념 말이에요……. 이러한 무한 진보에 대한 신념은 결국 '불균형 진보'를 초래했습니다. 과학기술의 발전으로 인해 생산력은 진보했지만, 인간의 정신과 영성, 그리고 자연의 문제는 퇴보해버리고 말았습니다. 호르크하이머(M. Horkheimer)는 근대를 새로운 야만의 시대로 봅니다. 근대인들의 무한 진보에 대한 맹신 때문에 새로운 야만의 시대가 오게 된 것이죠.

근대성의 폐해를 바로잡으려면 회복해야 할 것이 세 가지 있습니다. '자연'과 '영성'과 '전통'이 그것이죠. 이를 위해서는 무한 진보에 대한 허상에서 깨어나야 합니다. 자연의 재화는 유한하며, 고갈되어가고, 파괴되어간다는 사실을 깨달아야 합니다. 동양의 전통 사상가들이 파악한 것처럼 유한성을 인식하고, 이러한 유한성의 한계 안에서 어떻게 조화롭게 분배해서 불평등을 해소하고, 어떻게 욕망을 조절해서 영성을 고양시킬 수 있는지에 대해 관심을 모아야 합니다.

관점, 행위, 사고의 변화

'불균형 진보'를 개선하려면 어떤 변화가 필요한가? 저는 두 가지라고 생각합니다. 하나는 관점의 변화이고 다른 하나는 행위의 변화입니다. 관점의 변화는 세계의 사물들이 독립적으로 존재한다는 원자론적(입자론적) 사고에서 벗어나서 연기론에 입각한 공생주의적인 사고로 전환하는 일을 말합니다. 세상의 모든 존재를 물질로 환원시키려는 기계론적인, 환원주의적인 관점에서 벗어나 생명 중심적인 관점으로의 변화가 필요합니다. 인간의 관계에서도 무한 경쟁을 통해 약자가 도태되는 경쟁만이 사회를 발전시킨다고 볼 것이 아니라, 균형과 협동과 조화를 통해서도 사회가 아름다워질 수 있다는 그런 관점으로 바뀌어야 합니다. 관점의 변화, 아니 변혁이 필요합니다.

물론 관점의 변화만 가지고 세상을 바꿀 수는 없겠죠. 행위를 통해 실천이 이루어져야 합니다. 행위에는 내가 할 수 있는 행위가 있고, 여러 사람이 힘을 합쳐 할 수 있는 행위가 있습니다. 개인적인 차원에서는 작은 실천, 욕망에 대한 성찰, 몸의 수행 등이 필요합니다. 여러 사람이 더불어 할 수 있는 실천으로는 자본주의 체제를 순치시키려는 지속적이고 맹렬한 연대적 노력이 필요하다고 봅니다. 개인적 차원과 연대적 차원에서의 변혁과 실천이 동시에 필요하다고 보는 거지요.

김용석 지난번 선생님 연구실에서 대담할 때 근대화하고 세계화하고 디지털화하고…… 어쨌거나 급격히 변화하는 시대에 절제에 대한 이야기를 한 기억이 떠오릅니다. 물론 이 선생님이 말씀하신 절제의 필요성에 동의합니다.

한편 저는 뭔가 다른 것을 제시할 수는 없는가라는 고민을 대담을 하면서 계속 해보았습니다. 그래서—제가 단편적으로는 언급한 것 같은데—이 대담에서 변화의 주제와 연관해서 거론하려고 하지 않았던 어떤 이론을 요약해서 언급해야겠다는 결론에 이르렀습니다. 지금 제가 말할 주제는 사실 엄청난 자료와 연구가 요구되는 것이고, 앞으로 제가 해야 할 작업입니다. 여기서는 아직 영글지 않은 이론이라 이것이 언급되면 많은 비판의 가능성이 있으리라는 것을 알고 있습니다. 다만 현재의 문제에 대한 재조명이라는 것과 미래에 대한 전망이라는 점에서 위험을 지고 조심스럽게 제시해봅니다.

하나의 시도 또는 제시의 입장에서 이야기하겠습니다. 제가 스승에게 배운 말이 기억납니다. "사람에게 자극을 줄 필요성이 있으면 이야기하라!"라고 말씀하셨지요.

저는 현재 자본주의의 고리를 그 시스템의 개혁을 통해 해결할 수 있을까 하는 문제에 대해서는 회의적입니다. 욕망을 균형 있게 조절하는 절제도 하나의 방법일 뿐입니다. 산업 혁명 이후로 시작된 이 삶의 연쇄고리는 쉽게 해결되지 않으리라는 것이죠. 제가 자연과학이나 자연철학을 공부하면서 중점을 두고 싶은 것은 '자연의 폭을 넓게 보자'는 것입니다.

우리는 우주를 이야기하면서도 실은 지구 자연의 관점을 벗어나지 못하고 있습니다. 자연은 지구 자연만 생각하기 십상인 것이죠. 그런데 제가 제안하는 것은 자연의 폭을 넓게 보자는 것입니다. 자연을 지구 자연과 동일시하지 말고 우주 자연으로 보자는 겁니다. 환경의 폭도 넓게 봅시다. 지구 환경이 아니라 우주 환경으로. 그리고 이렇게 보는 것이야말로 그 폭을 넓게 보는 것이 아니라, 사실은 그 원래의 폭을 보는 것입니다. 이렇게 보면 새로운 전망을 위한 생각의 화두가 튀어나올 수 있지 않을까 생각합니다.

제 이론의 기본 틀을 말하면 이렇습니다. 첫째, 지구는 유기적 자생성을 가진 시스템이다. 둘째, 인간은 지구에 현존하는 생명체 가운데 유일하게 이 자생 시스템에서 이탈하는 존재이다.

첫 번째 명제를 알아듣기 쉽게 설명하기 위해서 저는 어떤 학자를 거론하겠습니다. 물론 제 이론은 그의 영향을 받은 것은 아닙니다. 다만 제 입장을 정리하는 과정에서 일정 부분 서로 연관이 있을 수 있다는 것을 알게 되었습니다.

제임스 러브록(J. Lovelock)의 가이아 이론(Gaia theory)은 지구 생명체의 역사에 관한 이론입니다. 이 이론은 지구의 화학적·생태적 조건이 생명체가 견딜 수 있는 한계 안에서 지구의 환경을 유지하는 단일 시스템과 연결되어 있다고 주장하죠. 가이아는 생명과 환경을 하나로 묶는 거대 시스템을 의미합니다. 이 이론은 지구와 지구의 거주자들이 상호 작용하는 방식을 기술하고 있어요. 나는 이 이론이 어느 정도 설득력이 있다고 봅니다. 그렇게 보는 과학자들도 많이 있구요.

러브록의 이론은 과학적인 것입니다. 그러나 제 입장은 철학적인 것이죠. 즉, 지구를 하나의 시스템으로 보는 입장을 인간 삶의 다양한 영역에 연결시켜서 생각하는 것입니다. 그것에는 인간의 역사도 포함되며, 좁게는 근대화의 폐해, 그리고 환경의 문제와도 연결됩니다. 그리고 제가 보는 지구는—가이아라는 거대 시스템을 설정하는 러브록의 그것과는 좀 달리—과정으로서의 '유기적 자생성'으로 지구를 보는 것이죠. 이렇게 보면, 현재의 생산·소비·폐기의 악순환으로 간다면, 지구는 자생적 시스템을 유지하기 위해서—어쩌면 러브록의 입장을 전용해서 표현하면 자신이 살기 위해—즉 자신의 자생성을 유지하기 위해 결국 인간을 죽일 것입니다.

여기서 두 가지를 생각해볼 수 있습니다. 하나는 지구 환경과 연관된 현재의 상황입니다. 세계 전체의 입장에서 보면 환경 문제를 잘 처리하는 나라가 있죠. 대표적으로 독일은 인구가 많지만 생활 속의 절제가 많은 나라입니다. 이탈리아를 보죠. 그곳에서는 원자력 발전소 건설을 오래 전부터 반대해왔습니다. 그냥 반대하는 게 아닙니다. 주민들이 일인당 100킬로와트를 공급받아왔다면 70킬로와트만 공급하라고 요구합니다. 그 대신 자기 지역에 원자력 발전소를 짓지 말라는 것입니다. 즉, 몸소 절제하면서 환경 보호를 하겠다는 겁니다. 실제로 이탈리아는 원자력 발전소가 매우 적은 나라입니다. 원자력 발전소 건설 붐을 따라갔던 나라들은 지금 이탈리아를 무척 부러워합니다. 대신 부족한 전력을 여러 가지 다른 방법으로 해소합니다. 그 가운데 절제도 있습니다.

제가 이런 말을 하는 것은 현재의 세계를 덜 비관적으로 보자는 겁니다. 잘 해결하는 방식도 찾으면 있다는 것입니다. 무조건 낙관적인 것은 아니지만, 그야말로 관점을 전환해야 한다는 것이죠.

변화라는 건 크게는 나 개인 인간의 변화, 세상의 변화가 있지만, 그것에 앞서는 게 사고의 변화입니다. 사고의 변환을 획기적으로 가져보려는 철학자로서 제 자신의 변화……. 어떻게 할 것인가를 고민하게 됩니다.

저는 마르크스 철학을 공부했기 때문에 치열하게 자본주의를 비판해왔습니다. 지금도 다양한 관점에서 비판을 하죠. 그런데 이것이 오늘의 현실 문제를 궁극적으로 해결해주는가 하는 점에서는 무척 힘듭니다. 그래서 제가 생각해낸 것이 지구의 자생성 문제이고 그 문제를 깊이 들여다보게 되었죠.

그 다음은 인간이라는 생명체의 특성을 살펴보는 겁니다. 인간도 다른 생명체와 마찬가지로 자기 생명을 이어가려고 애쓰는 존재입니다. 근대화 이후 인간 중심주의라고 비판을 많이 하는데, 인간 중심주의 비판의 약점은 사실 그 말이 인간을 과대평가하고 있다는 점입니다. 인간은 우주의 중심에 있지 않아요. 그리고 인간이 자기 중심적으로 행동한다는 것도 매우 관념적인 것입니다. 우주 팽창이론에서 보면 인간은 우주의 어느 한 부분에 있을 따름이죠. 그 부분에서 인간이라는 생명체가 생명을 이어가기 위해서 애쓰고 있을 뿐이

죠. 인간 중심주의 비판이 사실은 역설적으로 인간을 과대평가한다는 것을 인식하고 사고를 전환하면, 오히려 좀더 넓은 시각을 확보할 수 있을 거라고 생각합니다.

제 말은 인간을 있는 그대로 하나의 생명체로 보자는 겁니다. 이 우주에서 살기 위해 안간힘을 쓰는 미물로 말입니다. 그렇다고 인간이 미물이어서 무의미한 존재인 것은 아닙니다. 인간은 우주의 티끌이지만 그 자체로 가치가 있는 것이죠. 다행히 인간에게는 철학이라는 것이 있어 끊임없이 그 인간에 대해 사유합니다.

그리고 제 이론의 두 번째 명제인 인간이란 지구의 유기적 자생성을 벗어나는 존재라는 것을 생각해봅시다. 인간이 어차피 그 자생 시스템을 오래 전부터 벗어나기 시작했는데, 이제 지구로부터 적극적 이탈을 생각할 수 있다는 것이죠. 오히려 그 가능성을 배제할 필요가 있는가라고 묻고 싶은 거지요. 그래서 제 이론의 핵심이 "탈지구성(Post-globality)의 가능성을 배제하지 말자."라는 겁니다. 이제 탈지구성을 이해하려면 인간이 '메타글로벌(meta-global)' 한 존재일 수 있다는 것을 알아야 합니다. 인간은 고대부터 우주를 생각했죠. 피타고라스는 우주의 하모니를 들었고 인간은 항상 우주와 관계를 맺고자 하는 존재였다는 가설을 설정하게 되었죠. 물론 이건 무척 위험하고 비판의 가능성이 높습니다.

저는 인간이 메타글로벌한 존재라는 것을 밝히기 위해 고대 역사 ―동양사상까지 포함해서, 이승환 선생님의 도움이 필요하겠죠― 부터 철저히 파헤칠 작정입니다. 인간이 메타글로벌한 존재이자 탈지구성을 가진 존재일 수 있다는 가능성을 생각해봅시다. 인간 삶의 방식이 이미 오래 전부터, 즉 농경의 시작부터 지구의 유기적 자생성을 깨기 시작한 것이니까, 오늘의 문제를 해결하기 위해서 그 이전으로 돌아가도 문제가 해결될 가능성은 없어 보입니다. 짧게는 산업 사회 이전인 17세기로 돌아가야 하고, 길게는 경작 이전의 시대로 되돌아가야 합니다.

 탈지구성, 즉 지구 밖의 행성이나 다른 별로의 이주는 어처구니없고 불가능한 일을 말하는 것 같습니다. 하지만 뒤로 돌아가는 것보다는 더 가능성이 높다고 생각합니다. 그 불가능의 정도가 어느 쪽이 더 강한지 모른다고 하더라도, 즉 어느 것이 더 불가능할지는 아직 미지수라고 해도, 저보고 선택하라면 탈지구성의 실현을 선택할 것입니다.

 그리고 현재 실질적으로 세계 곳곳에 있는 연구소들을 조사해보면, 지구 밖으로 나가는 것을 목적으로 하고 있습니다. 구체적으로 이미 나가기 시작하고 있죠. 인간이 구체적 탈지구적인 성향을 보인 지가 50년이나 됩니다. 제가 탈지구성의 가능성을 이야기할 때 혹자는 그건 무한 진보라고 이야기할 수 있습니다. 하지만 저는 무한 진보가 아니라 우주의 한 부분에 있는 생명체가 자기 가능성을 찾아 애쓰고 있는 과정이라고 볼 수 있다고 생각합니다. 그러기에 1천 년 후의 일을 말하는 거 아니냐고 되물을 수 있는데, 꼭 그렇지는 않습니다. 우리가 역사를 길게 볼 때 패러다임적 변화로 인식한다면 빨리 올 수도 있죠.

 탈지구적인 것을 한편으로는 현실적인 면에서 볼 필요가 있습니다. 내가 가만히 있어도 누군가가 노력하고 있고, 내가 생각하지 않아도 누군가는 생각하고 있기 때문입니다. 그래서 적극적으로 현재의 우리 문제, 미래 세대의 문제를 폭넓게 생각하는 하나의 가능성으로서 탈지구성을 생각해볼 수 있는 것이죠.

 또 하나는 사회철학적인 관점에서 다른 문제를 제기합니다. 적지 않은 학자들이 막연하게 의심했던 부분 가운데 하나인데, 바로 정체성의 문제입니다. 정체성의 차원에서도 우리는 큰 변화와 대면하지 않을 수 없을 겁니다. 탈지구성의 시대에는 어떤 나라의 민족으로서, 아니면 국민으로서의 정체성이 아니라, 인간으로서의 정체성, 좀더 정확히 말하면 '지구인으로서의 정체성' 형성의 과제가 대두될 것이기 때문입니다.

이는 또한 문화 정체성이라는 어떤 정체성의 근거가 민족이나 국가가 아닌 인간성이란 기준으로 확대되어야 하는지에 대한 지금까지의 막연한 물음에 구체적 돌파구를 제공할 수 있는 계기가 될 겁니다. 그래서 지구인으로서의 정체성 문제가 철학적 화두가 될 것입니다. 탈지구성의 관점에서도 이걸 하나의 가능성으로 배제할 수 없습니다. 그리고 동양에서도 인간이 우주와 관계를 맺고자 하는 경향이 있어 왔다고 생각합니다.

그렇다면 지구에서의 삶을 영위하는 동안 절제할 필요가 없지 않느냐 하고 물을지 모르죠. 그건 아니죠. 제가 여기 살다가 저기로 이사간다고 이 동네를 망쳐놓고 가면 됩니까……. 지구는 인간의 고향입니다. 상상력을 발휘해서 '지구 고향'이라는 것을 한번 생각해 봅시다. 제가 다른 별에 상주하고 있어도 언제든지 지구를 고향처럼 다시 찾아볼 수 있는 것이죠. 그때 지구의 환경이 좋아야죠. 요즘 우리나라 사람들이 도회지에 나가 살다가 고향에 오랜만에 갔는데, 더 오염됐더라는 말도 하잖아요. 이런 실패의 경험이 앞으로 탈지구성의 시대에는 반면 교사가 되어야죠.

욕망의 조정, 균형 있는 삶. 즐기며 절제하는 삶도 필요하지요. 하지만 탈지구성을 생각하면, 이런 삶이 좀더 넓은 시각에서 행해질 수 있다고 생각합니다. 이건 스트레스라는 차원에서도 중요합니다.

넓은 마음, 넓은 자세를 갖는다는 건 스트레스를 덜 받는다는 말이 거든요. 그리고 지금 태어나는 생명을 위해서도 그런 전망을 가져야 한다고 생각합니다. 어느 다른 별에 살면서 가끔 지구를 찾을 때도 ―마치 요즘 우리가 명절 때 귀향을 하듯이 말입니다― '지구 고향'의 환경이 잘 보존되어 있어야 좋은 것 아닙니까.

환경 보호 운동을 하는 데도 넓은 자세로 대하느냐 그렇지 못하고 속 좁게 치열하느냐는 큰 차이입니다. '오로지 지구만이'를 외치는 자세와 지구와 우주를 아울러 생각하는 자세는 다르죠. 저는 지구 보호를 위한 아이디어도 폭 넓게 생각할 때 나오리라고 봅니다. 그리고―여기서는 길게 말씀드릴 수 없지만―탈지구의 형태는 매우 다양합니다. 행성을 비롯한 다른 별에의 이주(移住)와 상주(常住)는 여러 가지 차원을 포함합니다. 그리고 거주지에 따라 여러 가지 생활 방식을 선택할 수 있습니다. 우주적 다양성의 시대가 오는 거죠.

철학자인 나는 어떻게 변화할 것인가

이승환 언젠가 한 학생이 저에게 이런 화살을 날린 적이 있어요. "실천이 필요하다고 말씀만 하시지 말고 직접 산에 가서 쓰레기를 주우셔야죠." 저는 이렇게 말했습니다. "내가 쓰레기를 주우러 직접 나서는 것보다 우리 사회에서 지도자급이 될 100명의 학생을 가르쳐 나보다 100배를 줍게 하고, 자네들이 지도자가 되어 또 각기 100명의 사람들에게 영향을 미친다면, 나 혼자 실천하는 일보다 1만 배의 효과가 있게 된다."라고 말입니다. 어떨 때는 제가 하는 작업이 '창백한 지식인'의 작업이라는 허탈감도 들지만, 교육자로서 '사람'을 길러내는 데서 자그마한 안위를 찾고 있습니다.

김용석 교육이라는 게 중요하죠. 제자를 키운다는 거…… 지금 저에겐 남의 일이 되었지만……. 제 개인으로 돌아와서 본다면, 제 자신을 돌아보면, 저는 지행합일을 위해 무척 노력하고 있어요. 현재의 제 삶을 검증해보시면 알 겁니다. 스스로 절제도 꽤 하는 편입니다. 웬 자화자찬인가. (웃음) 그렇다고 절제에 대한 강박 관념은 없습니다. 절제를 훈계하는 것도 자제하지요. 이러한 덕목은 몸으로 보여주는 것이 중요하니까요.

이제 철학자로서 나는 어떻게 변화해왔는지를 생각해봅니다. 외국에서 철학을 공부하고 석·박사를 할 때까지는 서양철학을 배웠으니까, 논리적 구성의 철학자였을 겁니다. 스승이 수학자 출신에 변증논리학을 연구했기에 그 영향을 많이 받았습니다. 그래서 언어 구성의 논리적 구조가 바로 눈에 들어오죠. 그 다음이 일상의 철학자였습니다. 사회문화철학에 관심을 가지면서 그렇게 되었죠. 그리고 지금의 나, 앞으로의 나는 상상력의 철학자라고 할 수 있습니다. '사이의 철학' '유크로니아(Uchronia)의 철학' '포스트글로브(Post-Globe)의 철학'을 주제로 하면서 철학자로서도 변신해가는 거죠.

상상력의 철학자로서 고민하면서 꼭 우주로만 눈을 돌린 것이 아니라, 개인에 대해 관심이 많아졌습니다. 그리고 그들 사이에 대해서도……. 그래서 사이의 철학이 제게 다가왔고요. 자본주의 사회체제가 너무 엉켜 있는 상황이어서 금방 해결되지 않을 것 같습니다. 그래서 저는 포스트글로브의 철학 쪽으로 가고 싶습니다. 그와 함께 동반되는 것이 제가 졸저 《문화적인 것과 인간적인 것》에서 언급한 유크로니아의 철학이죠.

그리고 좀 긍정적인 자세로 이 세상을 대하고 싶습니다. 물론 학자란 태생적으로 비판적입니다. 비판은 계속되어야지요. 비판의 칼이 녹스는 것처럼 위험한 일도 없잖아요. 하지만 이와 더불어 또한 긍정적이고 생산적인 철학을 해보고 싶습니다.

저는 의식의 지평을 넓게 해주는, 그래서 후학들에게 세상이 비관적이지 않을 수 있다는 것을 보여주고 싶습니다. 적어도 희망의 증거는 못 보여주어도, 희망을 버릴 수는 없다는 것을 설득력 있게 전해주고 싶습니다. 그리고 강박 관념 없이 사고하고 대화하며 대안을 찾는 자세를 같이 나누고 싶습니다.

이승환 포스트글로브의 철학이라……. 재미있을 것 같네요. 그러나 지구에서 벗어나 너무 멀리 가려고 하지는 마세요. 결국 인간이 태어나서 자라고 뼈를 묻을 곳은 지구이니까요. 혹시 저 위로 높이 올라가시더라도 제가 살고 있는 지구를 향해 가끔씩 눈길이라도 주시기 바랍니다. 저는 지구에 남아 있으렵니다. 저는 땅을 밟지 않으면 도대체 허전해서 살 수가 없거든요. 저는 땅에서 떠나는 연습을 하는 대신, 땅에 뿌리박는 연습을 하고 싶습니다. 땅은 저의 고향이고 모태이며, 저를 낳은 자궁입니다. 저는 그곳으로 돌아가 쉬고 싶습니다.

김용석 저도 이 선생님과 마찬가지로 땅으로 돌아가겠지요. 저의 견해를 넓은 마음으로 받아주시기를 기대하면서 제시해본 것이죠. 저는 미래의 전망을, 그리고 이미 그 전망이 우리에게 영향을 끼치기 시작했다는 것을 말하려고 한 것이죠. 그리고 이것이 현실적이라는 겁니다.

미래 세대에게는 삶의 선택이 더 다양해지겠지요. 땅에서 떠나거나, 땅에 뿌리 박거나, 떠났다가 돌아오거나, 등등……. 어쨌거나 떠나 있는 사람도 '지구 고향'을 때때로 찾을 겁니다.

포스트글로브의 개념으로 세상을 보는 것은, 달과 행성에 우주 기지를 세우거나, 인류 전체 또는 그 일부가 삶의 터전을 지구가 아닌 다른 별로 옮길 수 있다는 가능성이 반드시 실현될 것인가 아닌가의 이유 때문만이 아니지요. 그것의 실현 가능성 여부와 관계없이 그러한 발전 기준과 방향에 따라 인류 문명과 역사는 진행해 나갈 것이라는 매우 현실적인 예측 때문이죠. 그리고 그 효과와 부산물이 정치·경제·사회·문화 등 우리의 삶 전 분야에 걸쳐 조그만 일상까지도 크게 변화시킬 것이라는 이유 때문입니다. 그것은 이미 현실일지도 모릅니다. 21세기가 우주 시대라는 것의 진정한 의미는 바로 여기에 있을지도 모릅니다. 누군가 말했듯이, 학자로서 자신이 예측한 일이 몽상이라고 비난받는다고 그것을 말하지 않는 것은 의무 방기일지도 모르지요.

이제 대담을 정리할 때가 된 것 같군요. 괜찮으시다면 제가 맺는 말을 할까 합니다.

이 선생님과 대담하면서 현직 교수로서 고뇌하는 철학자를 만날 수 있는 소중한 기회였습니다. 첫 만남 때 밤늦게까지 술 마시면서 이 선생님이 저보고 하신 말씀이 기억납니다. "한국적 맥락과 상황을 알면 펄펄 날 분이시라는 생각이 들었습니다."라고.

우리가 처음 만났을 때와 지금의 우리는 당연히 뭔가 달라진 게 있겠지요. 벌써 몇 달이 지났군요. 그 무더워지기 시작하는 초여름에서 이제 제법 서늘한 계절에 서 있으니까요. 그때의 저와 지금의 저도 달라진 점이 많을 겁니다. 저보다 많은 시간을 한국에서 활동해온 학자와 이야기할 수 있는 기회였고, 개인적으로는 한국적 상황과 맥락을 아는 데 많은 도움을 받았습니다.

철학자는 기다리는 사람이라고 생각합니다. 외국에 있을 때, 학생들에게도 그런 말을 하곤 했죠. 처음엔 서양 학생들이 의아해 하기도 했지만, 그 말이 성찰의 계기를 주었다는 학생들도 있었어요. 철학자란 계속적인 준비를 하고 있는 사람이죠. 그런 면에서 철학자는 비극적인지도 모릅니다. (웃음) 동양 철학자나 서양 철학자를 막론하고 모두 마찬가지일 겁니다. 왜 기다리는 것이 필요하겠습니까? 그것은 무엇보다도 자신이 진리를 가지고 있지 않기 때문이라고 생각합니다. 다만 끊임없이 준비하는 자세로 학문을 하는 것이죠. 저는 앞으로 이런 준비를 꾸준히 하고 싶습니다. 그리고 일상을 면밀히 관찰하면서 현실 문제에 참여하고 싶습니다.

그리고 또 다른 이유는 철학자의 사회적 참여 방식에 관한 것입니다. 철학자는 공부만 하는 사람이 아닙니다. 이 세상이 그를 필요로 하고, 또한 필요로 하도록 노력하고 있어야죠. 국가적인 정책에도 참여할 수 있습니다. 그런데 그 방식에서는 신중해야 합니다. 학자는 먼저 나서지 않는 것입니다. 즉, 권력을 찾아가는 것이 아니라 그것이 나를 찾아오도록 해야 합니다. 제갈공명에 대한 유비의 삼고초려가 그것을 잘 말해줍니다.

제가 외국에서 강의할 때, 이런 말을 하니 어떤 학생이 대뜸 이렇게 질문을 하더군요. "그러면 죽을 때까지 안 찾아오면 어떻게 됩니까, 소용이 없잖습니까."라고. 그건 그렇지 않지요. 학자에게는 어떤 경우든 다 좋은 것입니다. 구체적 현실 참여의 기회가 오면, 자신의 능력을 발휘해서 사회에 공헌해서 좋고, 그 기회가 죽을 때까지 안 찾아오면 그래도 학문적으로 자기 성장을 해서 세상에 대해 깨닫고 있으니 좋은 것이기 때문입니다. 이러나 저러나 좋은 것입니다. 그러니까 학자는 그냥 기다리는 사람이 아니라, 끊임없는 준비의 과정이 기다림 그 자체가 되는 삶을 사는 사람입니다.

한국에 와서 느낀 문제는 참여 지식인에 대한 것이었습니다. 저는 우리나라 지식인들이 참여의 폭을 너무 좁게 생각하고 있다는 느낌을 받았습니다. 저는 참여 지식인의 폭을 넓혀야 한다고 생각합니다. 지금까지 우리나라 지식인들은 정치와 정치권력에 연관된 참여만 염두에 두지 않았나 하는 느낌이 든다는 거죠. 즉, 지성의 참여를 정치와 권력의 영역에 테두리 치고 있는 상황인 것 같다는 것입니다.

진정으로 사회에서 도움의 손길을 필요로 하는 쪽으로 눈길을 돌려야 합니다. 노인·서민·청소년, 그리고 소외된 사람들······. 그리고 그들에게 빈번하게 일어나는 문화 향유의 결핍 상태 등 사회문화적인 분야로 참여의 폭을 넓혀야 합니다. 그리고 또한 중요한 것은 지식인들이―인문학자, 자연과학자 구분 없이―오늘날 과학적 지식을 활용하고 조정하는 문제에 관심을 가져야 한다는 점을 이야기하고 싶습니다. 그것은 21세기에 정말 중요한 과제일 겁니다. 특히 탈지구성의 시대에는 말입니다.

5

127일간을
기억하고 미래를 기약하다

HIT No. **10** 미지의 세계를 향해한 문화적 탐험
HIT No. **11** 벗과의 만남을 통해 인(仁)을 보강한 127일

HIT No. 10 미지의 세계를 항해한 문화적 탐험

> 대담을 마치고 두 철학자가 긴 편지를 주고받았다.
> 김용석 선생이 지난 127일간의 문화적 탐험을 떠올리면서
> 동서양 철학자의 만남을 정리하고 성찰하는, 속 깊은 마음씀이 배어 있는 편지를
> 이승환 선생에게 띄웠다.

이승환 선생님,

그동안 참 수고 많으셨습니다. 하긴 저도 계절이 두 번이나 바뀌는 지난 몇 달 동안 '마귀' 노릇 하느라고 힘들었습니다. 그 마귀가 뭔지 아십니까? '서양의 변호인'이라는 것입니다. 저는 서양인이 결코 아니고, 동양인이라는 공허한 명칭으로 불러서는 바로 감지될 수 없는 한국인 김용석이니까요. 그러니 마귀 노릇을 한 것이지요. 마치 장기 공연 후 무대에서 내려온 기분입니다. 이제 그 무거운 무대 의상을 벗고 좀 편한 마음으로 이 편지를 씁니다.

처음 동양의 이름으로, 그리고 서양의 이름으로 주제를 설정해서 대담하자는 요청을 받았을 때, 이 선생님이나 저나 무척 망설였지

요. 더욱이 저는 넓게 보아 동양인으로서 동양사상에 맞서 서양사상을 대변하는 역할을 해야 했기 때문에 한참 주저했습니다. 한국적 정서라는 묘한 기운이 우리 토론 문화에도 감도는 것을 직감했기 때문이기도 했습니다. 그리고 이미 많은 사람들이 지적했듯이 동양과 서양을 대립 구조로 놓고 담론을 펼치거나 논쟁을 하는 것은 자의적으로 구성된 허상에 대해 논하는 것과 같기 때문이지요. 하긴 구성주의의 입장에서는 이 세상에 의도적 구성이 아닌 것이 어디 있겠습니까만은.

이른바 동서양의 구분을 보는 시각은 크게 두 가지인 것 같습니다. 하나는 매우 상식화되어 있는 시각이고, 다른 하나는 매우 학술화되어 있는 시각인 것 같습니다.

일반 사람들이 볼 때 동양과 서양의 차이는 그저 동양인과 서양인의 모습이 많이 다르듯이 차이가 있는 것이고, 지금까지의 '공식적'인 교육에서 가르쳐왔듯이 지리상에 어느 정도 큰 구분이 있어서 지구라는 구체를 동양과 서양으로 나누는 그런 것입니다.

물론 모든 구분에는 접점이 있어서 애매한 지역이 형성되기도 합니다. 지금 우리가 중동(中東)이라고 표현하는 것은 유럽 대륙의 입장에서 근동(近東)이고, 어떤 사람은 그건 서양에 더 가깝다고 하거나, 아니면 아예 서양이라고 단정하기도 합니다. 그러니 요즘 한창 진행 중인 중동 전쟁은 서양 사람들끼리 치고 받고 하는 것인지도 모르죠. 그리고 인도도 인도-유럽어족이라는 그 언어의 구분으로 보거나, 여러 역사적 문명 교류의 입장에서 보아 서반구에 더 가깝다고 할 수도 있지요. 어떤 사람은 동·서반구 구분의 기준점은 사실 인도라고 주장하기도 합니다.

그리고 동양과 서양이라는 말도, 서구인들이 주로 사용하는 대서양을 사이에 두고 좌우에 각각 미주 대륙과 유럽-아프리카-아시아가 있는 지도에서는 유럽 쪽과 미주가 서양이고, 그 오른쪽이 동양이 됩니다. 그러니 이런 배치 구도에서는 대한민국이 극동(極東)이 되는 거지요. 반대로 지금 우리가 사용하는 태평양이 가운데 있는 지도에서는 모든 것이 뒤바뀝니다. 동양이 서양이고 서양이 동양이며, 극동과 극서라는 명칭들은 다른 곳을 가리키겠지요.

하지만 이미 기존 언어의 의미를 내면화한 일반 사람들은 동양인 서양인 하면 그 차이를 설명 없이도 금방 감지합니다. 월남인을 서양 사람이라고 하지 않고, 영국인을 동양 사람이라고 하지는 않으니까요. 지금의 상황에서 이런 일상적 당연성은 어느 정도 있는 거죠. 그래서 현실에도 동서양 구분이 일상의 다른 수많은 구분들처럼 존재하는 거지요. 이런 무시할 수 없는 현실을 이 대담의 기획자는 충분히 느끼고 있었겠지요.

반면 학술적으로는 '만들어진' 동양과 서양에 대한 담론이 중요 주제가 됩니다. 그래서 만들어지고 길들여진 동양과 서양을 마치 고정불변의 실체인 양 경계짓는 것을 경고하고, 동양의 본질과 서양의 본질에 대한 질문은 사실 덧없는 것이라고 비판하기도 합니다. 여러 가지 복합적 요소를 단순화한 동서양 담론은 형이상학적 관념과 현실적 권력의 복합체가 만들어낸 거대 담론에 다름 아니라는 비판도 합니다.

그래서 이 선생님도 잘 아시는 오리엔탈리즘과 옥시덴탈리즘이 거론되고 그것이 문화 헤게모니를 위한 권력 담론이요, 각자 정체성 세우기 시도라는 것들을 분석해내기도 합니다. 그리고 이러한 학술적 담론들은 벌써 오래된 것이지요.

우리 책의 제목에 '동양'과 '서양'이라는 말이 들어가더군요. 우

리나라 학계의 사정은 잘 모르지만, 어제오늘의 일이 아닌 권력담론의 구성주의와 맥락주의, 그리고 문화 헤게모니론을 모르지 않는 사람이, 이런 도식적 구분을 제목으로 달고 있는 책을 내기로 한 건 좀 이상하지 않느냐는 생각이 들기도 했습니다. 그래서 '동양적인 것들'과 '서양적인 것들'이라는 대안도 생각해보았지요. 이 선생님은 어떤 기분이신지요?

물론 오늘날 도서 출판이라는 것에 순수성이 어디 있겠습니까? 더구나 요즘같이 문화 산업계의 불황에 출판사 망하게 하려고 작정하지 않는 이상은 말입니다. 그곳에 종사하는 사람들에 딸린 식솔까지 생각하면 더 말할 나위도 없지요. 그렇다고 배알 없는 타협만 하는 것은 아니지요.

우선 앞서 말했듯이, 동서양 구분을 보는 시각 가운데 상식적인 시각이 존재한다는 것을 배려한 것이지요. 이 점은 이 선생님도 생각하셨을 줄 믿습니다. 우리 대담의 내용에서 독자들은 어차피 동서양 구분에 대한 구성주의적 해석과 권력 담론을 접하게 될 것이니까요.

하지만 제 입장에서는 그에 못지않게 중요한 이유가 있습니다. 오늘날 동서양 구분은 버추얼 리얼리티의 성격을 가지고 있다는 것이지요. 동양과 서양이 권력 의도에 의해 만들어진 이미지라고 해서, 그것이 단순히 공허한 것만은 아니지요. 사람들의 의식과 생활에서 실제 효력을 보이기 때문입니다. 우선 사람들의 의식에 영향을 주고, 학자들로 하여금 그것을 까뒤집어볼 기회를 주며, 그 자체가 문화 영역 구성의 표면적 주체가 되기 때문입니다.

실제가 아닌데 '실제 효력'을 갖는 것, 그것이 바로 버추얼 리얼리티 아닙니까. 그래서 제가 버추얼 리얼리티는 가상 현실적 성격만 갖는 것이 아니고, '실효 현실'이기 때문에 번역도 그렇게 해서 써야 한다고 우리 대담 중에서 말했던 기억이 납니다. 어원적으로도 버추얼이란 말에는 가상이란 뜻은 없고, 오히려 '힘'이란 뜻이 내포되어 있거든요. 실제 효과를 내는 힘 말입니다.

그러니까 우리의 대담은 동서양이라는 '실효 현실' 속에 적극적으로 들어가 둘이서 한바탕 떠들고, 웃고, 핏대 올리고, 고민하고, 비판하고, 공감하고, 그리고 성찰의 기회를 갖는 것과 같다는 생각을 해봅니다.

우리 둘이 신나게 떠들어댄 말들은 이른바 '입글'이라는 것으로 잘 정리되어 책의 지면에 옮겨져 독자들에게 전달되겠지요. 하지만 우리가 한 행동은 책을 썼다기보다, 동서양이라는 가상 세계의 실효 현실 속에서 말 주고받기 게임을 했다고 볼 수 있지요.

괜한 소리를 했나요? 하지만 저는 이런 의미에서도 이번 대담집의 멀티미디어적 성격을 봅니다. 그리고 우리의 말들이 공허한 것이 아니라, 과거를 되짚고 오늘 우리의 현실을 보여주며 미래를 전망해줄 것을 기대합니다.

이 편지를 쓰기 전에 편집진이 녹취 정리한 원고를 보여주더군요. 참고하라고요. 첫눈에, 엄청나게 긴 시간을 촬영했지만 스크린에 띄우기 위해 여기저기 자른 편집된 필름을 보는 듯했습니다. 무진장 많은 이야기를 한 것 같은데, 한 줌의 대사밖에 안 남았구나 하는 생각이 들었습니다.

그래도 그 한 줌은 잘 고른 것 같습니다. 그동안 별 쓸모 없는 모래 속에서 그래도 좀 써먹을 만한 사금 가루 골라내느라 엄청 고생했겠구나 하고 생각했습니다. 훅 불면 날아갈 인간 지식의 미세한 편린들이지요. 하지만 세찬 바람에도 견딜 옹근 금덩이도 꽤 있었어요. 주로 이 선생님 것이었지요. 좋은 말씀 많이 들었습니다.

그래서 제가 우리 대담에 기여한 그 한 줌도 안 되는 사금 가루를 이 편지에서 정리해보아야겠다고 생각했습니다. 이는 그동안 대담에서 충분히 소통되지 못했을지도 모르는 점들을 선생님께 다시 전하는 것이고, 제 입장에서는 자기 성찰을 위한 정리기도 합니다.

대담을 시작하면서 저는 동서양의 만남을 동양사상과 서양사상, 또는 동양철학과 서양철학의 만남으로 인식하고 있었습니다. 그리고 조금 더 나아가 각 사상 세계의 여러 갈래들을 섭렵하면서 이야기를 나눌 생각이었지요. 그런데 시간이 좀 아쉬웠습니다.

그래서 위험부담을 갖고 도식적으로 서양사상의 특성들을 설명하기도 했습니다. 그러다 보니 좀 거칠어지기도 했지요. 물론 제가 대담에서 제시한 특성들은 서양사상에만 있는 '배타적 고유성'은 아닙니다. 그리고 그 특성들로 서양사상 전체를 설명할 수 있는 것도 아니지요. 말 그대로 서양사상의 여러 성격 가운데, 저의 관점에서 좀 특별하다 싶고 흥미로울 수 있는 것들을 고른 것입니다.

첫 번째 특성인 애지(愛知)만 봐도 그렇습니다. 앎의 중요성은 동서고금을 막론하고 공통적일 수 있습니다. 그런데 서양의 철학, 즉 '필로소피아'라는 것은 말 뜻 그대로 지를 사랑하는 것을 본질로 하고 있습니다. 그냥 사랑하는 것이 아니라, 끊임없이 죽도록 사랑한다는 것이지요. 이것은 다른 문명권과 달리 서구에서 유난히 인식론의 발달을 가져왔으며, 이는 오늘날의 컴퓨터 수리학에도 이어지는 서구 사상의 특성이라고 볼 수 있습니다.

두 번째 특성으로 형이상학과 과학 발달 사이의 밀접한 관계를 제시한 것은 사람들이 흔히 이 점을 놓치고 있는 것 같아서였습니다. 어떤 때는 서양 사람들조차도 현재 이루어놓은 과학 발전이 상당수 형이상학적 사고와 상상력 덕분이라는 것을 잊기 때문에 강조하게 된 것이지요. 형이상학이 과학의 발전을 위한 새로운 지평을 연다는 것은 철학사에도 줄곧 있었던 것이고, 미래에도 그러할 것입니다. 물론 형이상학의 개념을 어떻게 보는지에 따라 입장이 달라질 수 있지만, 제가 대담 중 설명한 형이상학의 개념이라면 그렇다는 말입니다.

세 번째 특성으로 제시한 패러독스는 고대부터 현대까지 면면히 이어지는 서구 철학의 핵심적 요소입니다. 패러독스의 전통은, 철학이 항상 일반 의식을 뒤집는 '청개구리'라는 것과 밀접하지만, 좀더 근원적인 차원에서는 서구 철학의 기초를 세우는 핵심적 요소였습니다. 예를 들어 파르메니데스가 모든 것은 변화하는데 불변의 존재를 생각한 것은 사실 상식에 대한 원초적 모독이었습니다. 소피스트에 대한 평가가 엇갈리는 것도 상식 및 패러독스와 연관이 있습니다. 소피스트들은 상대주의를 도입해 당시의 관념적 의식을 뒤집고 상식적인 지식을 되찾아주었다는 점에서 매우 중요하지요. 하지만 상식을 절대화하려 했기 때문에 비판을 받았죠.

패러독스의 방법론과 연관된 일들은 현대에도 일어납니다. 예를 들어 실증주의는 사실 매우 상식적인 것입니다. 실제로 증명할 수 있어야 진리라는 주장은 참으로 상식적인 것입니다. 그래서 그 이론의 주장 초기에는 쉽게 대중 흡수력도 갖게 된 것입니다. 하지만 그런 상식을 잊고 있던 바람에 그런 상식적 주장에 충격을 받은 학자들이 그것이 상식이라는 것을 의식하게 되면 그 이론은 쉽게 위력을 상실합니다. 그런데도 그 이론의 주창자는 그 상식을 절대화하려 했지요. 철학사에서 이론으로서 실증주의의 생명력이 짧았던 것도 여기에 기인합니다. 여기서 우리는 패러독스가 어떻게 '춤추는'지를 보게 됩니다.

제가 잘은 모르겠습니다만, 아마 지난 90년대부터 우리 학계의 담론에서 중요하게 여겨지는 맥락주의, 구성주의, 그리고 영미 좌파 문화 연구의 영향을 받은 정치주의 등도 상식적인 성격의 것입니다. 철학적 담론이든 실천적 행위든 그것이 이루어지는 맥락을 본다는 것은 맥락주의라는 이론으로 주장될 때는 잊었던 것을 일깨워줍니다. 하지만 쉽게 상식이 됩니다. 이는 구성주의에도 해당되는 것이고, 문화는 본질적으로 정치적이라는 정치주의도 상식적인 것입니다. 잊고 있다가 그 말을 들을 때는 순간 새롭지만, 잊고 있지 않은 사람에게는 항상 상식적인 겁니다.

상대주의·실증주의·맥락주의·구성주의·정치주의 등의 공통점이자 특징은 '상식을 제공'하는 이론적 주장들이라는 거죠. 그래서 또한 매우 중요한 것이죠. 하지만 어처구니없게도 상대적이지 않을 수 있는, 실증적 조건을 넘어설 수 있는, 맥락으로부터 독립적일 수 있는, 구성의 의도에서 벗어날 수 있는, 그리고 정치적 이해를 초월할 수 있는 가능성에 대한 추구가 또한 서구 철학의 다른 큰 물결을 이루었던 것이죠. 그런 흐름이 또한 역설적으로 상식적 비판에 활력을 불러일으키면서 이중적 패러독스의 연속으로 이루어진 것이 서구 사상사라고 할 수도 있습니다.

이 선생님, 제가 왜 이 세 번째 특성에서 오래 머물렀는지 아십니까? 그것이 우리가 대담에서 누차 강조한 서구의 왜곡과 서구 사상 수입의 편식과도 연관이 있기 때문입니다. 우리는 시대에 따라 서구 사상에서 일부 눈에 띄는 것을 가져와 편식하며 유행시킬 줄은 알았어도 서구 사상 체계 전체를 항상 조망하면서 비판할 줄은 잘 몰랐던 것 같습니다. 즉, 서구 정신의 태생적 문제점 외에도 수용자로서의 우리 자세에도 문제가 있다는 것이죠. 이에 덧붙여 제가 하고 싶은 말은, 우리는 서구 사상을 수입해서 우리 안에서 상호 비판과 자기 주장의 도구로 삼는 데는 능숙했지만, 서양사상을 배우든 동양사상을 배우든 그것을 '자기화' 해서 자기 사고를 키우고, 자기 해석을 개발하고, 그리고 자기 사상을 세우는 데는 소홀했다는 것입니다.

이와 연관해서 저는 한국 인문학의 문제가 '예술성'의 결여에 있다고 봅니다. 인문학에 웬 예술성이냐고 하실지 모르지만, 사실이 그렇습니다. 예술을 한다는 것이 무엇을 말하겠습니까? 그것은 '작품'을 만들어낸다는 것을 뜻합니다. 인문학에서는 이론이라는 작품을 창조해내는 것을 말합니다. 최근 몇십 년 동안 이론의 수입과 지성인들 사이에서 소위 입장 비판이라는 것은 있었지만, 이론의 생산은 거의 없었던 것 같습니다. 우리는 계속 역동적으로 변화하는 오늘의 현상을 설명할 '개념의 개발'에도 매우 소홀한 상태에 있습니다. 인문학이 부활하는 길은 '상식을 제공'하는 비판의 도구들을 활용하는 일에 병행해서, 인문학의 예술성을 회복하는 것일 겁니다.

대담 중 제가 서양사상의 특징을 거론한 것은 사실 서양을 제대로 알고 서양의 사상과 문물을 공부한다는 것의 의미를 따져보기 위해서였지요. 이에 대해서는 여러 가지 관점이 있을 수 있지만, 그 가운데서도 제가 제시한 '안전(安全) 철학'이 선생님에게는 생소했던 것 같습니다. 서구 문명이 '잠재적 폭력성'의 도가 높은 문명이기 때문에, 더욱이 안전의 관점이 중요하고 그것을 보장하기 위해서는 그 문명을 생산해낸 정신을 제대로 알아야 한다는 제 주장에 대해 토론이 있었죠.

그 밖에 상이한 주체 사이의 공통 분모 찾기로서 '열린 보편성'과 생존의 문제로서 '다양성 확보', 그리고 생태철학이 오히려 그 이분법적 설정을 강화한 인간과 자연이라는 대립 담론에 대한 돌파구로서 '인간-문화-자연'의 삼각구도를 담론 형식으로 제안한 것들에 대해서도 진지하게 토론해주셔서 감사합니다.

그리고 '정체성 구성' 토론에서 제가 국가를 '집단 이기주의가 허용되는 최소 단위'라고 정의하고 앞으로는 정체성 구성의 최소 단위가 하향하는 경향을 보일지도 모른다고 전망한 데 대해서는 선뜻 동의하지 않으신 것 같지만, 경청해주셔서 감사합니다.

그리고 무엇보다도 저의 '탈지구성' 이론과 '지구인의 정체성' 이론에 대해서 제 입장 개진을 들어주신 데 대해서도 감사드립니다. 이 이론들에 대해서 이 선생님 입장을 밝히실 계제가 아니라는 것을 잘 알고 있습니다. 하긴 저도 이번 대담에서 이것들을 적극 개진할 생각은 없었습니다. 이번 대담에서는 간단히 소개하는 것에 그쳤으므로 큰 부담은 갖지 마시기 바랍니다.

그리고 제가 일상의 철학이나 사회·문화철학처럼 현실에 단단히 뿌리박은 입장을 내놓으면서도 과학 이론과 우주의 이야기를 하고 인간의 '메타글로벌'한 성격과 탈지구성의 전망에 대해서 논함으로써 이 선생님에게 혹 황당한 기분을 느끼게 했는지 모르겠습니다. 하지만 제게는 이러한 입장들이 같이 동행하는 것이라고 생각합니다.

일상에 대한 관심은 최근 몇 년 동안 한국에서 생활하느라 더 커졌습니다. 그것은 현대 사회의 특성 때문이기도 하지만, 특히 우리나라에서는 소외된 사람들에 대한 관심도가 의외로 낮다는 것을 발견했기 때문입니다. 그리고 한국의 학계와 예술계 사정은 잘 모르지만, 서민의 생활에 대해서는 한국에서 줄곧 살아온 지식인들보다 최근 몇 년 동안 제가 더 잘 알게 되었다는 느낌을 받기도 했습니다.

우리는 해외에서 일어난 큰 사건 등은 멀리서 일어난 일이지만 오히려 각종 매체를 통해 마치 집안 일처럼 잘 알고, 어디를 가든지 그것을 화제로 올립니다. 하지만 그런 와중에도 별로 공론화되지 못하고 주위 사람들로부터 관심도 끌지 못하는 어중간한 서민들의 삶은 사실 우리의 커다란 일상을 이루고 있습니다. 한 예로, 제가 틈 있을 때마다 재래 시장에 가보는 것도 서민의 일상에 대한 제 관심 때문입니다. 요즘은 재래 시장 활성책에 대해 제 나름대로 연구도 하고 있습니다.

그리고 탈지구성 등 상상력을 필요로 하는 철학적 전망 제시를 하는 이유는 제가 대담 중에도 밝혔듯이 다른 학자들에게 생각의 화두를 제시해보고 조금은 자극제가 되지 않을까 하는 희망에서입니다. 언젠가 우리 대담 기획자가 저에게 "선생님께선 어떻게 그런 생각을 하시게 되었습니까?" 하고 물었을 때, 제가 대답한 것은 이런 것이었습니다. "그건 제가 일상을 계속 관찰했기 때문이죠." 그에겐 참 엉뚱한 대답이었던 모양입니다. 하지만 그건 솔직한 대답이었습니다. 언젠가 자리를 같이해주신다면 자세히 말씀드릴 기회가 있겠지만, 일상 속 인간이라는 생명체의 관찰은 우주 속 삶에 대한 가능성과 동떨어진 게 아니라 매우 밀접하다는 것이지요. 일상의 눈망울 속에 우주의 빛이 담겨 있습니다.

그리고 여기서 다 나열할 수는 없지만 귀동냥을 많이 했습니다. 특히 인간의 욕망을 설명하시면서 '欲'과 '慾'을 구분하신 것은 흥미로웠습니다. 그것은 단순히 욕망의 유형 구분이 아니라, 감성의 시대를 재조명하는 화두가 될 수도 있겠다는 제 나름의 해석도 해보았습니다. 다만 아쉬운 점은 동양사상을 동양의 언어로 더 많이 듣지 못한 것입니다. 제한된 시간이라서 어쩔 수 없었고, 다음에 기회

가 또 있기를 바라겠습니다. 또한 제가 우리나라의 현재 상황을 잘 모르기 때문에, 적재적소에서 이 선생님의 견해에 맞장구를 치지 못한 점도 아쉬움으로 남는 부분입니다.

　이 선생님이 근대성 및 근대화 비판에서 지적하신 점들은 앞으로 많은 참고가 되리라 생각합니다. 그리고 선생님의 고뇌는 충분히 인정합니다만, 제가 가벼운 마음으로 제안하고 싶은 것은 희망이 담긴 전망을 제시하는 노력에 동참해주십사 하는 것입니다. 그것은 지성인으로서 과제를 인식하고 책임을 동반하는 행위가 아닐까 사료되기 때문입니다. 그리고 요즘 젊은이들 행동을 보면서 우리가 뭔가 많이 잃고 있지 않나 걱정이 많으신 것 같습니다. 하지만 때론 너그러이 봐주시기 바랍니다. 잃는 것이 있으면 얻는 것도 있지 않겠습니까.

　이 선생님의 서구 중심주의 비판은 잘 들었습니다. 특히 이 관점에서 우리나라 대학과 학계를 비판하신 부분은 제가 실제 상황은 잘 모르지만 경청하게 되었습니다. 서양 사람들이 나쁜 짓들 참 많이 했지요. 어찌 보면 정말 '마귀' 같은 자들이죠. 그런데 '마귀'와 싸우다 보면 같이 마귀가 된다는 말도 있지 않습니까. 이 편지의 서두에서도 말씀드렸듯이 저를 '마귀'로 보시진 않았겠지요? 저는 한국 사람 김용석입니다. (^-^)

　우리가 첫 대담을 하던 날, 2차까지 가면서 새벽 2시까지 술 마셨던 일 기억나시죠. 그 후로 2차는 안 간다고 하면서도 2차까지 가곤 했지요. 결국 대담 끝내고, 교정 보고, 책 나와서 비판받고, 한바탕 폭풍이 지나가고 나면 남는 것은 동양철학이라는 이름의 학문을 한 이승환과 서양철학이라는 이름의 학문을 한 김용석 아니겠습니까? 그리고 혹독한 비평이 있을 때, 서로를 위로하기 위해 선술집에서 같이 술잔을 기울일 사람들도 결국 우리 둘 아니겠습니까?

이제 이 두서없는 글을 마칠 때가 된 것 같습니다. 벌써 두 계절 전 일인데…… 우리 대담이 아마 선생님의 질문으로 시작됐던 것 같습니다. 우리 만남의 의의에 대한 질문이었던 것 같습니다. 그때 제가 마치 미지의 세계에 들어서는 기분이라고 답했던 것 같습니다. 선생님도 비슷한 느낌이었던 것 같습니다. 그래서 제가 '문화적 탐험'의 세계를 항해하는 배에 같이 승선하자고 했던 기억이 납니다. 저도 대담이 이렇게 진행되리라고는 예상하지 못했고, 우리가 했던 그런 이야기들이 쏟아져 나올지도 전혀 몰랐지요.

저는 솔직히 우리의 대담이 하나의 '새로운 텍스트'로서 이 나라의 많은 독자들에게 문화적 효과가 있기를 기대합니다. 그리고 우리의 대담이 다른 이들에게도 다양한 대화와 토론의 계기가 되기를 희망합니다.

앞으로는 지식 전달 미디어의 방식도 다양해져야 할 겁니다. 그것은 출판과 같은 오랜 역사와 전통을 가진 매체에 있어서 더 중요한 과제일 겁니다. 이런 의미에서 도서 출판이 오히려 적극적으로 새로운 시도를 한 데 대해서는 후회 없습니다. 우리가 처음 만났을 때 이구동성으로 그랬죠. "이게 뭐야, 녹취하고, 사진도 막 찍고, 주위에 들고 있는 사람도 많고, 참 쑥스럽네……" 그러고 보니 참 고생 많았습니다.

하지만 이러한 새로운 시도에 우리 대담이 무녀리가 되었다고 생각합시다. 무녀리의 본디 말이 '문(門)열이'라죠. 처음 문을 여는 것 말입니다. 한 배의 여러 마리 가운데 맨 먼저 태어나는 짐승의 새끼인 무녀리는 고생을 많이 하고, 뭔가 모자란 점이 많지요. 하지만 그놈이 어미 배에서 나오지 않으면 다른 녀석들도 나올 수가 없지요.

그동안 수고한 게 우리만이 아닌데, 우리 이야기만 한 것 같군요. 사실 대담집을 총괄 기획한 휴머니스트의 김학원 발행인 겸 편집인, '북 PD' 선완규 인문 편집장, 대담 사회 겸 '컨텐츠 PD' 류준필 박사, 못난이(이건 저에게만 해당하는 겁니다)의 이미지를 그래도 살려보려고 애쓰신 안해룡 사진 작가, 우리 각자의 필적 감정(?)까지 하면서 세심하게 작업한 이준용 디자인 팀장 등, 이 모든 분들의 노고가 없었다면, 어떻게 우리가 만남의 어려움과 매번 장시간 계속된 대담의 피로를 넘어서 재미있고 보람 있는 자리를 같이할 수 있었겠습니까. 이 분들께 정말 감사드립니다.

그리고 이 선생님과 저는 조만간 찹쌀 순대에 막걸리 한잔 합시다. 고대 앞 개천 옆 할머니 순대집이 좋을 것 같군요. 그런데 우리 이제 2차는 가지 맙시다……. (^-^) 그러고는 또 서로 속겠지만 말입니다.

2001년 11월 12일

김용석 드림

서양과 동양이 127일간 e-mail을 주고받다

HIT No. 11 벗과의 만남을 통해 인(仁)을 보강한 127일

> 말과 몸짓을 섞어가며 보낸 넉 달 동안의
> 특별한 기억을 회상하는 이승환 선생.
> 서로의 차이를 확인하고 그 틈 사이에서 얻은
> 남다른 생각을 담은 서신을 김용석 선생에게 띄운다.

김용석 선생님

지난 127일간 선생님과 나누었던 대화는 저에게 매우 유익한 것이었습니다. 선생님과 첫 대면에서 제가 증자의 말을 인용했던 기억이 납니다. "군자는 글로써 벗을 사귀고, 벗과의 만남을 통해 인을 보강해간다." 저는 이번 만남이 증자의 말처럼 선생님과 저의 학문을 풍부하게 하고 서로의 정신 세계를 넓히는 계기가 되기를 원했습니다. 다행히 초두에서 기대했던 것과 크게 다르지 않게, 상대방의 학문 세계에 대해 지니고 있었던 편견과 오해를 풀어버리고, 서로에게서 많은 소중한 것을 배울 수 있었습니다. 선생님과 저의 만남의 의미는 그저 사사로운 개인 '이승환'과 또 다른 개인 '김용석'의 만남이라고 치부하기에는 너무도 큰 의미를 담고 있다고 생각합니다. 이번 만남은 그동안 권좌 위에 군림하던 서양철학이 권좌에서 내려와 동양철학과 악수하는 자리였고, 보편의 이름으로 패권을 누려왔던 근대 문명이 근대가 아닌 문명과 화해하는 자리였습니다. 또한 서로 등을 돌리고 외면해오던 이론과 현실이 서로 공조 관계를 서약하는 자리였으며, 무차별적 정복과 남획으로 일관해오던 인간이 자연의 품안으로 귀향하기를 약속하는 자리였습니다.

이번 만남을 통해 우리는 동양철학과 서양철학 사이에 서로 어울리기 힘든 몇몇 차이점을 발견하기도 했지만, 서로가 인정하고 공유할 만한 공통점들을 더 많이 찾아내기도 했습니다. 그리고 서로가 지닌 한계를 극복하고 각자의 철학을 풍부하게 하기 위해서는 겸허하게 상대방의 이야기에 귀를 귀기울여야 한다는 미덕을 배웠습니다. 동양과 서양을 배타적 이분법으로 나누고 동양의 열등한 철학은 서양의 보편적인 철학에 복속되어야 한다고 강변해온 오리엔탈리스트들의 견해에 우리는 함께 반대를 표명했습니다. 세상에 그 자체로 완전무결하고―절대적으로 옳고―영원히 보편으로 군림할 수 있는 그런 철학 체계는 존재하지 않는다는 결론에 우리는 도달했습니다. 각 문명과 언어권은 각자의 역사와 전통 속에서 각자의 고유한 언어와 개념틀로 자신들의 경험과 생각을 펼쳐나간다는 데 우리는 동의했습니다. 한편으로는 각자가 지닌 차이와 다양성을 승인해주면서, 다른 한편으로는 공통된 이해를 기반으로 더 나은 문명과 철학, 그리고 미래를 이루기 위해 합심·협력하기로 우리는 손을 맞잡았습니다.

우리는 편협하고 독단적인 '근본주의자'가 되지 않기로 약속했습니다. 세상에는 수많은 근본주의자들이 있습니다. 자기가 믿는 신앙

만이 진리라고 강변하는 종교 근본주의자, 특정한 정치 이념만이 옳다고 여기는 이념 근본주의자, 특정한 문명권의 철학만이 보편이라고 우기는 철학 근본주의자, 특정한 성별만이 우월적인 존재라고 설파하는 성 근본주의자, 특정한 경제 질서만이 인간에게 행복을 가져다준다고 맹신하는 경제 근본주의자, 특정한 국가만이 자유와 정의를 대변한다고 믿는 사대적 근본주의자…… 등등.

근본주의는 독단적이고 폐쇄적이며, 배타적이고 정복주의적인 의식 형태입니다. 근본주의는 닫힌 사고라는 점에서 자폐증적입니다. 근본주의는 관용과 이해가 결핍되어 있기 때문에 사납고 인색합니다. 근본주의는 자기 중심적이고 배타적이며 사납고 인색하기 때문에 온 세상에 불화와 분쟁을 초래하는 원인이 됩니다. 우리는 이렇게 사납고 인색한 의식 형태에서 벗어나 서로가 지닌 차이를 인정하며 앞으로도 관용의 자세로 대화해나가기로 약속했습니다. 이러한 대화의 자세는 우리 두 사람의 개인적 교분만을 위한 것은 아닙니다. 온 세상 사람들이 우리처럼 열린 마음으로 서로의 차이를 인정해주고, 겸허한 마음으로 서로의 이야기를 귀담아 들어준다면 얼마나 좋겠습니까? 개인과 개인 간에, 철학과 철학 간에, 종교와 종교 간에, 남성과 여성 간에, 국가와 국가 간에, 문명과 문명 간에, 그리고 인간과 자연 간에 이러한 대화의 자세가 확산된다면 얼마나 바람직한 일이겠습니까? 이런 점에서 이번 만남의 의의는 결코 우리 두 사람만의 문제로 축소되어서는 안 될 것입니다.

대화의 전반부에서 저는 선생님을 "바나나와 같다."고 말한 적이 있습니다. 피부는 노란데 속은 백색 사고로 가득 차 있는 사람이라는 뜻이었지요. 선생님께서는 상당히 불쾌하게 들으셨을 겁니다. 하지만 사실 바나나 이야기는 결코 선생님 개인을 가리켜서 한 말이 아니었습니다. 바나나는 모방적 근대화 과정을 겪으면서 우리 모두에게 내면화되어 있는 의식 형태를 가리키는 말이었습니다. 그래도 선생님은 나은 편입니다. 이탈리아에서 20여 년을 생활하다 귀국했어도 우리말을 오히려 저보다 더 유창하게 하시고, 우리 글 쓰기도 오히려 한국에서 계속 지냈던 사람들보다 더 유려하게 하시잖습니까? 그리고 스스로가 동양철학을 잘 모르는 점에 대해 미안해하고, 한국의 현실에 무지한 점에 대해 부끄럽게 생각하셨잖습니까? 그런 점에서 선생님은, 한국에서 더 오랫동안 살면서도 스스로가 지닌 무지와 무식, 그리고 무관심에 대해 하등의 부끄러움도 느끼지 못하는 진짜 바나나들보다 얼마나 훌륭한 분이에요?

현대 한국인들은 거의가 '반 귀머거리'들입니다. 교향곡과 실내악은 들을 줄 알지만 아쟁과 거문고 소리는 들을 줄 모르거든요. 한국 사람들은 '반 맹인'들입니다. 유화와 파스텔화는 감상할 줄 알지만 수묵화와 민화는 볼 줄 모르거든요. 한국 사람들은 '반 벙어리'들입니다. 영시는 낭송할 줄 알지만 시조나 한시는 읊을 줄 모르거든요. 이런 반쪽 귀, 반쪽 눈, 반쪽 혀를 지니고서야 어디 온전한 사람이라고 할 수 있겠습니까? 아무리 세상이 바뀌고 시대가 변했다지만, 남의 것만 모방하려고 해서는 어디 창조적인 게 나오겠어요?

며칠 전에 한 모임에서 한복 연구가 이영희 선생과 옆자리에 앉게 되어 이야기를 나눈 적이 있습니다. 그분은 프랑스 파리와 일본의 도쿄에서 해마다 패션쇼를 열고, 프랑스·일본·한국 등지에서 의상 연구실을 여러 개 운영하고 있는 세계적인 디자이너이지요. 저는 그분에게 질문했습니다. 어쩌면 그렇게 세계적으로—문화와 언어를 초월해서—유명한 디자이너가 될 수 있었냐고 말입니다. 그분 말씀은 이랬습니다. 젊었을 때부터 계속 전통 한복에 대해 공부해왔던 경험이 큰 도움이 되었다고요. 우리 옷에 담긴 우아한 곡선, 한복에 고유한 문양과 색상, 이런 것들이 현대적 감각으로 표현되면서 수많은 세계인의 감성에 다가가게 된 거라고 말입니다. 저는 "전통에 대한 공부가 큰 지적 자산이 되었다."는 그분 말씀에서 많은 느낌 받았습니다.

우리는 21세기를 문화 산업의 시대라고 부릅니다. 지난 20세기의 경제가 토지·기술·자본·경영에 의해 추동되었다면, 문화 산업의 시대에는 문화와 예술이 생산의 제5요소로 간주됩니다. 대중의 문화적 수요와 미적 감수성을 만족시키지 못하는 산업 구조는 낙후하고 도태될 것입니다. 문화적 독창성과 예술적 상상력은 '모방'을 통해서 얻어질 수 있는 것이 아닙니다. 모방에는 한계가 있습니다. 모방을 통해 학습한 뒤에는, 스스로 만들어내고 창조해내려는 주체적인 노력이 필요합니다. 과학과 기술은 모방할 수 있지만 문화와 예술은 모방할 수 없는 성질의 것입니다. 이런 점에서 우리는 이제 일률적이고 획일화된 모방의 자세에서 벗어나 주체적이고 자생적으로 무엇인가 만들어내려고 노력해야 합니다.

제가 서태지를 긍정적으로 평가하는 것도 바로 그런 이유에서입니다. 서태지의 가사에는 우리의 현실이 들어 있습니다. 그리고 그의 곡조에는 우리에게 친숙한 리듬이 들어 있습니다. 그의 곡은 전자 기타나 키보드와도 잘 어울리지만, 아쟁이나 풍물패와도 잘 어울립니다. 그의 노래는 절대로 무분별한 미국 베끼기가 아닙니다. 그의 노래는 한국적이면서도 현대적입니다. 마치 이영희 선생의 디자인처럼 말입니다. 저는 바로 이런 이유 때문에 서태지와 이영희 선생에게서 희망을 발견합니다. '모방'이 아닌 '창조'라는 바로 그 점 때문에 말입니다. 다른 문화권의 사람들에게 굉장히 독창적인 것으로 받아들여지는 이러한 미적 감수성이 사실은 우리의 예술적 전통, 그리고 심미적 경험과 밀접하게 연관되어 있다는 사실에 우리는 주목해야 합니다.

무척이나 한국적이면서도 세계인의 심성에 공감하게 하는 작품을 우리는 만들어내야 합니다. 그러지 않으면 우리는 성공할 수 없습니다. '모방' 만으로는 원래 주인보다 더 잘해내기 어렵습니다. 일전에 호주와 영국에서 오신 교수님 몇 분이 저희 집을 방문했을 때 김수철의 〈서편제〉와 〈팔만대장경〉을 들려주었습니다. 곡을 들려주자 그분들은 너무도 좋아하며 음악에 매료되는 거였어요. 저희 집을 나서기 전에 그 중 한 분이 저에게 슬쩍 부탁하는 것이었어요. 그 음반을 제발 자기에게 팔 수 없겠냐구요. 그러자 나머지 분들로 그 말을 엿듣고서는 죄다 자기에게 팔라고 하는 거였어요. 할 수 없이 그 분들에게 모두 한 장씩 사서 부쳐드리기로 했지요. 김수철의 뛰어난 음반 때문에 결국 제 주머니만 가벼워지게 되었습니다.

〈서편제〉나 〈팔만대장경〉에는 우리의 고유한 음악적 미감이 담겨 있지만, 이렇게 낯선 문화권 사람들을 매료시킬 수 있는 보편적 감성도 간직하고 있는 것입니다. 이런 음반을 만들어낼 수 있는 창조력은 무조건 외국 것을 모방한다고 해서 나오는 것은 아니지요. 우리의 미적 전통과 예술적 감수성이 바탕이 되어야 하는 것이지요.

일본인 작곡가 기타로(喜多郎)의 음반을 한번 들어보세요. 그가 작곡한 〈실크로드〉나 〈돈황〉과 같은 곡은 80년대 이후 지금까지 수많은 서양인들의 탄성을 자아냈지요. 아마 전 세계적으로 수백만 장이 팔려나갔을 겁니다. 기타로의 음악적 소재는 비록 일본 고유의 것은 아닐지라도 굉장히 동양적이라고 할 수 있죠.

또한 일본의 가와바타 야스나리(川端康成)가 만약《설국》에서 서양인들의 의식 구조를 흉내낸 글을 썼다면 그는 결코 노벨상 근처에도 못 갔을 겁니다. 가와바타는 격변하는 쇼와(昭和) 시기의 시대적 격랑 속에서, 전통적인 일본의 미의식을 자신의 섬세한 문학적 감수성을 통해 재창조해냄으로써 서양인들의 공감을 자아내게 된 것입니다. 우리의 문화와 전통을 결코 소홀히 해서는 안 되는 이유가 바로 여기에 있습니다.

김경일이라는 사람은 일전에도 우리의 문화와 전통을 죄다 내버리고 세계화해야 한다고 주장하더니, 이번에도 또 우리말을 내버리고 영어를 쓰자는 내용의 책을 쓴 모양입니다. 이렇게 모방만 하다가는 우리는 영원한 문화적 식민지, 그리고 자본의 노예로 전락할 수밖에 없습니다. 그 사람은 전에 써낸 책에서 김치는 냄새가 나서 결코 세계화될 수 없다고 주장했는데, 그사이에 일본 사람들이 슬쩍 '기무치'라는 상표를 붙여 우리보다 먼저 김치를 세계화하는 일에 나섰지요. 일본 사람들 입장에서는 김경일과 같은 사람이 많이 나와야 자기네한테 도움이 될 거라고 생각할 겁니다. 중국 고대 문자를 공부한 사람이 "뿌리 없는 나무는 말라 죽어버린다(無木之根, 必枯盡亡矣)."라는 격언도 모르는 모양입니다.

후기 산업 사회의 도래와 더불어, 이제 모방을 통한 근대화는 한 단락을 고했습니다. 모방의 뒤에는 자기 힘으로 창조하려는 노력이 뒤따라야 합니다. 모든 학습의 과정에 모방이 전제되는 것은 어찌 보면 당연한 일입니다. 예를 들어 언어를 배울 때는 원어민의 발음을 똑같이 흉내내야 빨리 말을 배울 수 있습니다. 그러나 어느 정도 말을 배운 후에도 계속 모방만 하려다가는 자기 생각조차 표현할 수 없게 되지요. 언어 학습의 1단계가 모방이라면 2단계는 자기 생각을 표현하려고 노력하는 일입니다. 자기 생각을 표현하려고 노력하

는 과정에서 단어의 조합 능력과 문장 표현의 능력도 늘어나게 되는 거지요. 만약 자기 생각 없이 계속 흉내만 낸다면, 언어를 가르쳐주던 원어민 선생도 짜증을 내게 될 것이 뻔합니다. 이제는 제발 너의 이야기도 듣고 싶다고 말입니다.

저는 그간 여러 번 국제 학술회의에 참석했습니다만, 외국의 학자들은 한국의 이야기를 듣고 싶어합니다. 세계 중국 철학자 대회에서 저는 중국철학에 대해 이야기하지 않습니다. 왜냐하면 중국의 학자들이 저보다 중국철학에 대해 더 많이 알기 때문입니다. 세계 철학자 대회에서 저는 서양철학에 대해 이야기하지 않습니다. 왜냐하면 서양의 학자들이 서양철학에 대해서는 저보다 많이 알고 있기 때문이지요. 저는 한국철학에 관해 이야기합니다. 그러면 그들도 호기심을 가지고 저의 말을 경청하지요.

나의 고유한 경험이 타인의 심성과 만나 공감대를 형성하는 일, 우리의 고유한 철학적 전통이 세계인의 심성과 만나 보편적인 이론으로 승화되는 일, 이런 일이야말로 진정한 의미에서의 세계화라고 생각합니다. 작금의 세계화는 너무도 일방적이고 강압적인 형태로 진행되고 있습니다. 관용과 대화를 통해 상대방을 이해하려는 것이 아니라, 약자에 대한 강자의 일방적인 선언과 포고가 세계화를 의미하고 있습니다. 진정한 세계화란 지구인들이 대화를 통해 서로를 이해하고, 서로를 풍부하게 해주며, 서로를 보완해주고, 서로를 북돋워주며, 서로의 고통과 아픔에 동참하는 일이라고 생각합니다.

개항 이후 우리의 지난 한 세기는 모방과 학습의 시대였습니다. 우리는 자존심과 자아 정체성은 물론이고 문화와 전통, 역사와 기억을 모두 우리의 뇌리에서 지워버리고 하루바삐 서양을 따라잡기 위해 달려왔습니다. 하지만 이제 1차적 학습 단계는 끝났습니다. 후기 근대의 도래와 더불어 우리는 무언가 '독창적이면서 세계적인', 그리고 무언가 '고유하면서 보편적인' 것들을 만들어내지 않으면 안 될 시점에 도달해 있습니다. 문화·예술의 영역에서 뿐 아니라, 정치·경제·사회의 제반 영역에서도 말입니다. 소위 '자생적 근대화' '토착적 근대화' '심층적 근대화'란 바로 이러한 내용을 담고 있는 개념들입니다.

우리는 그동안 받아들인 '근대'라는 뼈대에 살과 가죽을 붙여넣어야 합니다. 우리는 그간 받아들인 자본주의라는 해골에 피와 생기를 불어넣어야 합니다. 하나님이 진흙으로 만든 인간의 형체에 숨을 불어넣듯이 말입니다. 근대라는 체제를 좀더 인간적이고 자연친화적인 모습으로 고양시키지 않으면 안 됩니다. 야수와 같은 경제 체제를 '문명화된 질서'로 길들이지 않으면 안 됩니다. 그리고 자본과 화폐를 숭배하는 물신 숭배교의 신도들을 참회와 영성 회복의 길로 안내하지 않으면 안 됩니다. 이를 위해서는 우리의 자생적 경험과 문화적 이상, 그리고 역사적 기억과 주체적 노력이 '피'와 '살'과 '숨'으로 작용하지 않으면 안 됩니다.

김용석 선생님, 우리가 공통으로 간직한 문제 의식과 고뇌를 담아내기에 이번 만남은 너무도 짧았다고 생각합니다. 하지만 이 거창하고 무거운 주제를 어떻게 단 몇 개월의 만남으로 해결하겠습니까? 더욱이 이 문제들은 우리 둘만의 문제가 아니라 사회 전체, 지구인 전체가 더불어 고민해야 할 문제이며, 더 나아가서는 권력의 문제이고 헤게모니의 문제이기도 합니다. 갈 길은 먼데 어깨는 무겁습니다(任重而道遠). 하지만 우리의 만남은 그동안 서로 갈등해왔던 동양과 서양, 근대 문명과 근대가 아닌 문명, 그리고 인간과 자연의 화해를 위한 작은 첫걸음이었다는 데 의의가 있을 것입니다.

우리의 만남이 더 나은 사회, 더 나은 지구, 더 나은 인간을 만들기 위한 문명사적 전환을 위한 작은 싹이 되기를 간절히 소망합니다. 차가운 눈으로 뒤덮인 은세계를 뚫고 나온 여린 싹 하나가 봄소식을 알리듯이, 우리의 이번 만남이 '일양래복(一陽來復)'의 계기가 되었으면 하는 바람입니다. 평소 제가 즐겨 읊는 류인(劉因)의 시 한 수를 병기(倂記)하며 글을 마칩니다. 추운 겨울, 학문에 진전이 있으시기를 기원합니다.

衆人昏睡我獨坐(모두 깊이 잠든 밤 나 홀로 깨어)
細看乾坤靜裏春(천지를 살펴보니 고요한 가운데 어느덧 봄.)
儻使一時俱閉目(만약 한순간에 모두가 눈을 감는다면)
知更數鼓是何人(시간을 알고 북 쳐줄 이 누가 있겠는가?)

신사년(辛巳年) 입동(立冬) 후 닷새
북한산 밑 함산재(咸山齋)에서
완당(莞堂) 이승환(李承煥) 삼가 씀.

서양과 동양이 127일간 e-mail을 주고받다

■ 기획 일지

편집자 주 대담의 기획과 진행 과정이 궁금한 독자들을 위해 휴머니스트 선완규 인문 편집장의 기획 업무 일지에서 이 책과 관련한 일지만 재편집해서 덧붙인다.

6/12 두 달 동안의 시장 조사 끝에 인문분야 첫 기획회의가 열리다. 대담집 아이디어가 창발되다. 저녁 무렵 밖에서는 기차소리가 들렸다. 기획 노트에 부지런히 메모했다. 대…담……논…쟁. 누구? 김용석, 그리고 이승환. 서양적인 것과 동양적인 것. 대담. 토론, 논쟁……? 1차분으로 세 권의 대담집을 기획한다. 할 수 있을까? 그러나 하고 싶다.
6/18 김용석 선생에게 대담 기획에 대한 기초 의견을 조심스럽게 이야기하다.
6/20 대담 1차 기획안을 작성하다.
6/21 '서양적인 것 동양적인 것' 기획 건으로 고려대 이승환 선생 연구실을 찾다. 이 선생은 은둔 스타일이다. 첫 말을 어떻게 꺼내야 할까? 6호선 지하철 안에서 내내 고민했다.
6/26 대담 사회자를 섭외하기 시작하다. 젊고 신선한 연구자. 생산적 독자의 역할을 대변하면서 대담이 자연스레 흐르고 그들의 말을 풀고 원고로 정리하는 일. 쉽지 않은 일이다.
수유연구실+연구공간 '너머' 화요 토론회에 참가. 주제 발표자 류준필 선생(서울대 국문과 박사)을 만나다. 저분이라면 사회자로 가능하지 않을까?

7/5 오랜 설득과 망설임 끝에 두 분이 OK 사인을 보내왔다. 기쁨보다 불안함이 앞섰다. 기획의 윤곽만 잡혔을 뿐이었다.
7/6 김용석 선생을 만나다. 대담의 기획 취지와 일정을 브리핑했다.
7/9 이승환 선생 연구실 방문하다. 두 선생의 일정을 맞추는 작업이 새로운 암초였다.
7/10 두 분께 서로의 논문과 저서들을 보내드렸다.
7/11 대담 방식을 놓고 이견이 발생하다. 한적한 곳에서 3박 4일 몰아서 하자는 집중 토론 방식과 서너 차례 간격을 두고 토론, 점검과 준비, 토론의 과정으로 진행하자는 연쇄 토론 방식으로 의견이 엇갈렸다.
7/12 대담의 진행 방식과 일정에 대한 이견으로 기획이 주춤하다. 기획 취지를 다시 전하다. e-mail 과 전화를 주고받으며 우선 첫 만남부터 성사시키자고 제안하다.

7/18 사진과 동영상 연출 책임으로 아시아프레스 안해룡 대표 합류하다.
7/19 출판 계약 조건, 책의 구성에 대해 e-mail을 전송하다. 첫 만남이 중요하다고 속으로 다짐하다.
7/23 류준필 선생, 인터뷰 항목을 확정하다.
7/27 대담의 공식 일정을 드디어 시작하다. 고려대 이승환 선생 연구실에서 세 시간 넘게 인터뷰가 열리다. 인터뷰 대담 30분 전에 류준필 선생, 안해룡 PD와 고대 도서관 벤치에 앉아 담배를 피우며 작전을 짜고 연구실로 올라갔다.

8

8/1 김용석 선생과 인터뷰 대담을 과천 커피숍에서 시작하다. 서울과 수도권 지역에 집중호우가 내렸다. 안해룡 PD는 폭우로 인해 1시간 늦게 도착했다. 3시부터 시작해서 밤 10시에 마치다.
8/8 김용석 선생과 이승환 선생이 논(論)하고 쟁(爭)하고 싶은 10가지를 보내오다.
8/10 김용석 선생 추가 인터뷰를 하다. 휴머니스트 회의실.
8/16 몇 차례의 조정 끝에 1, 2차 대담 일정을 확정하다.
8/23 본격적인 두 분의 대담이 열리다. 휴머니스트 회의실. 오후 8시부터 다음날 새벽 2시까지. 처음 대면한 대담자는 물론 7명의 스태프들도 모두 긴장. 밤 10시 족발과 소주, 맥주를 주고받으며 '서로 인터뷰하기'의 분위기가 무르익다.
8/27 두 번째 대담이 열리다. 고려대 이승환 선생 연구실. 이번엔 안해룡 선생이 두 명의 동영상 스태프를 데리고 와서 연구실이 꽉 찼다.
8/29 1, 2차 대담 녹취 내용을 3명으로 구성된 녹취팀에서 글로 풀기 시작하다. 1차분 원고지 220매, 2차분 250매.

9

9/4 녹취 원고가 정리되다. 책의 1차 구성안을 준비하다.
9/5 세 번째 대담 시간 확보에 어려움을 겪다. 두 철학자의 집필과 강의 스케줄이 너무 빡빡하게 짜여 있다. 마음이 답답하고 울적해 술 한잔 했다.
9/6 세 번째 대담이 의외로 빨리 이루어지다. 고려대 이승환 선생 연구실. 말이 잘 섞이지 않아 기획진 고민하다. 부족한 부분은 개별 인터뷰로 보충하기로 하다. 대담을 마치고 김용석 선생, 김학원 대표와 뒤풀이 모임을 갖다. 대담집 시리즈 이름에 대해 김 선생에게 의견을 구하다.
9/10 종합 토론이 연기되다. 두 대담자에게 출간 일정을 브리핑하고 일정 조정에 나서다. 합의된 일정이 한번 연기되면 대담자, 사회자, 사진과 동영상, 녹취팀 등 일정을 재조정하는 일이 산 너머 산이다.
9/11 기획 흐름을 다시 점검하다. 대담자 2명, 사진팀, 동영상팀, 재구성팀 등 총 7명의 호흡을 재평가하다.

서양과 동양이 127일간 e-mail을 주고받다

9/17 대담 진행과 책의 전체 흐름을 놓고 김학원 대표와 류준필 선생과 함께 데스크 회의를 열다.

9/18 대담집 기획을 위해 확대 회의를 갖다. 김학원, 류준필, 이권우(출판평론가), 선완규.

9/19 중간 점검을 위한 데스크 회의. 기대했던 만큼은 아니지만 아직 시간은 남았다. 의기 소침, 사기 저하의 분위기를 류준필 선생이 "충분히 할 수 있다, 걱정 말라."며 일신했다.

9/21 종합 토론 또다시 연기되다. 이 기획이 정말 책으로 나올 수 있을까? 의문스러웠다. 불안을 넘어서 심각한 회의에 빠졌다. 출판사를 나와 대낮의 거리를 헤맸다. 김학원 대표에게 폭탄 선언이 담긴 이메일을 보냈다. 이 기획을 포기하겠다. 어쩔 수 없었다. 김 대표로부터 책임 기획자가 흔들리면 모두 흔들린다는 메일이 왔다. 저녁에 술자리가 마련되었다. 휴머니스트 동료들로부터 격려의 말과 눈빛이 쏟아졌다. "여기서 포기하면 다른 대담 기획도 무너진다."는 동료들의 말이 가슴에 꽂혔다.

9/24 출판평론가 이권우, 대학원생 서정연 씨 등 예상 독자들에게 1, 2차 대담 녹취 원고를 모니터 하다. 모니터 결과는 생각했던 것보다 긍정적이었다. 다시 마음을 잡다.

10

10/5 '휴먼 아이티(HIT: Human Interlogue Terminal)'로 대담 시리즈 제목을 결정하다. 김용석 선생의 훌륭한 제안에 다들 감동하다.

10/6 네 번째 대담이 주말인 토요일에 진행되다. 휴머니스트 회의실.

10/7 다섯 번째 대담이 주말인 일요일에 진행되다. 휴머니스트 회의실.

10/8 드디어 마지막 대담을 마치다. 반팔을 입고 시작한 대담자들이 어느새 계절이 두 번 바뀌어 코트를 입다. 대담을 마치고 야외 촬영을 하고 밤늦도록 술잔을 주고받다. 두 분 다 10년쯤 지나서 다시 대담을 하자며 정담을 주고받았고 새벽녘에 안해룡 PD가 스태프들을 이끌고 홍대 골목에서 동동주를 사다.

10/9 김용석·이승환 대담집 제목이《서양과 동양이 127일간 e-mail을 주고받다》로 결정되다. 101일, 99일 등도 거론되었지만 기획 착수한 날에서 대담 마친 날까지 소요된 127일을 그대로 올리고 말, 글, 느낌이 섞인 대담의 과정을 'e-mail을 주고받다'로 표현하자고 합의.

10/22 김용석·이승환 대담 정리 모임을 갖다. 127일간의 대담이 마무리되다. 6월 12일부터 10월 7일까지 이어진 대담을 날짜로 계산하면 127일이었다. 그리고 다섯 차례의 대담 소요 시간은 총 30여 시간, 네 차례의 개별 인터뷰 소요 시간 총 8시간이었다. 대담 현장을 담은 사진은 8백여 컷, 동영상 촬영은 10시간, 대담을 녹음한 녹음 테이프는 120분짜리 15개였고, 다섯 달간 주고받은 e-mail은 210여 통, 녹취 원고는 원고지 2,010매였다.

선완규(휴머니스트 인문 편집장 swk003@ehumanist.co.kr)

서양과 동양이 127일간 e-mail을 주고받다

지은이 | 김용석·이승환

1판 1쇄 발행일 2001년 11월 27일
1판 6쇄 발행일 2008년 6월 23일
1판 6쇄 발행부수 1,000부 총 9,000부 발행

발행인 | 김학원
편집인 | 한필훈 선완규
경영인 | 이상용
기획 | 최세정 홍승호 황서현 유소영 유은경 박태근 유소연
디자인 | 송법성
마케팅 | 하석진 김창규
저자·독자 서비스 | 조다영(humanist@humanistbooks.com)
조판·출력 | 홍영사
표지 출력 | 이희수 com.
용지 | 화인페이퍼
인쇄 | 청아문화사
제본 | 정민제본

발행처 | (주)휴머니스트 출판그룹
출판등록 제313-2007-000007호(2007년 1월 5일)
주소 | 서울시 마포구 연남동 564-40호 121-869
전화 | 02-335-4422 팩스 | 02-334-3427
홈페이지 | www.humanistbooks.com

ⓒ 김용석·이승환, 2001

ISBN 978-89-89899-00-6 03100

만든 사람들

편집 주간 | 신완규(swk2001@humanistbooks.com) / 책임 편집위원 | 류준필
디자인 | 이준용 그래픽 | 김준희 편집 | 김선경 임미영
사진·동영상 | 안해룡 손혜민 장효정
모니터 | 이권우 서정연 배현경 원은석
녹취·원고 정리 | 최태원 조희정 손유경